U0505815

卡梅伦的崛起之路

[英] 弗朗西斯·艾略特
詹姆斯·汉宁 著

易点点 译

上海人民出版社

目　录

伯克郡的童年时光

"本次大会将传递一个信息。"戴维·卡梅伦稍作停顿,听众们知道接下来将是一番鼓舞人心的演讲,"我们现在的时代,需要现代而富有激情的保守主义,这不仅是我党所需——更是我国所求。如果我们奋力争取,如果我们有幸获得,如果我们——从现在开始直至下一届选举——投入每一份的热情、活力与能量为之拼搏,我们必将所向披靡。"

那一刻,欢呼声与掌声如雷鸣般响起,摄影师们迅速按下快门,相机的闪光水波般蔓延开去,将黑潭的冬苑"女皇厅"照得如同白昼。接下来,卡梅伦夫人萨曼莎款步上台,与丈夫站在一块,掌声更为热烈了。此时的萨曼莎正怀着他们的第三个孩子。她的身孕让摄影师们捕捉到了一个意味深远的形象,恰好与卡梅伦所述的"信息"相映衬,"新一代保守党"的时代已经来临。欢欣鼓舞的代表们或许并不清楚,这一句演讲词应归功于约翰·菲茨杰拉德·肯尼迪,不过,他们知道托利党已经找到了他们年轻的救主。

卡梅伦于 2005 年 10 月 4 日在保守党大会上所作的演说,让他成为公众关注的对象,并使他有机会向党内领导人竞选胜利进发。演说如此成功,让几乎所有的人倍感惊讶。直到演说前几日,他身边资格最老的盟友才意识到他的魅力之大。在此之前确有讨论,有关他是否应中止竞选,转而支持大卫·达维斯,因为达维斯是当时最受青睐的候选人。但是,卡梅伦希望能有机会在他事业最辉煌的舞台上展现自己。他很有信心做一场影响力超凡的演讲。10 月 5日的报纸头条证明他的想法是对的。这场演讲产生了巨大的力量,将他一直护送到事业的最高峰,成为赢家。

卡梅伦的一位同事,在获悉他从普通领导层一跃登顶后,作出了如下评论:"政坛风云变幻,看似一夜蹿红,其实已有长达二十年的历练。"这便是卡梅伦的写照——他的朋友们也纷纷说,卡梅伦是"一级一级地"走上保守党最高层的。这来自于他辛勤的工作与智商的运用,也得益于命运的垂青与众人的提携。下面这个故事,讲述的是英国现已不多见的童年经历:一个有保姆和女管家照料,又有男家教和男仆看护的童年生活。但是卡梅伦所享有的这些尊荣更多的关乎精神,而非仅仅与物质财富相关。他常跟人说自己是一个乐观主义者,而为他注入乐观精神的人正是他的父亲。

早在亚历山德琳娜·维多利亚女王执政初期,戴维·卡梅伦的高祖父埃云便离开了苏格兰去开拓事业。当时是19世纪中期,他在远东的香港上海银行工作。担任主管后,返回英国接手管理银行,因为表现出众受封爵士。其子埃云·阿兰·卡梅伦,即戴维·卡梅伦的曾祖父,后来成为了潘姆尔·戈顿证券公司(Panmure Gordon)的高级合伙人。他在布莱莫尔城堡居住过,就在阿伯丁郡的亨特利镇附近,起初为妻子蕾切尔·格迪斯家族的房子,这是苏格兰阿伯丁郡的一个镇,人口约四千,因亨特利古堡得名,产业以纺织为主。他在伦敦也有寓所。夫妻俩有四个孩子,其中之一是唐纳德·卡梅伦,1906年出生。唐纳德26岁时与艾妮德·埃格尼丝·莫德·列维塔结婚,后来也效仿父亲成为了潘姆尔·戈顿公司的合伙人。两年后,也就是1932年10月12日,他们唯一的儿子伊恩出生了,当时他们的家位于英国西南区一区切斯汉街25号。

伊恩·卡梅伦幼年的情况并不乐观。用当时的话来说,他生下来就是"跛子",因为双腿膝盖以下严重变形了。由于病因一直不明,大家只能将其归咎于其母孕期出过的一次德国麻疹。这场疾病使他的小腿缩短,脚部扭曲变形,一只脚只有三个脚趾,另一只四个脚趾。他还是婴儿的时候,就动过多次手术以缓解症状,不过3岁之后他就再也没有接受过这种拉直双腿的痛苦,很多人说他成年时身高大约六英尺二英寸,实际上他还要矮一英寸左右。

小伊恩在远离家乡的寄宿学校读书,穿的是特制的鞋子。他在肯特市的贝特杉尔学校上学时,由于身患残疾,每天都得额外花一小时来休息。每当放假回到伦敦家里时,妈妈对他呵护有加,但从不溺爱。因为在妈妈看来,身残带来的影响应该尽量弱化,孩子该做的事情依然要努力去做。朋友们都说,他身上的韧劲和独立的性格,是从妈妈那里得来的。直到今天,伊恩仍然感激妈妈,当年激励他去做很多突破身体条件限制的事情。

当伊恩·卡梅伦准备入学伊顿公学时,人生的又一次打击降临了——父亲弃母亲而去,与一位出身贵族的奥地利女人结婚了。这位女士名叫玛丽莲·冯·梅斯·特芬,1918年在奥地利林兹附近的阿特西出生,小时候就被送到法国,后来又去了英国。遇到唐纳德·卡梅伦的时候,正逢伦敦受到轰炸。

（这是在第二次世界大战期间，从1940年8月到1941年5月的10个月，德国出动飞机，连续地袭击伦敦和英格兰南部其他地区，企图夺取制空权，伦敦军民英勇应敌，顽强地维护了英国的制空权。）她是英国广播公司的一名播音员，刚与第一任丈夫雷金纳德·克里切利分手，两人有一个女儿，名叫维瑞娜。现在的玛丽莲已是八旬老人，居住在维也纳的敬老院。她记得，艾妮德·卡梅伦一开始对她很友好，"不介意我经常来转转"。当她丈夫与自己的关系浮出水面时，艾妮德受到了巨大的打击。"可以想象，当女人知道自己的丈夫爱上另一个女人时候的那种心情。"唐纳德·卡梅伦与新任妻子在肯辛顿的克莱尔格罗夫市开始生活时，小伊恩却要照顾妈妈。对于伊恩·卡梅伦来说，那一段时光寂寞难挨，苦痛非常，但给他带来了人生的磨练。

婚姻的失败，或许会让艾妮德·列维塔联想到自己祖母艾妮德·道夫。艾妮德·道夫夫人曾两度私奔，还有离婚的经历，实不愿为外界知晓。艾妮德·列维塔这位戴维·卡梅伦的祖母，后来在敬老院想要求得宁静，却在那儿巧遇性病学家阿尔弗雷德·库伯博士，两人随后结婚（库伯经常性地夸口他俩了解伦敦所有同仁的隐私）。艾妮德的父母分别是法夫伯爵五世与艾妮德·赫夫人，不过她的亲人中最值得一提的，年纪最轻的，则是她四个孩子中的一个，道夫·库伯，二战时期温斯顿·丘吉尔爵士的信息部大臣。其夫人戴安娜以艳丽闻名，倾慕者众。艳事不断的道夫·库伯是伊恩·卡梅伦的大伯（尽管两人从未碰面）。他和伊恩·卡梅伦一样，也担任过怀特俱乐部（圣詹姆斯地区只能有男性成员参加的俱乐部）的主席。戴维·卡梅伦曾戏谑地说，幸好自己没有继承道夫·库伯享受美酒和女人的大胃口。

唐纳德·卡梅伦在儿子残疾的事情上没有处理得当，据说他在担任潘姆尔·戈顿公司的高级合伙人时，还不让儿子有与他合伙做事的想法。如果他能多关心儿子在伊顿公学的表现，或许会改变想法。伊恩·卡梅伦成绩并不出众，但是朋友们都知道他意志坚强，不可小视。本·格雷兹布鲁克是他的挚友，本一直记得在伊顿上学时，一次在走廊里踢球的激烈场面。"我控住了球……嘴里默念：'前方是伊恩，我肯定能从他身边过去'。突然我的左右手腕被伊恩牢牢钳住，原来他腿部的力量早已全部转移到双臂和手腕了。弄得我后来差点要去做理疗。他的力气大得惊人，而且适应性超强，敢做敢当，但又很随和。他从来不显羞怯，一直都非常大方。他说过，'除了滑雪，我什么都能做'，对此他有些遗憾。"他还爱打板球和网球，在伊顿的时候曾参加过田赛，这是个学校自己组织的足球和橄榄球的混合项目，他的位置相当于争球前卫。

有时，重心低也是一个优势。

1951 年伊恩·卡梅伦从学校毕业，做出了一个日后让他感到后悔的决定。或许当时他需要找一个可以带来丰厚收入的工作，故没有进入大学深造，而是决心成为一名会计。尽管这专业很有用，但是却没多少乐趣可言，因此他后来不让自己的孩子们入这一行。获得从业资格后，他在罗伯特·弗莱明银行成为高级职员，工作两年后又加入了潘姆尔·戈顿公司。他工作加倍努力，只为克服尤其是身体原因带来的自卑感。1957 年他效仿父亲和爷爷，成为了公司的合伙人。私下里他承认自己是"沾亲带故的继承人"。在公众场合，伊恩·卡梅伦从不让自己受到身残的影响。他从母亲在哈罗兹附近的娄恩德斯广场的房子搬出来，住进了自己购买的贝兹尔街拐角处的公寓。"伊恩交友太广泛了。"格雷兹布鲁克依然记得，那时他也住在附近，"他总是参加各种聚会，身边的女孩总是最漂亮的。"

1958 年唐纳德·卡梅伦去世，留下了价值 57 408 英镑（现在约合 928 000 英镑）的房子和财产，而他的儿子也到了适婚的年龄。当风度翩翩的伊恩·卡梅伦向玛丽·芒特发出求爱的信号时，玛丽只觉得他锐不可当，根本不像一个身有残疾的人。伊恩在舞池中展现出蓬勃的精力，与当年球赛中的他一个样。两人在 1962 年 10 月 20 日结为夫妻，两天后即是玛丽 28 岁的生日。他的父亲若是知道日后儿子能获得如此好姻缘，或许会有些惊讶。伊恩的婚事，使他进入了与英国慈善总会相关的一个重量级家庭，英国慈善总会这名字是很久以后才提出来的。玛丽身材高挑，气质典雅，落落大方，是芒特家族的典型代表。她的朋友和家人都觉得她身上具有两种品质：富有同情心，更有平常心，让人起敬；此外，她出任地方法官三十余年，而她的母亲和祖母也曾多年效力于同样的职位。

戴维·卡梅伦的曾曾曾外祖父威廉·芒特曾任怀特岛的议会代表（无俸禄），家境宽裕。有件小事体现出他富有教养的贵族气质。他雇过一个男童——男童的父亲已逝——在他的牧场中赶鸟。他给这个孩子看了一本书《我拥有的第一本书》。孩子一直没有忘记这件事，后来还写信给芒特的儿子威廉·乔治·芒特以表感激："未料到能获得令尊的这份爱，令尊的善举永存，并将惠泽更多如我一般的人。"

威廉·乔治当时被称为"W.G."，是一名出庭律师，"一位绅士以及伯克郡维森普雷斯庄园地产所有人"，后当选为纽波利议会代表。他或许是芒特的祖先中最为坚持的一个，对无神论没有一点兴趣，当时绝大多数的议会代表都是如此。1851年中,芒特家族还曾邀请牛津区主教塞缪尔·威尔伯福尔斯来家中居住。乔治极力反对达尔文的进化论思想,在当时影响不小,曾在英国协会的一次会议上,与英国博物学家T.H.赫胥黎发生了争执,因为他问赫胥黎,承认自己是猴子的后人这点是不是从他的祖母或者祖父那里遗传的,这让赫胥黎大为光火。19世纪80年代时,他的大女儿伊利莎白像父亲一样虔诚,每周参加一次圣经课,课堂中还有家里马夫的儿子,学校的校工,洗衣房女工头和普通女工,以及房子、厨房和洗涤室女工,还有男管家、门房和芒特家族的其他成员。所有家仆必须上课,只有外出打猎需要人拍打树丛来惊起猎物时,仆人们才可以被获准不去上课。

据1880年当年的人口调查资料显示,威廉·乔治的维森一处的地产,面积500英亩,雇用了32人照看,此外还有15名家仆打点家中事宜,照料主人的六个孩子。六个小孩之中有威廉·阿瑟·芒特,他曾于伊顿公学读书,后进入牛津大学新学院学习,是一位出庭律师。1900年因父亲身患疾病,继任纽波利保守党议会代表,六年之后才因自由党候选人继任离职。比利(威廉·阿瑟·芒特的昵称)工作勤勤恳恳,1910年重登议会代表的交椅后,多次为反对《爱尔兰自治法案》发表声明,直到十二年后离开这一职位。不过,他依旧为公共事业操持,担任伯克郡地方议会的主席与南伯克郡狩猎场的主席。1921年6月他被封为准男爵,1930年逝世,终年64岁。他共有三个儿子,其中长子名为威廉·马尔科姆·芒特(二等准男爵,又名比尔),26岁时也荣封准男爵。

"威廉·芒特"(W.M.)是戴维·卡梅伦的外祖父。他也在伊顿公学和牛津大学新学院求学,还与后来成为首相的阿雷克·道格拉斯·赫姆一同打过板球。他非常热衷于钓鱼和骑马,曾经主管南博克斯猎犬协会,并担任纽波利保守党联盟主席。他共有三个女儿,二女儿玛丽出生于1934年。他曾在第61复兴团(皇家武装部)任陆军中校,作战英勇。诺曼底登陆后第二天大腿中弹,而后退役。他的夫人南茜的热情不输丈夫,她在当时人数达20万的妇女陆军部队中负责组织和福利工作,这并非支严格建制的部队,但是人数庞大,负责耕作、撒肥与打麦。战时年轻的玛丽与两位姐妹和母亲一起搬出维森的大房子,住进了附近的农场,把房子留给从伦敦疏散过来的人。1945年2月,维森普拉斯因为一场大火几乎被夷为平地,很多艺术品被火吞噬。两年后,很有可能是为了筹集资金重修旧宅,威廉·芒特把家族在萨查姆的一千多英亩地产入市出售。玛丽的母亲南茜在重建维森普拉斯的过程中发挥了主要的作用,后来与丈夫重新回到了这处家族拥有了近两百年历史的宅院。

1947 年,威廉·芒特出任伯克郡治安官,他是过去 170 年中任此职的第四位芒特家族成员。他还是纽波利赛马会主席,以及位于希瑞赛斯特的皇家农业学院理事,并在县土地所有者联合会的理事会任职,这一职位使他对木材颇有兴趣。他还被任命为伯克郡的县童子军主席,在任期间,他建立了伯克郡童子军支援团,专为童子军部队筹款,他还开放维森的地块做童子军营地之用。1952 年,应民众的强烈要求,"中尉上校爵士"威廉·芒特统领第三南伯克郡地方志愿军,为在发生核危机时保护人民。由于当时英国的核武器之乡奥尔德马斯顿就在附近,1950 年建立核基地时就有过反对之声,这些都成为威廉·芒特管理志愿军的原因。

玛丽的堂兄弟费迪南德·芒特是一位记者,曾任撒切尔政府顾问(世袭之位,但并未曾使用这一头衔),他谈到历史赋予芒特家族的印象时肯定地说:"芒特人都非常老派,有人甚至说,芒特人略显古板……因为他们的成长过程是非常平顺的。芒特人都有上教堂做礼拜的习惯,没人有过离异的经历。他们道德严谨,责任感非常强。"那些对政界新人持怀疑态度的人们或许要花些时日,才能体会到这些。威廉·乔治·芒特的母亲来自于塔尔博特家族,其家族成员约翰·塔尔博特是第一任什鲁斯伯里伯爵,在 1337—1453 年英法两国间百年战争的最后一次战役中牺牲,当时他已 70 岁高龄,同时牺牲的还有他的两个儿子。法国人尤其敬重他,尊称他为"英国的阿喀琉斯",而阿喀琉斯是希腊神话中的英雄。记者威廉·瑞斯·默格认为塔尔博特家族是英国历史上"最伟大的家族之一",与之齐名的还有希塞尔家族与丘吉尔家族,不过相比之下,塔尔博特家族历史更久远。家族后辈中还产生了罗伯特·沃波尔爵士时期的大法官、达拉谟主教、都柏林罗马天主教大主教、都柏林中世纪大主教、以建筑工程闻名的女性继承人哈德威克的贝丝,以及摄影术发明人威廉·福克斯·塔尔博特。

塔尔博特家族还出过一位相当于现在政府首相的人物(当时不称首相)。查尔斯·塔尔博特,被封为第十二任什鲁斯伯里伯爵,以及第一任也是唯一的一位什鲁斯伯里公爵。查尔斯生于 1660 年,曾出任第一大臣,连续为几代王室效力,1689 年首先为威廉三世的大臣,1688 年英国国会推翻复辟的斯图亚特王朝的政变的光荣革命之后,又为安妮王后佐政,随后成为乔治一世的大臣。他为何会受到王室的如此青睐?据瑞斯·默格的研究,他出众的个人魅力与稳重的行事风格是主要原因。迪恩·斯威夫特称之为"温良恭谦的绅士",波尔奈主教曾写道,他性格和蔼,使人亲近。他也受到众多女性的追捧。

尽管在政治上是温和派,当革命情势需要他做出决定时,他坚定而果断,毫不含糊。身为政要,他从不集结党派,仿佛一位无党派人士。

戴维·卡梅伦于1966年10月9日出生,其父亲伊恩和母亲玛丽在如山堆积的前辈的荣誉当中,选择了各自父辈的名字:威廉和唐纳德,为新生儿取名,戴维·卡梅伦全名为戴维·威廉·唐纳德·卡梅伦。戴维是伊恩和玛丽的第三个孩子。长子亚历山大在他们婚后的第二年出生(其基督教教名取自伊恩的叔叔),十九个月后,第二个孩子塔妮娅也呱呱坠地。戴维的洗礼在维森进行,参加仪式的有教父蒂姆·拉斯伯恩和本·格雷兹布鲁克,是伊恩在伊顿公学时结交的兄弟,教母菲奥娜·艾尔德,是玛丽当年的室友。玛丽的多年好友约翰·萨姆内尔及其夫人西瑟也到场庆贺。玛丽成为了三个不满4岁的孩子的母亲,生活安排得满满当当,幸好有得力的助将,一位纯粹的英国老派人士。

格温·霍尔绝对是玛丽与戴维·卡梅伦人生中的关键性人物。她出生在斯文顿西部地区,父亲是蔬菜栽培师。成年之后她一直为芒特家族"工作",终身未嫁。她比玛丽大13岁,玛丽的成长一直由她看护。战后近二十年中,她在维森多处房子都住过。四十出头时,为了照看亚历山大,她搬到主人在肯辛顿区的菲利莫尔普雷斯的房子居住。1969年间,主人举家迁至伯克郡所辖的匹斯莫尔村庄,格温也随之同往。由于住处更改,伊恩·卡梅伦每天需要在迪科特站上火车,去往伦敦市区上班,他所在的约翰·D.伍德地产公司也任命他为董事会成员,以便为潘姆尔·戈顿公司工作。这样一来,伊恩每天七点就要出门,晚上七点过后才能到家。玛丽·卡梅伦也经常在外,身为纽波利治安官,她一方面有日常事务要处理,另一方面还有很多福利工作需要出面。因此,大部分照顾年幼的戴维·卡梅伦的任务只好由保姆代劳。"孩子们基本上是格温带大的",一位熟知的朋友如是说。还有人说,"格温在这一家中的作用太重要了。她哪像个古董级的保姆,分明是全家的支柱,少了她还真不行。"戴维出生后的第五年,玛丽生下了第四个孩子克莱尔,于是格温·霍尔的作用更重要了。渐渐地,家中的第二个儿子也可以跟着哥哥去纽波利附近的格林伍德预备学校上学了,附近的妈妈们组成送学团,每日轮流开车送孩子上学。

现在看来,难得有哪个村庄比纽波利以北六公里处的匹斯莫尔村更有纯粹的英国乡村气息了。圣巴纳巴斯教堂坐落在村子的正中央,教堂建于18世纪,百年后进行过一次修缮。卡梅伦一家人的生活与教堂关系紧密——伊恩·卡梅伦是教会委员,玛丽一直轮班负责教堂的花卉修剪和清扫工作。安妮王后教区风景优美宜人,戴维的家就在近处,受到家人和环境的影响,戴维后来说:"每当想到家,我首先想到的就是教堂。"卡梅伦家并不刻板,但是老派风格浓厚(有一位朋友说得好,"他们的家很有贵族遗风"),晚餐常在伊恩到家后的19:45准点开餐。孩子们懂事以后,举止庄重,大方得体。宾客回忆起到卡梅伦家做客的经历,清楚地记得这家人还会一块玩类似猜谜,问答竞赛的室内游戏。晚餐结束后,女士们便会退到另一间房,宴会厅是绅士们的领地。不过,旧教区同样也欢迎周围的居民前来玩耍,经常开放游泳池和网球场让孩子们娱乐。(虽然不是所有的乡民都会前来,毕竟人们的喜恶往往不一致。)

戴维·卡梅伦从小就是个落落大方的孩子,很少表现出羞怯不安。一位朋友说道:"他口才好,很喜欢辩论。成熟得早,对自己的想法很有把握。"家里的一个亲戚也说,记得每逢假日,大卫总会在与他人争辩时表现出过人的才能,让对手很难反驳,看他表演非常有意思。放学后,他常和埃里克斯及塔妮娅在田野里追逐嬉戏,或是给妈妈养的矮脚鸡喂食。再大一点,能去田野里更远的地方了,他们会带上一只家里的杰克·拉瑟短腿狗,掏兔子洞找寻隐匿其间的小兔子。有时还会带上气枪,不过尽管旧教区方圆数里地间,秃鼻乌鸦、兔子和鸽子成群,射击这项活动依然——或许是有意而为——限制在一定范围之内。男孩子们渐渐长大,常跟着父亲外出打猎,伍利公园是他们常去之地,当时是菲利普·饶顿家的地产,后来成为伯克郡郡治安官的家产。

卡梅伦家的男孩子幼年时期培养了对网球的兴趣,经常打球。戴维在打赢哥哥这件事上,似乎决心很大,而且也表现出一定的资质。好胜争先的种子就在匹斯莫尔播下了。和戴维一起打网球多年的朋友说,"他可不喜欢输球,如果输了球,他会对自己发泄。他虽表现得很大度,因为家教使然,但是你没看到他一个人跑开去把拍子的弦卸了又上。"一年一度的板球赛,由兄弟俩分别带队,在两支队伍间展开。赛场一般选在维森或是匹斯莫尔乡村球场。比赛对抗激烈,戴维在场上有过豪迈的表现,失手时无比壮烈,击球时无比潇洒,移步稳健,左手挥杆游刃有余。后来的几届比赛依然精彩,但是赛前招募球员时竞争一度狂热,抢了比赛的风头。当然,寻找出色球员绝不是问题。当年上过场的球员回忆起比赛来,心间美好依旧。

兄弟俩住一间房,相处融洽,也常常互开玩笑,嬉戏打闹。塔妮娅夹在中间,跟着兄弟俩玩起来的时候颇像个男孩。她的玩伴还有小6岁的克莱尔。不过兴趣也有不同的时候,埃里克斯和塔妮娅都喜欢骑马,而戴维就没那么热衷,至少当时不太有兴致。父母看到孩子们骑马欢畅快乐,也极少阻拦。男孩子长到7岁时,就被送到离家较远的学校读书,各方面的训练更全面,待到学校放假时,方可回家享受没有条规细则的生活。说到底,孩子们在这样宜人的环境中长大,如同生活在一片铺展开来的秀丽花园中,加之伯克郡的生活悠然闲适,父母操心的时候并不多。

不过,孩子们对父母依然恭崇敬畏。常和卡梅伦家来往的朋友说,卡梅伦夫妇发脾气的样子真不多见。夫妻俩威严从不外露,个性敦厚,教人有方,孩子们也谨遵父母教诲,懂事乖顺。做了不对的事情,只要父母一声"知道了"或者一个眼神便能领会。的确,虽然父母只是一举手一投足,但对于孩子来说却像注入了十二分的力气,为做好每件事努力,以赢得父母的赞许。有位朋友说道:"有些人家,孩子聪明伶俐,却不怎么服管教。但是在卡梅伦家,这种事不可能发生——伊恩绝对是一家之长。"正像戴维的教父遗孀苏珊·拉斯伯恩所说,"他们家秩序井然……没有谁懒懒散散地窝在沙发上,或者把啤酒罐子扔在地毯上。家里总是那么温馨,舒适而恬然,懒散怠惰在这里是看不到的。"

每学期成绩单寄到家里来的时候,公布成绩的程序也是不容敷衍的。孩子们被逐个地叫到父亲那里,等待他把成绩告知,而这之前谁也不知道自己考得几分。父亲的不悦,不需特别表现即可发生效力。极少数情况下,父亲也可能会发怒。有一次,伊恩收到伊顿公学的通知,告知他戴维·卡梅伦的行为失当,结果戴维听到爸爸斩钉截铁地说,倘若再违反校规,就不再给他付高昂的学费了。

不管是怎样的家庭,都有摩擦,都有过紧张的经历——卡梅伦家也毫不例外地担负着自己的责任——他们的好友对他们家互相帮扶的精神颇为认同。父母从不摆出高高在上的样子,戴维·卡梅伦对他们都很尊敬。据苏珊·拉斯伯恩所说,伊恩与玛丽"相得益彰,关系稳固而又实在;戴维父母的婚姻让人觉得非常成功,他们俩都是懂得生活的人"。戴维交往过的一位女生也很认同:"他的父母为人很好,自持自重,颇具风范。而且戴维家不存在精神摩擦一类的事情,家庭氛围那么健康,但又不失欢乐。"盖尔·安德里的母亲曾与玛丽·芒特在年轻时同入社交界,盖尔自己是戴维的终身好友,在他看来,卡梅伦家让人不免产生敬意,"伊恩夫妇都是自信而又宽宏的人,交友甚广。若你不够自信,在他们家都可能有些放不开。"

既然父母希望孩子们意识到自己生活在贵族风范家庭,那么要一个大家都喜欢的小顽童去理解世上大多数人的生活其实很辛苦,或许不是那么容易的一件事。在伊顿的板球赛上,或是在田野中戏耍时,卡梅伦家的孩子们可能只会觉得世界便是如这般欢乐而又美好。现在已成为儿童读物作家的盖尔·安德里曾说："那个年龄的孩子是不受外界的很多影响的。当然你也能觉察得到，有人住大屋，有人窝小宅，并非所有人都能终日游泳、打网球。特权本身无害，关键是如何处理好它。"

戴维·卡梅伦小时候住的房子现在归大哥埃里克斯所有，埃里克斯和妻子孩子们住在那里。戴维家为格温·霍尔（2007年2月度过了她的86岁生日）在老教区的赛马训练场建了一处房子，现在，霍尔可以看着第三代家庭成员长大了。伊恩和玛丽·卡梅伦则居住在赛马场边一栋稍小的房子里。尽管儿子已成为名人，夫妻俩对儿子的影响依然没有减少。苏珊·拉斯伯恩这样说道："玛丽是我所认识的人当中最富有同情心的了。她一直都处事冷静，完全不曾受到某些不着边际的想法的影响，行事非常沉稳。"

20世纪90年代初，伊恩·卡梅伦一条腿截除，安装了义肢。2006年初，另一条腿也不幸截肢，但是他一如往常，尽力将不便减至最低。上一年中，因为术后一只眼睛发炎，最终失明。此时的他，已是两条义肢，行走要拄着拐杖。朋友们说，现在的伊恩，尽管有些不愿，但终于称得上"残疾"了，话语中不无敬佩之意。盖尔·安德里也说："伊恩如此充满自信，在我的印象中他的身残似乎从未引发任何麻烦。这并不是因为大家不便说起这个话题，而是确实不存在。他这个人风趣又大方，对人坦率而友善。这些优点应该对戴维的影响更深。"但即使未有人提及，伊恩身体残疾带来的影响依然存在。很早的时候，孩子们就一直被父母训导着：不要总把这种小事放在心上。"我们家很少听到抱怨。"一位家庭成员如是说。或许是因为伊恩·卡梅伦向孩子们传递某些价值观的同时，还很担心他们受到各种压力的影响，包括精神的压力和经济的压力，他不希望孩子们和他一样在成长中受到这些压力的影响。戴维在伊顿公学的朋友皮特·切宁说："戴维的父母为人真好。他们教育得法，从不固执己见，所以孩子们成长得自信稳健，毫不骄傲自大。"

不过尽管伊恩从未有意将父母的想法强加给孩子，自己却心如磐石，他人难以企及。他从不妄自期许，却给自己设定了很高的要求。苏珊·拉斯伯恩也对这一隐性标准的存在表示认同。或许，如她所言："伊恩率先垂范，不知不觉中给予了戴维动力。伊恩的蓬勃热情——戴维也获继承——他无所畏惧的精神对于一同生活的家人来说，定然很具启发"。戴维在13岁时也曾告诉朋友："爸爸是我的偶像。他从不被残疾打败。他的一生证明了坚信自己定然可以达成人生所愿。"

赫泽道

小学 1974—1979

戴维·卡梅伦 7 岁时,被送到伯克郡的阿斯科特附近的赫泽道小学上学。赫泽道小学不到百名学生,规模虽小,却精致井然,从前的一位校长称这是"英国最为优质的学校"。

学校就读的男孩子们出生于富裕之家,在这里从青涩的少年成长为年轻的绅士,学校对他们的教育不遗余力。安德鲁王子与爱德华王子都在此上过学。他们的堂妹玛丽娜·莫瓦特说:"我永远记得那个地方的气味——铅笔刀啊,香肠啊,还有男孩子们啊。"戴维·卡梅伦的举止自信和责任感,都在此得到了提升。或许他柔韧的意志与情感也形成于此,即使后来身处社会高位也能扎实稳当。

现在很少有孩子在年幼的时候就被送到寄宿学校了,从前送孩子去寄宿学校的做法曾风靡一时,但是十三年前这种做法开始过时,富人家这样做的也不多了。卡梅伦还在伊顿公学读书时,赫泽道小学关门了。起初卡梅伦觉得离开家去上学的年龄太小。但是想到哥哥埃里克斯已经是小学生了,又心里安慰。他和之前每一届学前预备寄宿生一样,入学几周后就适应了新的生活,这也是因为他身边的男生都是 7 岁左右,都离家很远。第一学期是在名为赫泽里的附属校区度过的,这里环境非常舒适,男孩子们在这儿平稳地过渡到寄宿学校的生活。"我们在赫泽里太自由了,"一个年纪稍长的男生如是说,"我记忆最清楚的莫过于一场接一场的枕头战,还有寝室里搞不完的恶作剧。"在赫泽里呆了一两个学期之后,孩子们就要住进主校区的寝室,十二人一间,寝室的管理较为传统,也更为严格。刚搬过来的时候,新生可以带上自己的小毯子和他们的泰迪熊铺在斯巴达图案的地板上。

到他年纪稍长,每天早晚都要参加宗教活动。用早餐之前,高年级的学生在学校图书馆集合,一起诵经。校长詹姆斯·爱德华会从《圣经》中节选一篇,带领大家思考其中的含义,比如他曾读过的一句"撒都该人不信耶稣,故而忧愁"。早餐通常是麦片和熟食,吃完以后还要进行十分钟的教堂祷告仪式,然后再开始上课。这儿的教育是完全依照传统进行的。到了 20 世纪 70 年代,赫泽道小学依然保持着这些传统,认为新式教育并无优势。大部分的老师都是在英国私立小学和战争背景中成长起来的。大家非常尊敬的数学与地理老师莫恩迪·维泽斯毕业于哈罗公学,科学老师弗兰克·威尔森毕业于塞德伯中学,校长毕业于拉德利学院,法语老师克里斯多夫·布罗姆利·马丁是伊顿公学的"老男孩"。他们是学校的核心教职人员,后来任教的老师大都比较年轻,任教时间短(有的太年轻,也不很称职)。老一辈教师觉得有用的方法,会对年轻一辈的教师有所帮助。

爱德华校长性格孤高,令人生畏,他的妻子芭芭拉(简称"芭")是一名勤勤恳恳的园艺师,夫妻俩的治学方式很保守。爱德华一直坚持学生应当——从很小的时候开始——背诵英国国王和女王的名字与其在位的时间,还需要记住《新约》与《旧约》每一卷的名字。R.V.华生的《法语》与里奇的《拉丁语入门》被视为法语与拉丁语课的入门必读书,而"新式拉丁语"或"新式数学"则没有入选,而当时同类学校已经开始对新式课程进行探索了。午饭过后,学生们都要回寝室休息,一般要求在床上读书,但是休息时间根本就是用来互相捉弄玩耍嬉戏的,随后还有球类运动——夏天安排板球,九月开始是足球,斋戒期是橄榄球。在这样舒适至极的地方,下午茶时间可想应该是比较重要的了。男孩子们必须轮流坐在老师身边,听老师一遍遍强调餐桌的礼仪。

一天的学习结束时,还要进行十分钟的教堂祷告,周日的祷告比平时还要长很多。晚餐是一天中的最后一顿饭,吃得极为清淡。周四的晚餐仅有一块维他麦饼。家长们曾对此颇有异议,因此学校才在晚餐后让学生吃一点巧克力和饼干。戴维·卡梅伦说自己小时候是个"小胖墩",但是"每个学期都要瘦下十多磅,因为吃得实在太少了"。

不过,在这儿依然是很开心的。他为人友好易于亲近,这一点对于他的人生道路是很有帮助的,并且在他小时候就已经显现出来了。一位同辈之人还记得他"聪明活泼,特别有趣,很善于与人相处"。瑞迪恩·卢埃林18岁时中学毕业,在假期中教过卡梅伦(已经在赫泽道小学读书了)一段时间,后来在阿诺德楼学校、龙学校与帕博威克学校任教。瑞迪恩回忆道:"戴维和埃里克斯都很可爱,戴维要更活跃一些。他反应很快,特别爱开玩笑,挺像寄宿学校的学生的。兄弟俩和我一下就相熟了,我觉得他们一定很好带。戴维是个聪颖的小孩,但也非智商超群。在所有同样有封号的家族的小孩中,他就是个普普通通的孩子,一个幸福的中产阶级家庭出来的孩子。"

曾在赫泽道念书的丹尼尔·威金说:"我们父母当然彼此相熟",比如,很多学生假期的时候还会在一起玩板球。威金说:"规模很大,差不多是参与人数最多的运动之一。克莱伍兹家族、汉布洛斯家族、王室家族、圣·安德鲁斯家族都有参与。但是他们到场并非为了显耀声势,而是因为他们的祖辈中有很多人都参与过这项运动。"安德鲁王子来赫泽道读书时,一半因为珀尔切斯特大臣推荐这所学校,珀尔切斯特大臣是王后的赛马经理,他的两个儿子在这里表现非常突出。王后显然很满意,因此把爱德华也送到这所学校。戴维·卡梅伦比爱德华小两岁半,不过爱德华王子和埃里克斯·卡梅伦在同一年级,而且成了朋友。有时人们会看到王后开着一辆绿色的旅行车,周末放假结束时或新学期开始时把孩子们送到学校,偶尔停车下来和校长一同喝杯茶。更多的时候,人们是从一群群低调的皇家侦探身上看到王室家族的身影的。

卢埃林说:"我认为校长通常是根据学生的背景而非资质来选择学生的。只要你的背景适合,入学并不会很困难。你不需要聪慧敏锐,当然也不存在正式的入学考试。学生入学时只要参加全国的统考就可以了。"戴维的同学约有八十多人,他们的家长当中有四位爵士,两位陆军上尉,两位博士,两位陆军少校,两位公主,两位女侯爵,一位子爵,一位陆军准将,一位海军准将,一位伯爵,一位大臣以及一位在位的女王。一位曾经就读本校的学生是下院议员之子,他说,此处都是有头衔的人,他是少数几个在校期间名字不变的学生之一——他的头衔是继承的,这一说法并不为过。学校每年召开运动会时,人们会看到两三架直升机,载着衣饰典雅的家长们,停落在操场上。与常用的称谓"女士们先生们"有所区别,赫泽道的称呼中还有一类群体:女生们、先生们与司机先生们。一位老师说:"称呼是很严格的——司机绝不能与其他的宾客弄混。"

学校极为重视礼节规范。20 世纪 70 年代中期的一个星期三,校长詹姆斯·爱德华宣布,由于执行标准的力度不够,学生游戏时间过后不再自由休息,他会站在橄榄球场中间,监督学生们走过球场的拐角时,对拐角沙坑脱帽并致意"下午好,先生"。礼节的重要性来自于更深层次的价值观,学校希望学生逐步领会到这种价值观。瑞迪恩·卢埃林说:"这关系到与各种背景的人相处的能力。不管是学校还是戴维·卡梅伦的家庭环境,其贵族礼仪的意味都很浓厚。"亚历山大·巴瑟斯特后成为了领导人的顾问,也对这种说法表示赞同:"稍许的保守加上正确的原则——诚实与热情,构成对学校、家庭与朋友的荣誉的坚定支持。"丹·威金表示学校致力于培养"一种责任感,基督教的道德责任与对身边的人的体察,以及恰当的举止"。由于学业压力相对较轻,这些价值观的推广在此成为了首要任务。

爱德华校长也会动用体罚来培养学生的价值观。胡萝卜与大棒兼施。学生做了一件好事或者值得称道的事情,或者行为举止出众,都会得到一个"阿尔法(Alpha)"。得到三个阿尔法,则被授予"+",并得到相应的奖励。如果行为失当,则会拿到一个"欧米伽(Omega)"。若得到的"欧米伽"太多,那棒子就上身了——通常是用衣刷打腿。爱德华负责实施这项工作,责罚的时候,他的牙齿紧紧地咬着烟斗。棒责过后,爱德华会与学生用力握手,以示过往已清算完毕。卢埃林还记得受体罚的经历:"打得有点疼,但是詹姆斯·爱德华的做法在当时并不少见。"有了过错必然少不了责罚。卡梅伦的同学鲁伯特·史蒂文森记得自己被罚是因为在教堂中讲废话。

不过,与曾经的在校生们聊过之后,会发现他们热衷于抵抗权威。被体罚或受到其他形式的惩罚并不丢脸——这与体罚的初衷恰恰相反。亚历山大·巴瑟斯特说他与同学们曾经就想"看看能打破多少规定。比如,规定熄灯以后不许读书,但是我们就会在熄灯以后读漫画,所以你能明白我们就喜欢这么做。不过,我们对学校的管理人员和老师依然非常尊敬。"一个学生记得大家常常违规做一件事,不过这件事的确让人心痒。每周日黄昏过后,只有一个老师值班,大家会纷纷调到一台收听艾伦·弗里曼的"流行精选"节目,踩到书桌和凳子上跳舞,手在空中挥动就好像弹吉他一样。布姆顿田鼠组合(The Boomtown Rats)的《我不喜欢星期一》曾跃居英国单曲排行榜榜首,爱听这首歌的人特别多。

在此五十多年之前,演员大卫·尼文还是赫泽道的一名学生时,被校长开除出校——因为和同学行为失当。戴维·卡梅伦也曾受到处罚,全因草莓而起——具体地讲是巴尔·爱德华种的草莓。当时以戴维·卡梅伦为首的一群雄心勃勃的小男孩,多次偷袭巴尔的菜园,将她地里的果实席卷一空,再潜回宿舍。这番经典的恶作剧让男孩子们久久不能平静,既有获得战利品的狂喜,又有怕被发现的恐慌。到深夜,神通广大的老师们带着手电筒巡查寝室,发现有人的床位空空如也,就知道一定是在草莓地里窃窃私语呢。卡梅伦为这番举动没有少挨衣刷。

因为学校规模小,学生们彼此都认识,所以与其他学校枯燥乏味的校园生活相比,赫泽道显得更有人情味。这儿毕业的学生提起树林和湖泊,总是带着喜爱之情。学生们穿着绿色连衣裤工作服,刨出地洞,准备模拟战,然后就马上玩开了。从很多方面来看,这儿颇有田园农庄的味道,孩子们无忧无虑。亚历山大·巴瑟斯特说:"在这儿很快乐,学校很不错。或许有一两个不太适应的,但是大多数人都过得很开心。"

卡梅伦兄弟都是学校板球队的首发球员,埃里克斯的成绩稍好。大卫眼力好,动作潇洒稳健,很会投球。有位朋友谈到他擅长运动这一点时说:"他是那种投球感很好的人。"板球是他的强项,橄榄球则是他的弱项。"他虽然没有运动员的体质,但是从不偷懒。一个勇敢的小男孩,一点儿也不畏畏缩缩,"一位好朋友如是说。

1978年的一天,正逢学校举行运动会,瑞迪恩·卢埃林正在仔细地把跳远沙坑里的沙子耙平时,高登·葛第夫人走了过来。她正准备邀请四位同学和儿子皮特,即石油亿万富翁约翰·鲍尔·皮特的孙子一同去美国。她问卢埃林是否愿意同往,顺便照看一下孩子们。卢埃林当时还是一位年轻老师,几乎没怎么出过校园,更别说坐飞机了,于是立马就答应了。这次旅行的奢华程度超出了他的想象。皮特·葛第的四位幸运的小伙伴中正有戴维·卡梅伦,一睹豪奢极致的生活,或许让他对财富有了更进一步的了解。多年后,当他被论及享有优越生活时,他说自己并非富贵之家,因为"没有私人飞机,我的朋友中也没有谁拥有私人飞机"。

学期结束后两天,也就是1978年7月21日午餐时,葛第,卡梅伦,盖尔的兄弟西蒙·安德烈埃,比特·罗米尼与费格斯·伟力,由18岁的瑞迪恩·卢埃林陪同,于赫泽道乘坐波音航空公司579航班("协和"式飞机)飞往华盛顿。孩子们尽情享用机上提供的小牛排、三文鱼和波多雷斯酱汁牛肉,卢埃林则不时环顾四周,照看孩子们的行为举动。后几排的11岁大的戴维·卡梅伦正好向他望过来,还欢喜地举着一杯1969年的唐培里侬葡萄酒喊着:"祝您健康,老师!"这位"老师",只比卡梅伦大7岁,还沉浸在自己有幸参加此次旅行的遐想中,对于卡梅伦的冒失祝酒,竟没有去打断的意思。而卡梅伦会不时拿权威开玩笑的精神气质与其父亲伊恩颇为相似,往往也能被对方轻松接受。卢埃林说:"有些时候需要提醒他把嘴巴闭上;就跟其他10岁小孩没有两样,越界的时候给些象征性的管束,不过我没有因为他生过气,反倒总被他逗得很开心。"

当年暑期,华盛顿气温极高。不过这并无大碍。四天的行程中,带空调的林肯折叠车载着四个欢欣雀跃的男孩,穿梭于首都各大著名景点。孩子们还去了一家法国餐厅,首度看到了穿着滚轴溜冰鞋送菜的服务员。华盛顿的旅行之后,他们又去纽约继续游览三天,下榻于皮埃尔酒店,行程中包括观赏帝国大厦和世贸中心。随后,他们飞往佛罗里达州的迪斯尼乐园,玩过山车和所有游乐项目,给皮特·葛第庆祝12岁的生日,到卡纳维拉尔角的"肯尼迪航天中心"进行游览。接下来还有拉斯维加斯,当地气温高达华氏120度,酷热难当,孩子们只好在米高梅大酒店的游泳池玩耍,到酒店的赌博机上玩一玩。旅程结束前，孩子们还去大峡谷玩了三天，坐在直升机上看风景，再飞到好莱坞看了看。最后回到坐落于太平洋高地的葛第的家休整了一周的时间，从这儿可以看到旧金山著名的金门大桥和阿尔卡特拉兹岛的景致。

当时赫泽道小学没有很大的学习压力，不像现在的很多学校，当时要让孩子升入私立学校读书不是那么辛苦的事，仿佛只需要顺其自然地教育，就能培养出一批又一批进入伊顿公学的孩子（还有很多学生进入哈罗公学），没有理由要改变这种培养方式。学生们往往在最后一年才会感觉到学业压力，因为考试临近。不过 80 年代末，这种情况开始发生变化。伊顿公学那时对学生提出了更高要求，并且提升了标准。赫泽道的传统模式受到了质疑，有孩子在入学统考中失利（通常被送到临考补习班学习，然后再考，一般都能过关）。戴维·卡梅伦快要毕业的时候，入学统考才开始增加难度。不管遇到何种情况，他总能以一贯的高效率迅速适应，1979 年的夏天，他被伊顿公学录取了。

不寻常的伊顿学子

2004 年,有人问卡梅伦学校教育是否会对他的政治生涯有影响,他深深地叹了一口气,说:"我也不知道。如果进行逻辑分析,那么好的方面是我在学校受到了良好的教育,但是这也像一个附着在我身上的标签,总有人不断提到这个标签。倒不妨这样来想:我就是我。对于我曾拥有的东西,我心怀感恩。"卡梅伦认为自己是后发力类型,感恩自有其道理。伊顿公学是一个善于从普通孩子身上看到光芒,并发掘他们潜能的学校。

对于任何一个告别童年时代的男孩来说,入学伊顿公学不免让人紧张——就算像卡梅伦这样,7 岁他便在寄宿小学读书,早已习惯了离家上学的孩子也是如此。公学历史长达六百五十年,新生入校就仿佛置身历史之中。卡梅伦,胖胖墩墩的小个子,还好能在自己的房间中找到属于自己的空间,这是他第一个真正的私人空间呢。他住在约翰·福克纳管理的约翰·福克纳楼,这栋楼靠近伊顿公学校园大道的尽头。伊顿公学共有五栋学生公寓,每栋住有五十名学生。每栋楼都是一个独立的小世界,和整个校园的喧腾气氛比起来,这儿更像一个亲密的家。想拥有自己的房间在这儿不难办到,每一个伊顿的学生都可以关上房门,挡住外面的世界。初来乍到,这样的僻静之处尤其宝贵,可以在此记住学校里各种晦涩难懂的名称、章程和缩写名字,并且适应接下来五年每天都要穿的燕尾服。

伊顿公学的一大特点是"私事也有人管理",前三年中,每周学生们都可以与他们的"生活导师"一同讨论很多课外的话题。对于初入伊顿的学生来说,这是和老师轻松交流的最佳方式,能让他们更好地适应学校。每栋公寓楼都有一位生活导师,约翰·福克纳就是他所在公寓楼的生活导师。这使他有机会了解楼中住着的学生,不过要处理好繁忙的日常事务也并不那么容易。

1979 年末,卡梅伦住进福克纳楼,受到了年长 3 岁的哥哥埃里克斯不经意间的保护。有位朋友形容埃里克斯在学校中"有魅力,有人缘,还有艺术气质",这给小弟卡梅伦带来了一定的帮助。一位朋友说,第一个学期时,卡梅伦"挺早熟的,自信昂扬,有位受人欢迎且声名在外的哥哥显然让他很开心"。与埃里克斯同在一校或许给了这个"小新人"一种归属感。但这种保护也有其不利之处。戴维强烈地感受到哥哥在学校中为他设置的防线,对于一个尚未独立的孩子而言,这种保护或许会适得其反。不过,无论怎样,家人所担心的两兄弟住在一栋房子里会冲突不断的情况并没有经常发生。卡梅伦说他那时候很怕自己永远也不能跨出哥哥的影子。卡梅伦还被高年级同学"使唤"过。他入校的时候,低年级学生给高年级学长使唤的传统已经不再了,但偶尔还是会为一栋楼里的学长送个口信什么的。

埃里克斯既带给戴维保护,也给他设立了初始时难以企及的学习标准。尽管小卡梅伦在好友的口中是一个头脑聪明的家伙,但却很少因为学习成绩优异而震惊全校师生。新生到了第九年,也称 F 年——根据每科成绩,最聪颖的学生列为 F1,而表现最一般的则列为 F7。那一年,卡梅伦学习的大部分科目只能说是完成了一半左右。法语老师汤姆·利特尔顿对他的印象就很有限,"他既不是成绩最靠前的学生,也不是垫底的",不过应付学业总是没问题的。鲍伯·贝尔德,是卡梅伦入学第一年的数学老师,他说在所有后来成为名人的学生中,卡梅伦是他唯一没有印象的。

到了 1980 年春季学期,卡梅伦的成绩已经有所进步。期末考试终于过去了,能力和表现欠佳的学生们紧张兮兮,因为这场考试关乎着下个学期的分班。卡梅伦进入第二年的学习时,英语老师杰夫·布兰切代替约翰·福克纳,成为了"生活导师"。布兰切喜欢进行小组讨论,于是卡梅伦与其他四位同学构成了每周的讨论组。小组讨论主要是让学生们畅所欲言,探讨艺术方面的问题——这种经历在别处或许是无法获得的——以及对与学校和更广阔的社会层面的问题进行讨论。布兰切依然记得卡梅伦所在的这一组学生"都很有见识,举止文雅,聪慧敏锐",能言善辩的卡梅伦总能很好地阐述自己的观点。布兰切说:"他对文学、音乐与艺术有着浓厚的兴趣,而且乐于合作,自信又活泼。对他我无须担心,他读一所很好的大学是不成问题的。当时他并没有表现出对政治有特别的偏好。"布兰切补充说,不像他接触过的卡梅伦之前的一个学生,奥利弗·莱特温。

说到读书,在校的前三年应该学习各学科的知识并达到一定的水平。在开始进行 A 级别课程学习时,需要通过五项 O 级别课程考试,这对于有的学生来说并不容易。虽然卡梅伦从小学开始就聪颖伶俐,但是他的智商更多体现在平日生活中，而非在学业当中。这一时期他曾向一位朋友倾诉，说自己担心过不了考试。

　　尽管学校规模不小，卡梅伦在第一学期时还是迅速结识了很多朋友。当时或许没人会注意这一点，很多同学日后都成为了卡梅伦几十年仍在交往的朋友，其中只有少数是在赫泽道和其他地方认识的。比如，福克纳楼的第一年，除了卡梅伦之外只有九位同学，至少一半至今仍然是卡梅伦的好友。其中詹姆斯·里尔蒙德，西蒙·安德里，罗兰德·华生，汤姆·高夫与"托朴"托德亨特在卡梅伦生活中不时出现，高他们一届但住在同一栋楼的皮特·切尔宁也是如此。

　　入学最初的几周中，共同担负考验的感觉将男孩们团结在一起。他们会交换小纸条，谈论伊顿种种特别的仪式，镇上出界的地方，漂洗过的衣领让人不舒服，还有学校的暗号特别难懂等等。大家也会聚拢来讨论这类话题，聚会通常很"严肃"，对于低年级的尤其如此，三到四个学生一组，每天下午约到其中一个学生的房间，还可以享用很多茶点。

　　朋友们都说，卡梅伦融入新学校很快。他友善而温和，机智聪慧，不容易与人结仇——这和在赫泽道时一样。他已经从小学时的"名人"逐渐变为伊顿校园的普通一员，这个转变的过程似乎并不费力，亦没有不情愿或者想家的情绪表现出来。有位老师回忆道："他不是一个性格羞怯的人，哪怕在第一年里，他爽朗而愉快的性情，都会自然地流露。"另一位入学新生说，第一学期中每个人都特别谨言慎行，有一次卡梅伦走到他面前，问道："你叫什么名字？"他紧张地说："我姓……"卡梅伦回答："不，我想知道你叫什么名字，我是戴维。"他一下子没回过神来，"卡梅伦那么友好随意，那一瞬间我觉得他特别亲近，有人情味，而且很稳重。他完全没有被这个地方弄得神经紧张"。

　　不过，随着青春期的来临，也有人发现天性活泼的卡梅伦开始有些冒失莽撞。有人在放假时遇到过他，觉得他是"典型的伊顿学生，过分自信，总认为自己特别幽默"。他还曾非常肯定地告诉一位朋友的妈妈"女人的智商和蚊子差不多"。刚进入青春期时，他会偷偷地和朋友一块，潜到板球场更衣房后面喝几口啤酒或葡萄酒。他和朋友说他更喜欢别人叫他"戴夫"，因为听起来更有劲儿。他当时交往过的一个女生名叫卡洛琳·格雷姆，现在是《周日邮报》驻洛杉矶的记者，她说卡梅伦有些害羞，不过他"很会接吻"，那时他13岁。卡梅伦却不记得这些事情，说她讲的可能是他的哥哥。

　　在伊顿的前几年中，他对艺术很感兴趣，并且在一家名为"艺术学校"的学校上了很长时间的课。这所学校的负责人是约翰·布斯,学校里一位工作经验极为丰富的老师形容他是"所接触过的最为优秀的艺术老师"。卡梅伦在这所学校6月4日的开学日展出过几幅蚀刻作品。他不仅在绘画方面有所涉猎,还用自己的脚为原型,为雕塑家朋友克里斯宾·吉布斯的艺术展做了一个石膏模。在这儿每周大约五个小时的学习,他主要是被布斯所倡导的以创意和思想交流营造出的轻松氛围所吸引。布斯回想时说"来这儿的人形成了一个很不错的圈子,与一般的学校中的稍有不同",布斯当时明显激发了更多的学生选择O级别艺术课程。

一位经常去上课的学生说:"那儿的设施是最好的,约翰·布斯的学校确实是为服务社会而设立的。他经常鼓励我们要带着激情去创作伟大的作品。全新的教学楼,大块的玻璃窗;他不希望我们的画作囿于在校学生创作的范围,他希望看到年轻艺术家们充满求索的精神,尝试新的东西。布斯曾经鼓励一个学生将耶稣受难像画成四十英尺高的画。他在20世纪80年代时的校友中有"白立方美术馆"的设计者杰·乔普林,在伦敦市中心开办现代艺术馆的麦克斯·威格拉姆,雕塑家尼克·费迪恩·格林,水彩画家多米尼克·拉莫斯以及也在伦敦中心开办美术馆的约翰·马丁。"全英艺术家"这个群体得益于不少前辈的指点,约翰·布斯至少也可以称得上是一位准前辈。

卡梅伦经常参加体育活动,他的一位校友说他是校内某支球队的中坚分子,不过,他的水平还进不了校队。他最擅长的是网球,在家的时候练习网球的时间很多。他打球动作潇洒,出击猛烈,还差点进了学校第二网球队。利托尔顿曾教过他一小段时间法语和网球,对卡梅伦印象最深的莫过于卡梅伦非常善于交际,"记住他是很自然的事情。有些学生不太喜欢站出来和人交流,但是他却是那种会直接跟你聊'老师,我第一年时你教过我法语哦!'他说话没有咄咄逼人之势,而是非常自然而友好。"利托尔顿还提到老师们通常会担心自己负责的一个组的学生能不能"融"到一块去,"有时,一个群体能融合得很好是因为一个人,我觉得戴维·卡梅伦就是这样的人:不论是在课堂中还是在网球场上,他都能以最快乐的表现融入其中,对此我感到很欣慰"。教历史的迈克尔·基德森也赞同这一说法,"我的脑海中浮现的是一个平易随和、谦恭有礼的年轻人,反应很机敏",没有一点"自命不凡"的味道。

1982年初开始,卡梅伦一直在准备夏季的O级考试,考试的分数将决定他能否继续在本校学习。他的成绩一直表现平平,因此在伊顿的学习若以失败告终,也并非不可能之事。然而,就在考试前六周,卡梅伦差点被开除出校。

那时是 5 月底,好些学生被查出有吸食和发放大麻的行径。这件事情还因为警方的介入上了全国的报纸。出现此类问题时,伊顿公学一般会向当地的毒品稽查队报告,以避免毒品稽查队在校内查案。但这一次,警方对校方的调查进行了监督,似有彻查毒品涉案人员之意。有劣迹的学生也被找来问话,如果他们向他人出售毒品,则会自动开除出校。第一天就有七人被开除,随着调查的深入所查处的人数越来越多。

那学期离校的一位学生说"第二天问话的学生增多了,第三天更多,但那之后大家都缄口不言。的确有几个学生去过斯劳进货,但是学校里并没有真正的所谓'交易'发生。"他还说"当时我们都被施压,要我们供出名字。牵涉的人很多。办案的人说要指控我参与了交易,我根本没有。我对校长说,'假如要开除我,那很多人也会要开除。'我觉得这种处理方式是不妥当的。当时没有人告诉我们有哪些权利,而且除了所供出的很少的证词之外,证据严重不足。"一位当时资深的老师承认,在处理这件事情上,用的是"一个唱红脸,一个唱白脸"的做法,他说:"我相信那一套方法在今天是通不过的,现在人们都很注重人权法规等。"当时究竟有多少人被叫去问话,人们猜测不一,校方这番做法,是希望能让所有人明白学校的态度,尤其是那些跟毒品沾了点边,但是却对毒品知之甚少的学生。然而,校方得知实际情况时,着实吓了一大跳。一位学生说:"学校发现远远超出预计的人数,因此,对每个牵涉到的学生都处以临时退学是不行的。"总而言之,至少最后"问题大的学生"被开除出校,对其他人的处罚则稍轻。

约翰·福克纳楼在伊顿校园尽头,在这可以看到乡村地带,视野甚至远达铁路桥洞,这都是抽大麻和非法饮酒的人惯去的地方。有时,从楼上还能见到两三个穿着燕尾服的学生拖着步子走回学校,样子很不对劲,有人说他们因为刚抽了大麻,这种盛产于伯克郡南部的作物让他们得到了片刻的满足。卡梅伦的住处离艺术学校很近,不少去艺术学校上课的学生都与这次毒品事件有关,事发很久之后,伊顿公学的校长甚至委婉地对约翰·布斯说开除的学生中有四分之三都是学艺术的,但布斯笑说所有人都"学神学",但也没见怎么样啊。一位常去铁路桥洞后被开除的学生说"那帮学生大都很淘气,总会闹出些事情"。他记得那次毒品清理事件就像一场"军事行动",严酷的处理方式及互相猜忌究竟是谁向校长供出名单的氛围,仍让他心有余愤。

1982 年 5 月的这起调查中,戴维·卡梅伦被一位熟人供出,说他吸食大麻。于是他被叫到校长面前,并承认此事。由于他并未参与出售大麻,因此没有被开除。但他被处以罚款以及"乔治克"处罚(伊顿公学的一种处罚方式,被罚者抄写 500 句拉丁文),一切形式的请假都不批准。因为受罚很损颜面,他还不能参加 6 月 4 日的颁奖典礼。校方还要他供出其他人的名字,但他没有这样做。埃里克·安德森(埃里克爵士,前伊顿公学校长)没能跻身伊顿最受欢迎的历任校长之列,因为他一直都记得学生们所犯过的大小毛病,可他并不记得卡梅伦当时参与了这件事,对此他总结道:"有些学生也牵涉进去了,对于学生来说,这本身是一种很刺激的尝试。我们只想'将带头犯事的人查出来',如果查到其他人参与其中,也只是想吓吓他们,让他们不要再犯。他们是一群男孩子,总会做些傻事,但是我们绝没有'强行阻止'他们的意思。"

事过境迁,在二十三年后卡梅伦即将接任托利党之首时,有过一场讨论,有关是否需要善意地报道这个故事,以免在不合时宜的情况下被不怀好意的人爆料。但是,卡梅伦还是决定不对此事回答任何问题。虽然之后遭到不断的影射,但他表明了他的态度,尽管他从前可能吸过大麻,但他从未撒过"有关吸大麻的谎"。

在学校中,他并未因为大麻一事心情受影响。他乐天而且善于自我调整,爱交朋友。虽然成绩一般,不过他通过 O 级考试的分数还是挺高的,这让他平稳地过渡到了 1982 年的夏季时光,校园生活顺心,无关名声或其他。他的喜好和其他人稍有不同,比如房间的墙上贴着美国名模切丽·提格斯(Cheryl Tiegs)的海报,他爱听"果酱乐队"(The Jam)(其《伊顿来福枪》(Eton Rifles)一曲在卡梅伦第一学期时出名),"僵硬小指"(Stiff Little Fingers)与 XTC 乐队的歌,还对鼓乐很感兴趣。跟许多精力极其旺盛的在校学生一样,他总会在课前在课桌上有节奏地打拍子。他的一位朋友还记得他特别着迷于菲尔·科林斯1981 年单曲《今夜不同往昔》(Something in the Air Tonight)中的一段铿锵鼓乐,并决定要演奏真正的鼓。天性热情的他还去报了演奏鼓乐的班。不过,他的鼓乐老师斯提夫·里斯的印象中没有他组建或参加乐队的记忆。

日子看似平静而惬意,实际上在接下来的两年中,卡梅伦发生了巨大的变化,这种变化将他从芸芸众"生"中推到了前沿地带。政治意识仿佛觉醒,钢铁般的求胜之心与学术的潜能在他身上迸发出来,这一切的转变似乎就在 A 级考试之前发生,他已做好了迎考的准备。他似乎一瞬间有如神助,一切志在必得。

进入第四学年即 1982 年 9 月开始,学生成为"专业生",相当于成年了,可在学校酒吧喝酒,但不能过量;周末外出机会也更多。这时卡梅伦的哥哥已在布里斯托大学读书，可以常回匹斯莫尔看父母以及妹妹塔妮娅和克莱尔，塔妮娅当时正在伯克郡卡恩镇的圣玛丽中学准备 A 级考试，而克莱尔还在阿宾登的马诺尔小学读书。据卡梅伦回忆，自己直到学习 A 级课程才"对读书有了兴致"，因为当通过了伊顿的大纲所要求的固定科目考试后，他可以在自己感兴趣的方面进行钻研了。他选了艺术史、历史以及政治经济这三门 A 级课。或许，此时此刻伊顿的优点将全面地体现出来。卡梅伦很有幸地遇到学校的明星老师——艺术史老师威廉·富兰克林，与"政治社"负责人比尔·温特，一位爱好交际的老师。他的历史科由盖尔·圣·奥宾与迈克尔·基德森教授，基德森老师为人和蔼，学养深厚，其学者风范广受伊顿学生追捧，不过他对经济学以及政治的热情真正滋养了卡梅伦的学术之心。

专业生可以自由选择指导老师，指导老师将对学生进行辅导直到参加 A 级考试，其间每周可有两次单独的讨论。一位老师说，这些时候一般只是"讨论"而不针对考试，是为让学生有机会全面体验大纲之外的文化。约翰·克拉克是在后四学期教卡梅伦的老师，他认为这样的单独讨论时间使大家可以一同发现"伊顿的经历"。克拉克说："伊顿公学绝非外界所说的刻板的学校。学校为学生提供了很多机会发表言论，相互探讨，争取成年人的认同，这种单独的讨论就是例证之一。"

卡梅伦选了伊顿出生的提姆·扬为他的指导老师，扬是学校 First XI 足球队的负责人，有意思的是，他曾经是一名教师，在其家族五人中第四个获得国王奖学金。他交友甚广，在学生们中的评价与其学业成绩一样出众。卡梅伦的一位才华横溢的同学说："提姆·扬是位不错的人。这一点显示卡梅伦当时并没有多少学业上的抱负。那个年龄段做的选择大都能够反映自己真实的一面，选择指导老师更是如此。我估计卡梅伦之所以选他主要是觉得他人很好。"

不过，提姆·扬一开始便记住了卡梅伦："我在他身上看到了极大的学习动力，推着他向牛津进发。他在第六年中身体发育加快，心理迅速成熟，身边的人或许没有发现他的潜力。"约翰·克拉克也同意扬的说法："他在学习上属于后发力类型，接触到适合他的科目时便展现出实力。虽然在伊顿并不出众，但却是我教过的印象最为深刻的学生之一。尤其是他选的历史、艺术史和经济学，这些课程或许不被一些大学重视，但他依然努力学习。"

1983 年春，两位老师带着二十六名学生去往罗马，加深艺术史课的学习。到达罗马之后，队伍解散了，学生也没有那么拘谨了。不过行程中大家都参观了很多景点,卡梅伦却行动不便,因为他的朋友本·威瑟罗尔吹风笛时,他跳舞跳得太起劲扭了脚。"那时是在'西班牙前的阶梯'顶上卖艺,攒点钱去喝东西。我兴奋过头了,一下扭了脚踝。"当时他觉得腿没有大碍,所以朋友们把他留在原地休息。后来才知道其实伤得很严重,最后只能靠手和膝盖撑着从台阶上爬下来。这样一来,他错过了很多美景,不过一位朋友很委婉地说"他在其他景点都补上了"。这话到底有什么深意,我们不得而知,正像他的一位至友所言,戴维不是个古板的人,基本上总在"自我调节"之中。

终于,卡梅伦人生第一次获得了真正的学业上的成就。1983 年夏,即学习 A 级课程的第一年末,他便获得了"政治学选拔赛奖",一匹黑马出现在人们的视线中,这是夏季学期的一个良好的开端。接下来的学期中,也就是学习 A 级课程的第二年初,他选的课是"西班牙内战",这门课主要参考休·汤姆斯关于这场战争的名著来上,由爱德华·威尔森·史密斯讲授。在这门课上,戴维获得了另一奖项,尽管这奖项的影响力没有那么大,但是同年级中仅有两位获得了该奖。

出于对政治的兴趣,在下一学期(春季学期)中,他选了安德鲁·盖里博士的课,盖里博士后来还是威廉王子与哈里王子的舍监。卡梅伦选的课为"北爱尔兰:对争端的研究",他对保守和统一党的兴趣或许由此形成。盖里本人来自于北爱尔兰,他带着学生们探讨关于英国的各类问题,如英国是如何处理恐怖主义的,为何在很多时期出现了用文学手段来宣泄压力的情况等等。比起很多学生所选的课,这门课更深刻,对学生的要求也更高。虽然上交的课程作业很少,盖里仍感到:"在对问题提出解决方案时,卡梅伦从不选软弱手段。"

盖里对卡梅伦很了解,还在提姆·扬休学术假时,也就是卡梅伦"专业生"学习的第二年当他的指导老师。盖里还教艺术史,卡梅伦在这门课上需要选一个题来写论文,这是 A 级课程的要求。盖里记得他的夫人,一位艺术历史学家,曾叫卡梅伦伸出手臂,托住要给他阅读的书,他的夫人在上面垒了很多书。盖里说:"我记得当时我心里想,他能有时间读完吗?"但是,卡梅伦居然完成了。就像他从前的习惯一样,他将所要求理解的部分进行了总结,需要做到的统统做到了。"他就这样拿了书去,总结了自己想法,然后写了一篇很漂亮的论文,分数很高。那篇论文写得真好。他给人感觉挺悠闲懒散,对事不是很在意,但是如果你跟他说,'这个必须做好',他就会立马投入。他读书的劲头很让我吃惊。"

伊顿公学与保守党同进退,20 世纪 80 年代时更加明显。当时,英国重获福克兰群岛,迈克尔·弗特所领导的工党在大选中受到鄙夷,撒切尔主义蓬勃发展,对各方面进行扶持,而托利党即保守党则支持败将。当时不乏反对者。詹姆斯·伍德是卡梅伦同期的校友,现为著名文学评论家,他曾在伊顿任校刊编辑。他当时挑战右翼的正统观念,并撰文抨击撒切尔主义,在当时国内的媒体中引起了不小的反响。尹恩·卡梅伦获悉,给卡梅伦打了电话对学校充斥着"红党"表示痛惜,卡梅伦还半开玩笑半认真地向伍德转达了这番痛诉(伍德的别名正好是"红"伍德)。不过,伍德后来说"我不记得卡梅伦在伊顿参加过任何政治活动。"

卡梅伦在学生时代便有从政的想法吗? 他自己说是并没有。有人指责他在牛津读书时颇为狂放,他后在英国广播公司节目中对此进行辩解,说读书时确实没想过以后要步入政坛。他的艺术史论文主题为奥古斯都·普金,不过是关于普金的作品——坐落在威尔士的奇克城堡,而不是普金更为著名的英国议会大厦的内部装饰作品。约翰·克拉克说:"我确信当时他已经崭露自己的政治抱负了。他善于表达,对政治兴趣浓厚,那一时期他就已经对从政表现出了一定的倾向。我觉得他和迈克尔·赫塞尔廷不一样。他觉得政治学让他振奋,尤其是对能够采取实用而保守的方式这一点。他对政治的艺术非常着迷,希望用政治来解决问题。"

当卡梅伦的一位朋友被问到卡梅伦何时决定将政治作为事业时,犹豫了一下然后低声说:"我想他是在伊顿时有这番想法的,政治是他今后的事业所在。"另一位同期校友说自己在校时对卡梅伦不太熟悉,但是和他们俩关系都不错的一位朋友告诉他"这家伙想当首相"。还有朋友记得卡梅伦匹斯莫尔的中学时光很休闲自在,卡梅伦说过自己想成为保守党领袖。伊顿校长埃里克·安德森爵士则认为没有必要对这些话进行过多的解读,他说:"我 14 岁时还跟人说我要代表苏格兰打橄榄球呢,这不代表我真能做到。"

卡梅伦对伊顿公学的看法并非一成不变,而是不断变化且积极的。安德鲁·盖里说:"我时常觉得伊顿是一个培训地,而非终点,伊顿自身也是循着这个思路在发展的,为学生的未来做准备。我不能确定卡梅伦想做什么,但是他步入政坛也并非出乎意料。只能说兴趣使然,方法得当,这样他不会在学科原理上太过纠结,而是运用理论来行事。"詹姆斯·伍德说:"我觉得他不像政治家一般雄心勃勃,但是他身上有着成就一番事业的气质。他独特的个人魅力和风度,总让人有成功在望的感觉,非常爽朗清新;但是与政治却好像不搭界。"卡梅伦的朋友詹姆斯·弗格森对一场有关于哪些伊顿的同学可能赶超前辈成为首相的讨论记忆犹新,他记得卡梅伦的一位小学同学叫汤姆·高夫,在讨论中说如果真有这种情况发生,那可能会是卡梅伦。但是问到高夫为何会有如此定论时,高夫说:"詹姆斯所言或许属实,但是我想不起来了。"还有一位同学和卡梅伦住同一栋楼,和卡梅伦很要好,他说有一次与卡梅伦欣赏从伊顿毕业的首相雕像,"我们俩都确信伊顿不会再出一位首相了。我那时肯定没有想过戴维日后会成为首相。他在学校表演戏剧时只演过男仆人和女生。他从来都不是一个特别外向的人,只是大家都挺喜欢他的。"

少年卡梅伦是否能成为"未来的政治家",这很难下定论。他选择参加的课外活动便体现了这一点。男生到了一定的年龄便要参加学校的"少年军"或者在附近社区帮忙。卡梅伦两边都参加之外,还到温莎小镇看望年迈的克里克太太,有时会和一位朋友一同前往,陪陪克里克太太,一起喝茶聊聊家常。第二天又挎上伊顿来福枪进行训练了。

虽然卡梅伦一直都倾向保守党一方,但有一次他在晨会上放了一段关于贫困与失业的幻灯片,借此来表达对 UB40 乐队的支持。有人觉得这是青少年希望借助人们对流行乐队的联想来争取公众的信任,以表达对国内失业人数急剧上升的担忧。认识他的人记得那时他最热心的事情其实是反对"欧洲共同市场"的不公平做法。印象中,卡梅伦开始真正关心政治时,欧盟总部便是他攻击的目标。一位熟知他的人说:"这个观点虽然不是我们独创,但是我们对此曾进行过全面、认真、细致的讨论。"

工会也是一个证明。卡梅伦在校刊《记录》上发表过一篇内容翔实但反响一般的评论文章,这篇文章是对劳动部长埃里克·赫弗一次讲话的评论。

埃里克·赫弗是工党主席,曾发表过有关工会运动与工党之间的联系的讲话,那一场讲话既生动又丰富。他的讲话中强调两者的历史联系以及将工人阶级纳入众议院的基本原则,并解释道托利党工会立法无论过去还是现在都相当于阶级立法。他的讲话不仅包含了以上很多问题,还涉及了工党的领导、格林纳达(美国入侵的一个英联邦小国)与私立学校的废止。赫弗先生还做了一个形象的比喻,将工会运动比作警卫团,他说如果遭到攻击"定会战斗到底"。这番预见虽有些黯淡,但却能激发情绪。

托尼·贝恩则对卡梅伦有相反的作用。卡梅伦说贝恩的《论民主》一书激发了他对政治的兴趣,"虽然我并不认同书中的很多观点,但是我很爱读这本书。越是我不赞同的东西越能引起我的兴趣,我并不喜欢仅仅阅读那些我赞同的东西。"

不过,卡梅伦保持着自己中学时一个特点——不和初涉政治的人走得太近。他参加了"政治协会",这一协会经常邀请著名人士做演讲。在卡梅伦读书期间,曾来"政治协会"演讲的有卡林顿勋爵、莱恩·穆雷、威廉·沃德格拉夫、弗兰克·菲尔德、格雷·高里。但是卡梅伦从未加入协会的委员会(委员会成员能有机会和演讲人会面用餐),这点和高他一届、后成为托利党议员和伦敦市长的鲍里斯·约翰逊不太一样。约翰·克拉克说:"他有自己的风格,并不是那种把大家的注意力都集中到自己身上的人,不张扬,也不高调。当然,他并不只关注自己的事情。我甚至要通过想他班上的其他人才能联想到他,但是他身上确实有某种让人难忘的气质。"

　　除此之外,还有一件关于卡梅伦"自己"的事情。一次,他所在组的指导老师要每位同学说说对同一组其他成员的看法。可能指导老师想要考验大家的社交能力、诚恳度或者对人的感知能力,但这些都不重要了,因为这次交流将戴维·卡梅伦身上不容易被人发觉的特点揭示出来了。在常人看来,卡梅伦就是一个友善、平和、很好相处的人。指导老师提姆·扬说:"我猜测大家应该都不会说得很直接。"结果大家的发言突然间被打断了。一位叫做约翰·克罗斯利的同学在轮到自己的时候,指着坐在教室另一端的戴维·卡梅伦说:"我知道,你就像钉子一样坚硬,没人看到这一点。"克罗斯利的直率或许和他约克郡的血统有关。当时,整组人都寂静无声,提姆·扬还记得听了克罗斯利的话后,自己有多吃惊:"后来我们没有继续讲很久,因为大家都被这番话惊住了。"但是,扬觉得,克罗斯利的话是有道理的,不幸的是克罗斯利在多年后一次滑雪时遇难。"我记得卡梅伦确实是一个很友善的人,但是在那以后,我注意到了他性格中刚毅的一面。他是一个内心很强大的人,这一点我之前没有发现。"

　　还有人发现了他有闯劲的一面。费迪尔·芒特就是其中的一位,当时芒特是撒切尔夫人身边的工作人员。一天,芒特接到堂姐玛丽(卡梅伦的妈妈)的电话,问她大卫可否来他办公室为校刊做一次采访。芒特说他太忙了,而且《官方保密法》有这方面的限制,不过他会考虑一下的。卡梅伦可从来不听这一套,他直接给芒特办公室打电话,约定采访时间然后就立马出现。芒特说他"肤色很红,很精致,特别神气"(事实上,卡梅伦从伊顿毕业以后并不会每天都刮胡子),而且"浑身上下都充满自信的味道","一聊我便很自如,而且他一定问出个所以然来,我的脾气马上被他弄没了。我觉得他日后会很有发展,这一点根本不难看出,只是那天办事的神速不一定还会出现。"卡梅伦工作起来非常卖力,做喜欢的事情时那种自在感让他的能力得以充分展现。约翰·克拉克说:"我给他评过很高的分,因为我知道他既有冲劲,聪明机灵,又有丰富的求知渴望。他思维锐利,接受新事物很快,而且很容易触类旁通。"另一位伊顿的老朋友虽不是卡梅伦同时期在校的同学,也将他个性上的坚毅归因于他在校受的教育。鲁伯特·迪尔纳特·库伯与卡梅伦在卡尔顿电视台共事,他说:"我觉得这个想法有点一锤定音的味道,但是不适用于戴维,有些伊顿人对事总有些情感上的'疏离',这当中有一定的冷静乃至近似于冷酷的成分,就像说'谢谢。没事了吧?'的感觉一样。这是不是十多岁就开始在寄宿学校读书的缘故,我不确定。不过,戴维绝不是那样的人,如果一定要那样处事,他也肯定能'演'得很无情。"

在多年前的报纸上,有一位"从伊顿起就认识卡梅伦的终身保守党"人士说:"我不喜欢戴维,因为他太过于傲慢。但是和我有同样背景的人都因为身边出了一个首相而醉心不已,若有不同意见恐怕会被视为叛徒"。另一位同期在校的人也觉得卡梅伦的魅力没有那么大,因为他太会掐算如何给重要人物留下印象了,如果你不善社交,不是最火的圈子里的人,那么他不会对你上心,还有人说,"我总觉得他有些刻意讨好"。卡梅伦身上还有种伊顿人共有的"享有权利"的感觉,似乎在任何地方都理所应当得到重视。

他个性中的这两个方面都体现在了他对选修课的态度上,选修课是非考试课程,和兴趣爱好差不多,往往带有文化或专业的性质。卡梅伦的朋友一定会据理力争,证明他的文化爱好绝不是高雅脱俗式的。没想到,他却选了"英国小说的崛起",授课人是校长。对于绝大部分伊顿人而言,由学校"最大的官"来教的课让人心生惧怕,虽然这个"最大的官"是师生都很拥戴而且尊敬的埃里克·安德森。上课时,大部分的人都会把头埋得低低的。卡梅伦三个月前才差点因为大麻被开除出校,现在居然会选安德森的课,说明他对这些事并不在意。他可不是一个因为过错就躲起来不见人的人。

大家或许会联想到,卡梅伦一定进过"珀朴"(Pop)。珀朴是当时学生自发成立的级长协会,由学生选出最受欢迎、最出色的人来担任。卡梅伦很受大家喜欢,而且棒球打得好,还是楼长。很多同时期的人后来都觉得他没有任过级长有些不可思议,照理说他当时应该得票率很高才对。或许他所在楼栋动作不大,如果同楼的其他人非常支持竞选,那么候选人的当选几率会高很多。不过,虽然他所在的楼栋排名不上不下,还是有三名同学在他在校期间当上了级长,詹姆斯·里尔蒙德、罗纳德·华生和皮特·戴维斯。或许,约翰·福克纳楼出产的级长已经够多了吧。有人凭猜想说可能因为"卡梅伦做事有些过于精明了,有人会觉得他自我感觉太好了一点。"

约翰·克拉克并不觉得卡梅伦没任过级长一事很奇怪,"他不张扬,不是一个好胜心特别强的人,而且也不喜欢做激进的事情。"弗莱德·德·法尔布担任过级长,他也很赞同这一说法:"他低调的风格受到大家的肯定,也许曾经竞选过,但是他跟我们不一样,他只会扎实稳健地做自己的事。"蒙迪·厄斯金和卡梅伦同过多次班,说卡梅伦"不是那种四处炫耀、空有其表的人,那种人比较容易进珀朴"。

如果卡梅伦能够进入珀朴,也会做出一些有影响的事。他在朋友罗纳德·华生手中接过楼长一职后(华生潜心练习自己的强项板球),似乎将这份新工作做得很不错,尤其是正好遇上了一段困难时期。埃里克·安德森还记得约翰·福克纳楼有一段时间疾病蔓延,没有办法全面开展工作,"记得当时我听到人说戴维当楼长帮了约翰很多忙,不然楼里的事情会一团糟。约翰还发现戴维能够保证低年级的学生被照顾得很好"。马克·戴恩理是低年级同学,和戴维同过一个学期的班,他很肯定地说:"我清楚地记得他待人有多亲切友善,而且他做事很实在。还有,有事找他一定没错。"汤姆·罗德维尔比卡梅伦高一年级,说卡梅伦和很多高年级的男生不一样,不像他们那般"高高在上",行事专横,自以为了不起。他说,卡梅伦是那种"可以就坐在楼梯上和你谈话的人。他是一个友好正派的人。我还记得有一次和他随便打赌,赌威尔士队在橄榄球赛中能不能打败英格兰队,我赌赢,后来威尔士果真赢了。他到现在还欠我五英镑呢!"

有一次,卡梅伦想要保护一个同学,现在这位同学已经是伦敦一家金融公司的重量级人物了(不过他不想署名),这位同学因为是犹太裔,常受到别人欺负。他说:"卡梅伦的处理方式非常成熟。他并没有对欺负我的人动怒,或者教训他们一顿,因为如果这样做只会让我遭到报复。他不想我再被欺负。戴维对那些人说,'这是你们两方之间的问题,才会变成今天的样子。'他让我承担一半的责任,现在我明白这样做是很有道理的。"

卡梅伦在伊顿的成长仿佛一帧广告,告知那些希望展现潜能的人,这里有他们所需的东西。提姆·扬说:"我觉得学校里其实有大量的学生还在十三四岁时就俨然具备当领导的资质,他们或许在小学时便已经是学生干部了,但是往往当他们到了人生的黄金时期,却跑去高尔夫俱乐部当秘书,少年时期的辉煌难以再现。戴维难能可贵的一点是他不会将自己的发展局限在一个阶段,比如在六年级时已经显得格外出众了。他只按自己的路来走,担任14岁以下橄榄球队队长,轻轻松松,毫无压力。"

安德鲁·盖里说男孩子有一个普遍特点,就是较晚才显现出学习的优势。他说:"虽然随着时间的推移,他们的自信心会逐步增强,但是很难像那些从来就信心饱满的人一样自信。我感觉戴维一直在激励自己,考验自己,绝不浪费一点时间。他的确是一个很有能力又很有干劲的人,但他并不是在学业上特别自信的人。这样说起来好像他有点想证明给自己看的意思。"

戴维·卡梅伦是一个"纯粹的伊顿人"吗?学校确有某种力量鼓励个性的发展吗?戴维身上好像真有些伊顿的特点。如简·奥斯丁所言"令人快乐的方式",似乎用在戴维身上正合适。汤姆·利特尔顿说:"用'讨巧'来形容不太妥当,因为这个词带有贬义。不过这是一种让他人愿意与之交流的技巧。在这方面,我认为卡梅伦做得很到位。"讲到自信,汤姆说"当你在一个非常美丽的地方度过少年时光,有属于自己的房间,还有身边让你开心的一切,和你相处的人不论年纪,个性都那么好,你的自信心会得到提升的"。约翰·克拉克说卡梅伦一定很认同在伊顿受到的影响:"如果你成长的环境非常好,周围都是有才干的人,你的成绩不错,优点众多,你会特别自信。除了做自己的事情,在住宿楼里你还会和其他人交流,比如楼长,舍监,还有所有的老师等等。我觉得这有利于培养一种与人互动的能力,不仅是在自己的小圈子里,在社会中也是如此。这或许是伊顿的魅力之一吧。"

但是戴维·卡梅伦相比起很多伊顿人来说,在与人交往的方面比在学业方面显得更为自信。在有些人那儿,自信来自于"名号",但也有人更愿意对"名号"发出质疑,对特权表示怀疑。为什么我有这项特权?这样的安排合理吗?我应该遵照父母的意愿发展吗?詹姆斯·伍德说卡梅伦"特别自信,有自尊,对人温和有礼,安定知足……典型的'伊顿人',这点和我不一样"。卡梅伦很少表现出对生活不满的情绪,他完全听从父母教导的"不必把一切都表露出来"的理念。"不管人们干什么,都会努力寻找自己与父母相关联的身份,不过戴维·卡梅伦却不这样",一位不在卡梅伦朋友圈中的伊顿人经过深思熟虑,发出这样的感慨。他还说:"在我们那代人中,他是一个异类。他太有自信了,仿佛正是曾经具有高贵出身的保守党的后人,或者又退回到那个时代去了。谁想要回到亚瑟王骑士统治的时代啊?"也有人说,"在我看来他太有'庄园'范了一点。"

但欣赏卡梅伦的人则认为不应该过分强调伊顿的作用。汤姆·利托尔顿说卡梅伦在入学前已经形成这种有定力而且知足的个性了:"像这样脚踏实地的人,难道是因为受到了伊顿的影响吗,假设他进了另一所学校就不会有这番表现吗?"

当然,卡梅伦从伊顿的学术氛围中获益良多。有同学说他在学校里是个无名之辈,但他的A级课程得到过三个A,这比今天的三个A更难拿到。在另一位同学看来,卡梅伦的成功归因于政治学——政治学一般很难引起男生的兴趣——因此无法对他的能力进行正确判断,这位同学说:"卡梅伦这样的平平之辈居然会脱颖而出,太嘲讽了,真让人感慨啊。"卡梅伦还曾参加经济与政治的奖学金考试,结果只拿到1分(他还没有参加历史科的另一场S级考试,所以拿到X分,也就是0分)。他不是人们眼中会去牛津、剑桥读书的学生,但是后来成绩却很突出。政治学成为了他的强项,老师们纷纷为他挑选大学出谋划策。蒂姆·卡尔德和约翰·克拉克在伊顿读书期间,曾与牛津大学布拉森诺斯学院有联系,他们都鼓励卡梅伦申请读政治、哲学和经济。约翰·克拉克回忆道:"我们希望他能学业有成,这个学院的政哲经很有名"。他还提到学院的政治学老师弗农·波格丹诺,著作众多,不仅在学术界享有盛誉,而且名声在外。

卡梅伦参加了1984年麦克尔马斯学期期末的入学考试。麦克尔马斯学期也被称为"第七学期",后来被禁,因为有公立学校学生享受优待之嫌。他入围面试,尽管回想起来面试更像是走一套程序,但面试官指出他所说的自己读过多少哲学书有些失实。不过,他还是如愿以偿,获得了布拉森诺斯学院的奖学金。

卡梅伦于1984年圣诞节前两周离校,接下来有九个月的时间可以好好放松自己了。詹姆斯·里尔蒙德去了尼泊尔,罗兰德·华生则去了拉丁美洲。卡梅伦的朋友们几乎都想不起他在这一年中干什么去了。一位朋友讲:"不管他做什么,他这个人都不会变。"他没有像其他同学一样去往异域旅行,但是入学前这一年他所经历的,足以改变整个人生。1985年1月,他为教父提姆·拉斯伯恩当临时研究助手,拉斯伯恩是刘易斯任保守党主席时的议员。

卡梅伦身上的政治基因,有一部分来自于母亲所在的芒特家族,之前提姆·拉斯伯恩的政治态度更为激进、自由。拉斯伯恩的父亲约翰曾在不列颠之战中驾驶轰炸机,在1935年成为伯德温所领导的自由党议员,1940年败选。他的阿姨埃莉诺·拉斯伯恩非常著名,曾参加妇女选举权运动,后当选为代表1929年英国大学联合会的独立议员。她为妇女争取权益,为穷人消除贫困,在20世纪30年代首度发现德国的国家社会主义存在的问题。据说她还曾租船营救西班牙内战时期遭到报复的西班牙共和党人。

她的侄儿在伊顿和牛津求学,同样学的政哲经。之后,在纽约担任过一段时间的广告经理,1966 年被招入英国政府办公室工作。他选择投身保守党,1974 年成为议员。戴维·卡梅伦是趁当日他在下议院办公室工作时来找他的,可那时他与撒切尔政府的意见有很严重的分歧。他支持欧洲一体化,1997年因赞成"欧洲一体化保守党人"分离出去,受到威廉·海格党组的驱逐。他强烈反对南非的种族隔离制,还对废除大伦敦市政会提出不满。就在他表达了不满情绪之后不久,他的教子卡梅伦来找他了,希望在他这儿工作一段时间,看看自己究竟适合从政还是做生意。

拉斯伯恩让卡梅伦研究两项挺有意思的课题,一项是幼年教育不到位,另一项是现任政府禁毒政策的失败之处。第二项恰好是十六年后卡梅伦担任议员时所努力的方面。卡梅伦受到了很大启发,开始参加下议院的辩论。有一次,他看到艾诺克·鲍威尔在对胚胎研究进行辩论时,旁听席上的反对人群纷纷将报警器向他扔去,以致辩论只好中止。

不过,从政和经商的意识始终在他血液中流淌,在下议院工作了三个月后,他去了香港。伊恩·卡梅伦为潘姆尔·戈顿所聘,是凯斯维克家族的证券经纪人。亨利·凯斯维克是香港怡和联合企业集团的主席。因为这一层关系,卡梅伦得到了在香港公司工作三个月的机会。凯斯维克说:"他的父亲伊恩既是我父亲和叔叔的好友,也是我的好友。因为公司的关系我们成为朋友,有些人的孩子想要来我们公司,获得在海外的生活经历。因此,在他们去牛津或剑桥读书前,可来我们公司实习,工作时间一般为三个月。"卡梅伦的哥哥埃里克斯三年前也在怡和公司船运代理行实习过,卡梅伦将和哥哥做同样的工作,当一名引船员。当怡和公司代理的轮船到达香港时,引船员要和驾驶员一起出海去见对方船长,告诉他根据哪种航标行船,检查手续是否齐全。这份工作是按程序办事,没有过多的能力要求,但是需要形象不错且容易和别人打交道的人来做。

卡梅伦和其他同事都住在怡和公司的宿舍里,待遇很好,不过没有工资。在海外的生活很丰富,能够与很多商人打交道,感受着英国对香港最后二十年间的殖民统治。这样来体验异域的东方再安全不过了,没有任何惊险存在,舒适轻松,有趣又有益,但是却使不上什么劲。有一天,他认识的几个人很想要发现一下香港的本土风貌,而不是随处可见的平淡无奇的写字楼群,他们说想要出去找个小型集市或者"真正的"香港居民才会去的饭馆,问卡梅伦想不想加入。卡梅伦虽然手头有事要忙,但是实在抵挡不住对大都市香港的另一面一窥究竟的诱惑,他们口中所说的小街小巷里的"真实的香港"是怎样的呢。

从香港回国的旅程实在更惊险。6月初,他乘船去往纳霍德卡(当时还属于苏联)期间,然后再去哈巴罗夫斯克,随后从当地坐火车沿西伯利亚铁路去往莫斯科看望校友安东尼·格里菲斯。当时,虽然力主改革的米哈伊尔·戈尔巴乔夫已成为苏联领导人,整个国家还依然受到斯大林非自由主义的严格控制。因此,两个年轻人不带向导独自旅行的情况是很少见的。他们两人去了一趟现在被称为圣彼得堡的地方,然后飞去黑海附近的雅尔塔,这是著名的1945年温斯顿·丘吉尔与斯大林和富兰克林·D.罗斯福会面之地。

就在他俩放心大胆地躺在国家禁止游客进入的海滩上时,来了两个俄罗斯人,年纪比他们大很多。一个人的英语极好,另一个法语极好。两人衣着很平常,但是对他们特别友好,而且显得非常有钱,还提出请他们共进晚餐。卡梅伦和格里菲斯哪有送上门的礼物不接受的道理,于是欣然赴约。他们在席上吃到了大盘的鱼子酱、鲟鱼和其他美味,对方也问了他们很多关于英国的问题。但是慢慢地他们觉得对方好像要他们说一些不利于英国的话,即使美味的鱼子酱就摆在眼前,也不能对不起自己的国家,他们拒绝回答后来的问题。但是两个俄罗斯人并不罢休,饭后还提出第二天晚上再聚的请求,两个老伊顿生当时答应了。这回,两个英国小伙思考了一下刚认识的朋友究竟是对政治还是对同性恋感兴趣,所以没有按约定去餐馆。回到英国后,卡梅伦告诉朋友们这次经历,还遐想说不定是克格勃想要招他们,他的詹姆斯·邦德情结太深了,居然认为这种可能八九不离十。如果真有可能,那么他和格里菲斯恐怕已经成了又一对背叛英国政府的"伯吉斯和麦克林"了。不过,和伯吉斯与麦克林不同,他们的旅程是从东往西的。离开雅尔塔之后他们前往基辅,拿着欧洲列车通票,一直玩到罗马尼亚、匈牙利和西欧。卡梅伦顺道去看望了继祖母玛丽莲·施拉姆伯格,她的寓所在奥地利阿特湖边。

卡梅伦入大学前的一年中体验了两个不同的世界,两个世界都很吸引他。商业的世界似乎很欢迎他的加入,凯斯维克说:"我们告诉戴维,如果他愿意回来工作,欢迎他大学毕业后投简历给我们。"但政治的世界还是占了上风,这多亏提姆·拉斯伯恩的影响。今天,卡梅伦正带领着保守党循着左派的路线向政治中心进发。他知道,如果曾经激励他成为保守党议员的教父还在人世,一定会全心全意地支持他。

牛津大学——社交精英的摇篮

无心之论也好,有心之言也罢,当卡梅伦在 2005 年 10 月说出他的"大学生活很普通"时,那些极力维护阶层优势的人和一小撮高智商人士坐不住了。一边帮忙照看拉斯塔法里教徒的孩子,一边看着孩子的父亲做山羊咖喱,这当然不是标准的"大学生活"。和嘉德·贾格尔一同泛舟或许就不寻常了。平日身着燕尾服,还能无限量地喝多年窖藏的波尔多红酒——认为这很平常的恐怕只有一小部分人。卡梅伦之所以讲出这番话,是因为不想回答别人提出的问题,关于他大学期间是否吸过毒。在他成功发表当选演讲第二天的大会活动中,他解释道:"如果在大学时,连聚会都不去参加,那就不太对劲了。"这算是正面回答吗? 答案应该是肯定的。吸大麻的经历——即使吸过,最多也是偶尔地、少量地吸——在牛津大学这所世人仰慕的学府求学的三年中,相比起他所称的"普通"生活,兴味相去太远。

戴维·卡梅伦于 1985 年的麦克尔马斯学期进入布拉森诺斯学院,主修政治、哲学和经济。20 世纪 80 年代中期,牛津大学各个学院面临很大的压力,不能再像以前那样大量招收国立学校的学生了,不过,1985 年布拉森诺斯学院的招生情况却说明,学院的老师们至少没有坐等安排。卡梅伦在排队等候拍入学照时,发现了身边有熟人。那年一百多名新生中,除了卡梅伦之外还有五名老伊顿生。卡梅伦居然是二十七年间在该学院就读政哲经的第二位伊顿学生。布拉森诺斯学院并不是牛津最有名的学院,因此这样大量招收伊顿学生的情况很不多见。一直以来,基督教堂学院与贝利奥尔学院吸收了私立学校的优秀生源,布拉森诺斯学院则比较低调,规模更小,比其他学院要显得紧凑融洽一些。学院位处校园正中的拉德克里夫广场,俨然自成一派;新加入的成员也不会煞费苦心地在牛津的大舞台上做出一番事业。

讽刺作家托比·扬曾与卡梅伦在布拉森诺斯学院做过一年同学,他对学院的众生百态进行过一番夸张的描绘。他写道,学院的学生大致可分为"浑身带彩族"和"社交精英族"两类。"浑身带彩族"多为书呆子,带着城郊地区公立教育的印迹,和体形健硕的精英后裔们对比明显。"浑身带彩族"总在奋力为生活拼搏,不管是在学业上还是在校园生活中,但他们只会被那些打橄榄球出身、擅长豪饮、私立教育下成长的同学看不起。扬的文字中记录了卡梅伦那帮"人数众多的伊顿人"在1985年来到这个没有硝烟的战场时,大有改变原有景象的气势。他们这群人"嗓门大、身体健壮、一点也不矫情",最终选择和"浑身带彩族"站在了一边。文中写道:"一开始,学院的'原住民们'对这些新来的家伙抱着怀疑的态度,觉得他们对自己的惺惺相惜不过是一种更高级的戏弄方式罢了。后来这群老伊顿人在他们面前表演喝酒绝技,还纵容他们把自己的波斯毯子吐得一塌糊涂,这才被接纳入伙了"。

若说卡梅伦在布拉森诺斯学院社交范围狭窄,绝对有失偏颇,"社交精英族"也没有将他划为不被考虑的对象。大家阵营不同时,他处事很谨慎,常和娱乐派站在一边,不愿与只埋头读书的为伍,但是对于设想的目标,他始终坚持努力。当时还有朋友说卡梅伦进入牛津的动力来源是超越哥哥。实际上,熟知他们的人说两兄弟关系好得很,真心希望对方取得好成绩。不论动力来自何方,他的目标是不变的,那就是取得最优异的学位成绩。

有些在伊顿读书的人总觉得,如果在一个美好的环境中度过了五年,那就应该去感受一些不同的东西了。戴维·卡梅伦则不然。伊顿的老师会为了在一天中尽量多安排科目和活动在时间表上颇花心思。因此,离校时有的学生不禁长舒一口气,感觉终于摆脱学校的严密管制了。但是,卡梅伦继承了父亲的特点,对自己做事效率的要求近乎苛刻,这一点绝大多数人都做不到。看似轻松过活的他,其实非常自律。第一年结束时,他已经做到在一周的前半部分完成功课任务,空出时间来追求其他的爱好。

牛津大学这个新的教育环境和伊顿很相似,这对他而言有无形的好处。而且,得益于伊顿的讨论课,他口才流利出众,在牛津的研讨会上的发言很有感染力。在一位布拉森诺斯学院的老师看来,"学院政哲经专业的学生'话量特别大',总是在一起就所遇到的问题反复进行论辩。"经济学老师彼特·辛克莱尔每期班上总有十多位同学,他说"戴维是一位优秀的学生,经济学学得特别特别好,很扎实。而且,他很讨人喜欢,经常帮助其他人。"辛克莱尔还提到卡梅伦的处事方式,也许卡梅伦会称之为礼貌待人,这在他之后的生涯中似乎成为了他的个人特征。辛克莱尔说,"如果他与别人意见不一,实际上他对此已经进行了非常深入的研究和思考,他会这样说,'嗯,我了解不多,但是你有没有觉得如此等等'，事实上他已经进行过特别认真的研究了，而且他提出的'等等'或许是对的。他不喜欢摆出一副盛气凌人的架势，把他所知的一一陈列出来。在课堂上，他发表见解时通常让人很舒服，比如开个玩笑或者只是随便一提"。

如此说来，卡梅伦好像挺有优越感——私立学校出身，还能在其他学生面前激昂陈词一番——不过其他的学生有不同的看法。但是，他确实属于学生中最聪明的那一拨。弗农·波格丹尼说教过的学生中他的智商属于前5%，而且能肯定，卡梅伦在研讨课上的表现带动了同期的很多学生。波格丹尼现在还记得："老师们都喜欢他，因为他主动大方，思维很活跃。他喜欢参加辩论。从他到牛津开始，就能看得出他一定会拿到非常好的学位。如果他没拿到一级学位，我一定会很惊诧。他绝对是我教过的能力最强、最棒的学生之一。"

课余，他和绝大部分同学相处得很融洽。与他同院的史蒂夫·拉斯伯恩（与提姆·拉斯伯恩没有关系）说："虽然他一看就是伊顿的学生，但不像想象中那样神气活现，说起话来像个富家女一样张扬。他也不像很多有名的私立学校的学生，带着一点伦敦东区的口音，或者穿款式特别潮的衣服。不管是什么背景的人都能和他相处得好。"或许，还因为他很少忽视与人交往中的小细节吧。每一次研讨课后，他都会对老师说"谢谢您"。

他学习非常刻苦。同样毕业于伊顿并也在布拉森诺斯求学的詹姆斯·弗格森说："我清楚记得看到他集中精力学习的样子，印象太深了，我当时差点被吓住了。我自觉读书认真，但是依然不及他。他的目标定位非常清晰，就是要成为顶尖的学生，拿到一级学位。这点一看便可知。他喜欢自己所学的东西，把所有的热情都倾注于此。在我们学院，自己支配的时间很多，经常能看到政哲经专业的学生逍遥自在。戴维则把时间用来组织经典式的牛津辩论会，在会上引经据典，大谈洛克、休谟等名家。他入迷很深。"

老师们发现卡梅伦的能力和智商出众，将他的奖学金升等为全奖。第二年卡梅伦同时修政、哲、经三门课，其实他完全可以先修一门，将余下两门放在以后再修。但是，他想要证明自己的决心，因此选择了波格丹诺老师口中更难走的一条路，"同时选三门难度很大，因为哲学、政治和经济是独立的三门课，想要三门课同时达到最优秀的水平比只修两门难多了。当时戴维还是本科生，很少有人同时修三门还能拿到一级学位，但如果修两门的可能性就大很多。"

对于很多人来说，大学正是亲身试验与探索发现的时期，但卡梅伦的牛津时光却仿佛在印证着过往岁月的价值。匹斯莫尔村庄近在咫尺,而心间的匹斯莫尔则更亲近。一些毕业于伊顿的朋友觉得他好奇心不强,而且任何时候绝不偏离自己的文化,这一点让人有些受不了。稚子之心通常希望跳出父母的模子开拓新天地,卡梅伦却明白心之所向,不给自己游离的理由。他会邀请朋友到匹斯莫尔来做客。晚餐的丰盛自不必说,他的父亲生性豪爽,总是会开心地捧出家里窖藏的佳酿和优质的波尔多红酒。

詹姆斯·弗格森是家中的常客,他自认为可以担当得起"密友"这一头衔,不过他也是卡梅伦的朋友中最有争议的。弗格森参加了一次限定时间的背包旅行,在旅途中自觉大开眼界,回来后不久便在一天下午对卡梅伦发难。"我那时刚刚回来,满脑子都是拉丁美洲的左翼思想,对戴维也毫不遮掩,'你这个人的问题就是根本不关心周围的事。'他脸色马上变了,一个劲地问我,'你这话什么意思? 什么意思?'我觉得他并不是不闻不问,只是他内心很安定,坚信自己现在的生活方式是对的。他完全不觉得自己的生活有些促狭。"

如果说他的心理特征与在成长中父母的培养相一致,那么在学习上的表现则是奋进的、敢于挑战的。弗农·波格丹诺称他为经典的保守实用派。在牛津学习期间,他的政治理念初步成形时便是非空想式的。不过,詹姆斯·弗格森说他的引路灯一直亮着,"他的思维方式和大卫·休谟一模一样。他是一个彻底的怀疑论者……总是会摆出各种信条,从最细节的方面开始论证。他对早期哲学家充满革命精神的一面非常崇拜。"

卡梅伦的同学们当时有些偏离国家的政治重心,不过并不很严重。虽然很多学生追随社会民主党,但是卡梅伦对首相玛格丽特·撒切尔的拥护却是不容置疑的。英国政坛一度出现两极分化,不少人谴责保守党,卡梅伦可能也成为过别人暗地里憎恶的对象。弗格森还记得,"他崇拜大卫·休谟之后,还喜欢过自由市场理念和撒切尔。他会模仿撒切尔的语调学说她的口头禅'好极了',声音像极了一位年迈的长者,他正儿八经学舌的热情其实正包含一丝对撒切尔的爱戴。他经常说得特别滑稽,那种逗趣又机灵的劲头让你不愿去责备他,而他在心里其实是很认同的。"个人的喜恶似乎在很大程度上决定了他在政治上更靠近非保守党。

在布拉森诺斯的第一年里,弗格森住在十五楼,从他的房间沿着过道数四扇门就是卡梅伦的住处,两人经常玩在一起。弗格森会弹吉他,而且技法高明,有时要等卡梅伦写完论文一块去喝一杯,他会弹起平克·弗洛伊德的曲子《希望你在这儿》和谁人乐队的《不再受骗》。弗格森说:"大卫也会参加聚会,但是他总会精心计划一番。"有人描绘卡梅伦在布拉森诺斯学院的时期，整个学院就像桃乐丝·派克的阿尔冈昆部落一样，对聚会感兴趣的人都会有同感。但是，卡梅伦最爱去的地方是一个小池塘边，他和好友丁·塞兰·琼斯、詹姆斯·弗格森、托比·扬、提姆·哈里森、詹姆斯·迪林博尔、威尔·麦克唐纳和马克·米契尔在这里聚会，一起玩趣味对答游戏和单词游戏。有位同学说："他们这一群人智商都很高，经常在一块豪饮，玩得特别开心。"在布拉森诺斯时，卡梅伦一直固守自己的处事风格，但有些人看法不一样，认为他带着伊顿式的傲慢，对于他身着燕尾服出入时尚晚宴很是反感。而那些对自己的学院怀着某种忠诚想法的学生则觉得卡梅伦亦正亦邪。还有的同学看不惯他社交时表现出的圆滑，他们说如果卡梅伦觉得和某个人"交流起来很有意思"，他会马上去套近乎。而对那些他没兴趣的人，则不会去浪费一点时间。不过，讲这些话的人明确地表示，这与阶层无关，只是他希望不露声色地让自己紧紧跟随大家的步子，融入主流。

第二年他加入了舞会委员会，负责组织学院5月份的舞会。委员会主席安德鲁·费尔德曼很快与卡梅伦成了朋友。卡梅伦在学院资源紧缺的情况下（为了省钱，费尔德曼只好调用沃赛斯特学院前一夜舞会上的鲜花来装饰本学院的舞会），说服"感觉良好博士"乐队前来表演，为舞会出了一份力。

很多人对卡梅伦的布灵顿俱乐部的会员身份很感兴趣。布灵顿是一个精英化的晚宴俱乐部，以宴会豪奢纵饮与酒醉后的破坏行为而著名。伊夫林·沃在小说《坠与落》中借用和布灵顿谐音的宝灵格牌葡萄酒将其戏称为"'宝灵格'俱乐部"。沃写道："最初俱乐部成员中有继位的国王。上一次聚会在三年前，有人用笼子装了一只狐狸来，大家都用香槟酒瓶去扔它。"有人会辩解说这不过是年轻人火气旺，酒后行为有些失当。但是"布勒人"（布灵顿俱乐部的会员）觉得自己维护着一个独特的阶层，有助于激发其他人（那些被批为小肚鸡肠、有着资产阶级的狭隘与极度自负的人）身上勇于对抗生活的豪情。倘若他们这番行为发生在青年身上已显得精力过剩，那么在撒切尔时代他们的自命不凡与年轻气盛则会将其弱点暴露无遗。

第一学年末，卡梅伦非常荣幸地受到这群社交场上颇有声望的"狼藉之辈"的邀约。苏珊·拉斯伯恩说："假如你青年才俊，风华正茂，定然想要遍尝世间各种风味。"苏珊的丈夫提姆·拉斯伯恩十多年前曾是布灵顿的会员，她说："戴维对提姆既崇拜又喜欢，我想提姆肯定会像跟自己的孩子说话一样告诉他'要将大学生活过到极致，不要一味地读书。'如果在牛津只埋头读书，那会错过太多的东西,虽然卡梅伦家族可能不太认同俱乐部喧嚣的一面。"

获准加入俱乐部以后,代价也随之而来(即使他的燕尾服是借来的)。一天晚上,戴维·卡梅伦回到宿舍时发现房间遭到了洗劫。家具统统被搬了个空,房间里还有多处破坏痕迹。卡梅伦被系主任叫去,事件的严重可见一斑。系主任说,不允许此类事情发生,至少在布拉森诺斯这样的学院不允许,一定要追查作恶的人。但是,卡梅伦出于遵守"布勒人"的"不作证法则"的考虑,拒绝供出姓名,只好独自承受惩罚。

大家都觉得卡梅伦不算一个真正意义上的布灵顿成员。他的一位朋友考虑事情比较周到,说话也较有技巧,提到卡梅伦时他只略微一点:"戴维做事很谨慎,如果要对警察扔酒瓶,他会一想再想。"有人说他不让自己行为无度说明他有着超越年龄的克制与审慎。这不禁让人联想到 T.S.艾略特笔下的"神秘猫",警察的头盔被悄悄取走了,车尾的猎枪被神不知鬼不觉地卸下了,女服务员毫无察觉地被骚扰了,可是"神秘猫"呢,没有人知道他在哪儿。

贾尔斯·安德里和多米尼克·罗尼斯(卡梅伦的中学与大学同学,90年代初与卡梅伦成为好友)都说他们从未见过卡梅伦醉态百出。一位密友说:"在布灵顿聚会时他完全可以喝到烂醉,但他不是那种酒后乱吐,胡来一通的人。"另一个朋友非常熟悉个中规矩:"一帮人喝得烂醉如泥的场面卡梅伦是不会去掺和的。他是一个责任感很强,但又不会装得一本正经的人。机智的话语和妙趣横生的对答最能让他产生共鸣。他根本不是那种不顾形象的醉汉,甚至连边都沾不上。如果身边的人喝酒发作,他会挺担心地说,'哎呀,别这么喝吧'。"

既然如此,那么他为什么要加入布灵顿俱乐部呢?一位老朋友说卡梅伦觉得布灵顿让他"大开眼界",所以欣然接受,这是他从前没有经历过的。他自己则说是因为"朋友参加了。在大学里都这样。"而他恰好毕业于伊顿,也可以负担得起费用,还小有名气。一位朋友说:"因为他挺自信,又善交际,很好相处,大家都喜欢他。"既然想要充分体验牛津的生活,那又何必说不呢?苏珊·拉斯伯恩在另一次会谈时说:"他是一个敢于尝试不同事物的人。"这也正如詹姆斯·弗格森所言,布灵顿的晚宴"至少开场的时候大家都是清醒的"。这不正像有的人冲着访谈栏目去买《花花公子》来看,卡梅伦加入布灵顿或许正是为了找人聊天。

不过,无论如何,即使对于卡梅伦来说,当布灵顿的会员也并非毫无风险,有时险情可能正好擦身而过。一天晚上,布灵顿俱乐部的得到学校批准的"醉宴"结束后,一些会员走到牛津市中心时,跟一家装饰素朴的餐馆前摆放的盆栽过不去了,可能它违反了会员"对品味有高度鉴赏力"的要求吧。他们端起盆栽砸烂餐馆的窗子,现场一片混乱。警察闻讯前来,对他们实施抓捕。此刻,"伊顿人"(在场的人这样称呼他们)眼看自己要受到法律惩罚了,急忙逃跑。一位目击者还记得几个年轻人仓皇逃走的样子:"鲍里斯·约翰逊看起来体形壮硕,实际轻巧得很,两条瘦腿支着他庞大的身躯,一眨眼的工夫就跑过了麦格达琳桥。"一辆出租车恰好经过,司机对两个狂欢后疲惫不堪的学生喊道:"快上来吧,你们同学在那边刚被抓了。"车载着他们,在夜色中飞快地开走了。卡梅伦(席间有人看见他"又累又困")吃完饭便回家上床休息了,似乎料到这场事故在所难免。

第二年初,卡梅伦加入了"八边形俱乐部"。这个俱乐部的成员比较低调,但是有统一的着装要求,会员必须身着黄色翻领燕尾服。布拉森诺斯学院的"凤凰俱乐部"更有格调,是牛津最悠久的宴会俱乐部,前身为知名的"地狱之火俱乐部",但是卡梅伦没有得到推荐。据一位同学解释,学院这所有名的俱乐部之所以不接纳卡梅伦,原因在于他平时表现得不够勇猛。其实,卡梅伦随意而为的态度颇让众多私立学校毕业的学生看不惯,这与俱乐部的回应不谋而合。

他在牛津接触过毒品吗?同样毕业于私立学校的一位双眼皮的朋友说:"他从来都不会去碰。最多就是喝酒,一般也是喝啤酒。我有过这种经历,但是他从来没有。因为假如他想试试,他完全可以向我要。他倒是挺喜欢和别人喝酒,不过也非常有节制。"贾尔斯称:"我愿意以生命发誓,他在牛津从未吸过大麻,虽然他在很多方面都让我惊讶。"布拉森诺斯学院的学生普遍能喝,但远不及基督教堂学院疯狂,内阁大臣的女儿奥利维亚·香农在这个学院读书时,就丧命于1986年的宴会。这样看来,卡梅伦确实对毒品没什么兴趣。伊顿的校友说他"很有分寸",这话一点不假。一位密友说有的同学喝酒时喜欢比谁喝得快,卡梅伦对这种习惯也不感兴趣。他最多也就是"偶尔去一下小酒馆"。

卡梅伦外形俊朗,气度不凡,从来都不缺乏异性的关注。他在青少年时期交往过许多女友。一位朋友说:"和他约会的女生中有几个非常惊艳"。在牛津读书时,他会去较为传统的雪莉酒聚会,希望能遇到心仪的女孩。他还常去朋友们经营的名为"围栏"的夜店,这个夜店专为那些迫切寻找心灵同样不受约束的顾客而设。在这个夜店里,卡梅伦会找寻他感兴趣的异性,他可能喜欢

"天然去雕饰"型的女生,那种会在夜晚的聚会上恬静地站着的女生。有一次,他觉得得去性病诊所看看,当然,这样做仅仅是为了防患于未然(并不像外界猜测的是去做艾滋病检查)。还有的时候,他会站在夜店的角落里,抽着万宝路牌低焦油香烟,和朋友们聊天。他聪颖而让人快乐的个性和给人以安定感的气质,特别让女生着迷。许多朋友说他个性非常率真,不太像一般的英国人。比如他常在一场话剧或电影结束时流泪,而且还会跟朋友说他的感受。显然,他有足够的自信,不怕因为流泪而被视为软弱。

在第一学期,他与一位叫做凯瑟琳·斯诺的女生交往,凯瑟琳就读于圣埃德蒙大厅学院,是一个性格极为坚定的女生。有朋友说:"戴维和她约会的时候不需要做什么决定。"戴维在牛津交往的女生中关系最稳定的要数弗兰切斯卡·弗格森(大家都叫她"弗兰"),她在这是"半个"德国历史专业学生,身材高挑,很有艺术气质,为人非常直接坦率。据一位朋友透露,卡梅伦对她简直"太迷恋了",也使她从刚来牛津时的孤单一人,变成一个非常随和、活泼好动的女孩。第一学期的圣诞节前两人开始约会,很快就成了男女朋友。弗兰切斯卡的父亲是一位走遍世界的外交家,因此她很不习惯像卡梅伦那样出生和成长都在同一种环境中的人,但是他们俩依然很合得来。她说:"除了卡梅伦,我很少和别人去滑雪,我也没有和其他人一样在法国总是住同一所房子,所以我对他非常英国人的一面并没有多少感受。我对英国式的聚会没有任何兴趣,只是觉得无聊,但是他不仅可以在聚会上玩得很舒服,生活也能过得很充实。他会大量地阅读和思考,和生活乏味无趣的那群人很不一样。"

她邀请卡梅伦在1986年夏季到肯尼亚和她的父母相处一段时间,为了挣足旅费,还敦促他找了一份在纽波利附近搬运箱子的临时工作。他们的假期过得非常开心,体验到了真正的"坐着卡车游非洲"的生活。卡梅伦因为没赶上回国的飞机,在非洲又多呆了一周,不仅领略到了因《白色恶作剧》电影走红而闻名的"穆萨伊加乡村俱乐部"的魅力,还和弗兰切斯卡的父亲一块打高尔夫。卡梅伦风度翩翩,给她的父母留下深刻印象,不过一开始和她德裔的母亲莫妮卡相处时有些小尴尬。卡梅伦送给弗兰切斯卡的父母一盒"蒙提·派森"(又称"巨蟒六人组")喜剧团体的录像带作为礼物,如果气氛沉闷可以放一放,实为活跃气氛的佳品。之前发生了什么他已经记不起来了,只记得第一天晚上播放录像时,恰好播到《北迈因海德的竞选》一集,其中的一个场景出现了颇受争议的"希特勒先生"。莫妮卡·弗格森依然记得卡梅伦当时那种尴尬的表情,回想起来还让她忍俊不禁。不过,莫妮卡非常喜欢卡梅伦的从容自如和机智聪明，一天晚上和女儿说起他时讲道："这个男生有一天会当上首相。"卡梅伦临走时悄悄地留了小费和感谢的字条，给打扫他房间的肯尼亚妇女爱丽丝，这一点为他在弗兰切斯卡的父母那里赢得了加分。

弗兰切斯卡和卡梅伦交往了十八个月，她希望能够继续交往下去，但是卡梅伦却不这么想。现在弗兰切斯卡在瑞士的巴塞尔从事建筑工作，忆起往事，她说道："我那时太需要他了。只想他把所有的时间都给我，和我讨论一切事情，但是这样做让他无法专心读书。像他这样有闯劲，想要拿到一级学位的人，往往不喜欢旁人对他们太过苛求，但是我忽略了这一点。另外，我不知道他泰然自若的心态从何而来，总是变着法子想让他变得随意一点。"卡梅伦提出分手后，弗兰切斯卡很伤心，要一位朋友代她去和卡梅伦谈。这位朋友记得卡梅伦的态度很坚定，不愿意改变想法，但看到卡梅伦真心希望弗拉切斯卡不要太受伤，她也觉得很感动。

卡梅伦和交往过的女生保持着很好的关系，但是和丽萨·德·萨瓦利的关系却没那么顺利。丽萨不太和人打交道，个性很温和，她的父亲彼特·德·萨瓦利是一位派头十足的地产商人。丽萨非常喜欢卡梅伦，但是据一位朋友所说："应该是大卫先提出分手的，她非常不爽，发很大的火，两人因此弄得很僵。"卡梅伦还和瓦德汉学院的爱丽丝·雷曼交往过，爱丽丝在分手后也是判若两人。她后来成为了娱乐业律师，嫁给了保守党人士汤姆·金的儿子。

牛津为卡梅伦提供了大量运动的机会。他不仅是学院网球队队长，而且代表学院参加板球赛（有球友说他"打得很烂"）。他还会不时地去河里划船放松一下。第二年年末的一个周六，他邀妹妹克莱尔来学校玩。克莱尔当时15岁，正在准备考试，戴维觉得正好可以让她看看这里的新环境。克莱尔带来了一位朋友，滚石主唱米克·贾格尔的女儿嘉德·贾格尔。嘉德在卡恩市的圣玛丽学校读书，她身上少女初生的美丽一下便吸引了戴维的朋友们。大卫于是带着小妹和小妹的朋友去划撑杆船，感受一下牛津这项颇具历史特色的运动。他还叫上詹姆斯·弗格森同往，弗格森一边和他轮着撑船篙，一边和女孩们天南海北地聊天，在这如同田园般质朴而宜人的风景中度过了一个下午。随后他们在詹姆斯·迪林波尔的房间中一块用茶，迪林波尔现在已经是一名记者了，弗格森即兴用吉他弹奏一首名为《满意》的歌，嘉德一听到歌曲便兴奋地叫起来，"这是我爸写的歌！"第二周周一，卡梅伦的妈妈玛丽在家接到一个电话。电话是米克·贾格尔打来的，听起来不太高兴。他责问道："看看你儿子都要我女儿做什么了！你知道我一向反对流血运动的。"玛丽有些不悦，但是她出于涵养和礼貌，耐心地解释划撑杆船的时候就是需要撑篙的，而且她的女儿一个下午在河上划船玩得很开心。卡梅伦后来向别人描述整件事时，还愤愤地加一句"你看这些人还有多少东西要学。"

卡梅伦第二年仍住在学院，他的房子客厅很大，墙上用木板装饰，卧室则非常狭小阴冷。第三年和最后一年他搬到考利路 69 号，和老朋友贾尔斯·安德里，莎拉·汉密尔顿（圣鲍尔女子学院的法律专业出身）以及著名运动员大卫·格兰杰（现已转行在电视台工作）成为了室友。尽管卡梅伦要拿到一级学位压力重重，但还是不忘快乐地生活。家中的氛围非常闲适，也多亏了他对厨艺的热爱，经常在聚会上烹煮从匹斯莫尔打来的品种不详的雉鸡供大家品尝。一位朋友回想起那时的情境："他很在乎别人是不是喜欢吃他做的东西，如果别人说好吃的话，他会说哪里哪里，然后笑得特别开心。"

"家里还常备大量的啤酒和红酒，"贾尔斯·安德里说，"不过我们可不是一帮醉鬼。"他们经常去附近的印度烤肉摊，还有靠历届本科学生撑起来的希罗餐馆，这家牙买加餐馆东西很便宜，而且就在家对面。卡梅伦、贾尔斯还有其他朋友每周都去几次，有时也在晚上过去，来几份他家的山羊咖喱、怪味鸡和牙买加红带淡啤酒。他家的老板兼主厨休·安德森是拉斯塔法里教信徒。大家都还记得那里卖的酒度数比较高，另外，都对拉斯塔法里教不陌生，安迪说："老板乐天又随和，是个很好的人。对人很谦和，做事又很有条理，没有一点野蛮的味道。"卡梅伦和安德里做事也很有条理，所以安迪（安德森的简称）常把自己刚一岁的儿子丹尼尔交给他们两个大学生看护。丹尼尔还是个小宝宝，在附近挺有名的。安迪在街对面的厨房里忙活的时候，卡梅伦和安德里一边看电视节目，一边让宝宝在自己腿上蹦着玩。有一次，卡梅伦带小孩太入神了，居然忘记看亨利·凯利主持的"夺金"节目，他发誓再也不错过这档节目了，这一点在他后来面试工作的时候可没记得要提一提。

春季学期时，他被挑选为试验生去斯坦福大学交流五周。朋友们纷纷说这是他人生最欢乐的五周。他和两位美国学生同住一间，基本不用上课。现任《泰晤士报》记者的卡米娅·卡文迪什是在第二年去的斯坦福，她说那里的美国学生太喜欢卡梅伦了，绝不仅仅是因为他的英式口音，"我都觉得戴维去过以后，美国学生见到我特失望"。

都说卡梅伦对朋友的忠心是出了名的，有朋友说他的可靠是他身上最重要的财富之一，不过，像他这样身处荣耀之地，人际关系大都非常融洽，或许并没有可以表现的机会。但是，贾尔斯·安德里依然受到过卡梅伦及其父母坚持不懈的照顾。在牛津的最后一年，安德里经历了一次次误诊后，被确诊为患有淋巴肉芽肿病（又称"何杰金氏病"，是淋巴的一种癌变）。因为误诊延误了病情，需要接受大量化疗、镇静剂、类固醇药物和多种试验性药物治疗。每做一次化疗，他都需要全身麻醉，他的体质越来越虚弱，情绪也越来越低沉。

好几个月的时间，没有人对安德里的病情有把握，因为随时可能恶化，但是安德里最终活了下来。每次在治疗后，为了帮助他恢复体力，卡梅伦都会开着属于自己的那辆破旧的沃尔沃，把朋友带回父母家中。安德里每次都会呆两三天，直到觉得身体有些力气可以回校了才走。他回想那时，说道："戴维常常开车带我回去，扶我在床上躺下，给我看录像。那时已经到期末了，戴维依然不时过来问候，跟我说些趣事让我不要悲观。他是一个对朋友非常好的人，他的家人也一直都是这样做的。"

1987 年 6 月 11 日晚，卡梅伦在学院自己的房间里组织了一场聚会，庆祝玛格丽特·撒切尔第三次连任成功。在大学里，这样的政治举动是很少见的。日后著名的保守党人士迈克尔·葛夫、鲍里斯·约翰逊、马克·菲尔德、埃德·理威廉和埃德·维泽在牛津大学的学生时代都早早投身牛津学生会或牛津大学保守党联盟，卡梅伦却一直观望着，和他在伊顿的做法一样。他也会去听名人演讲，但是很少参与其中。他的被动态度很让一些保守党同学恼火。有一位同学在政治上非常活跃，说道："就在一年前，那么多辆卡车拖着左翼学生去参加矿工罢工，正是撒切尔主义盛行的时候，他居然无动于衷，真是有些奇怪。"卡梅伦一向不喜欢大肆宣扬自己坚持的保守主义，也觉得没有必要对此进行证明。另一位学生党员评价卡梅伦"对拉帮结派没有兴趣"。史蒂夫·拉斯伯恩表示他和卡梅伦都很反感那种呆板的政治运动，尤其是采用呆板的运动来实施反抗。他说："有些左翼分子的问题不是因为他们的左翼性质，而是因为他们太性急，太缺乏幽默感。他们总是一本正经的模样，完全不知道什么时候表达政见最为恰当。戴维和我还曾因为这点嘲弄过他们。"

卡梅伦虽然对于学生的政治活动不够热情，但是并不代表他的立场不稳。拉斯伯恩也说："戴维走的是温和的保守派路线。他对'周一俱乐部'那种强烈抨击曼德拉（仍在监禁期间）是一个恐怖主义分子的做法心存疑虑。"后来，竞选成为布拉森诺斯三年级学生协会（JCR）会长的拉斯伯恩，出于无奈对周一俱乐部的约翰·卡莱尔进入学院提供保障，他说："我和卡梅伦都不认同卡莱尔的观点，而且我也不喜欢他这个人，当时还有学生用录像明确表示对他的愤恨，录像里的人言辞激昂，唾沫横飞。看着让人很不舒服，根本达不到学生上镜的水准。戴夫很反感这些事情。"

不过戴维·卡梅伦捍卫卡莱尔发表言论的权利——这一点他的朋友安德里·费尔德曼是反对的——他至少将自己的自由意志论坚持到底了。1987年3月,在与学生会几番被动的交流之后,他支持决议,允许爱尔兰新芬党领袖杰瑞·亚当斯前来演讲,这样做引起了一些人的不满,认为他在影响决议的工作中出力太少。卡梅伦认为杰瑞至少可以出场讲话,这样观众才会对情况有更明确的把握,不管决定是支持还是反对。他将自己的思路告诉了弗农·波格丹诺老师,波格丹诺提出了不同的看法,他说新芬党与爱尔兰共和军之前的关系密切极不正常,常规的民主观念不适用于此。听过亚当斯的演讲后,卡梅伦跟朋友说,听了这个北爱尔兰人讲话他觉得浑身像"生虫"一样难受,波格丹诺老师说得很对。

在学习方面,弗农·波格丹诺老师或许是激发卡梅伦学习热情的最佳人选。他和很多位牛津的学者一样,眼见工党实施破坏性的左倾运动,对工党不再抱有幻想,继而加入了新组建的温和的社会民主党。波格丹诺以各种形式为这个新的政党提供理论支撑,因此在反驳他的明星学生卡梅伦所提出的假设时所起的作用堪称完美。而且他欢迎学生挑战他的观点,卡梅伦因此得到了很多辩论的机会,争辩焦点之一就是竞选制度的是与非。波格丹诺说卡梅伦是以传统的高度实用的原则来看待政治的。尽管他对欧洲一体化持怀疑态度,他还是觉得应该根据"凡事只要能起作用"的原则来处理问题。

卡梅伦的经济学老师彼特·辛克莱尔依然记得卡梅伦,"在课堂辩论时,戴维的市场观念会比其他人更强"。辛克莱尔常常鼓励学生采用纯"市场"观作为参考,然后"以时事性强的、生动的、有争议性的事例来充实观点,美国学界有很多这样的事例,有的正待发表,有的是精彩的工作报告,这些都是学生们要读的,可以避免思想僵化。仅仅罗列教条是没用的,应当要充分思考。卡梅伦这方面表现极为出众"。同时,卡梅伦说话的方式让他表达得更加有效。"我记得他是这样插话的,"辛克莱尔说,"他会说,'请等一下,这样说是不对的,你看看数据'。他这样说的时候别人一下就接受了。对于市场发展的规律,他比其他人的眼光更锐利,而对于那些可能引发不同观点的小问题,他不太在意。他的思维很开阔,想法不会一成不变。从整体上来看,他的观点比大部分学生要偏右一些。"

约翰·福斯特是卡梅伦的哲学学监,在他看来卡梅伦勤于思考,不过对于学术研究兴趣不大。福斯特说:"他关注的是需要做什么。他不会因为思考某个哲学问题或者某种事物的终极性质而通宵不眠,但是他是一个能力非常强的人。"前文曾提到他不喜欢参与学生的政治活动,那么他不善探究哲学和坚持实用主义的个性特点或许为他的行为做了一个注解。

弗兰切斯卡·弗格森说:"学生会的人往往都是将自己放到政治的世界中,用言语来证明自己的人;但是辩论对于卡梅伦来说是一件很轻松的事情。牛津大学有不少人想要重新定义自己,而他根本不需要这么做。他就是社会当中将会成为领导一国发展的那种人,就这么简单,他根本无需证明任何事情。或许,事实上他就是比牛津的很多人都要成熟。"

不论是具有保守党传统的家族背景,还是在伊顿和牛津的求学经历,都没有让他在正式的场合充分彰显他的政治色彩。他和许多人一样,快乐地在小型的非正式研讨中积极争辩国家、个人自由等事物的作用,看到工党的行径后,他不愿与其为伍,这使那些一片热忱的保守党同学感到失望。布拉森诺斯学院的氛围可能平息了他当时的政治热情,彼特·辛克莱尔说道:"大家经常随处坐下,喝喝咖啡,聊聊天,享受这一过程,这就是平时的生活。彼此之间都非常知足,愉悦,没有任何压力。卡梅伦刚来时,比他高一年级的人或许正好在讨论,'别去学生会,那里都是一些互相斗争,手段阴险,只为出风头的小人'。他可能听到学院里人人都这么说,所以觉得'好吧,这个挺有道理的'。"

有的学生在牛津读过书或许已经知足了,但对卡梅伦而言这里是一个补给站。正如弗兰切斯卡所言,卡梅伦的家庭背景有助于他的发展,但是这种特殊的背景不是人人都承受得起的。"你的所言所行必须真正符合那样的要求,才能使自己原有的东西发挥作用,而不是成天和它过不去,或者根本无力承受,最后让自己一事无成,"弗兰切斯卡如是说,"戴维正是循着这种要求在前进。他一直清楚自己的目标,非常自律,做事也很投入。除了通过考试向教授证明自己,他从来不觉得需要对任何人证明什么。"

现在是采摘成果的时候了。第三年夏天,正如弗农·波格丹诺所预言的,他获得了一级学位。他和朋友大卫·格兰杰(后来取得了三级学位)到酒吧庆祝了一番。多年后,在一次访谈中他不太好意思地说,因为学位成绩而骄傲或许挺俗的,但是他确实觉得特别骄傲。这是他潜能的体现。现在他要把潜能发挥出来了。

初涉政坛

戴维·卡梅伦政治生涯的开端与皇室有技巧的"一推"有关。虽然他在牛津大学读书时(毕业考试之前)申请过一些管理顾问公司和银行的工作,但是都没有如愿。他已经取得了政哲经的一级学位,还担任过保守党议员的研究助手,他的保守党背景也无可挑剔,要找到一份好的工作是迟早的事。不过,正如以往的事例证明,机会只留给有准备的人。一天,他接到地处威斯敏斯特史密斯广场的保守党中心办公室(CCO)伦敦总部的面试通知。首轮面试的面试官是研究所的副所长阿里斯戴尔·库克,如果申请人进入第二轮面试,则会与研究所所长罗宾·哈里斯面对面。

库克还记得卡梅伦面试当日,也就是 1988 年 6 月 15 日,有一个让人捉摸不透的情节。"就在戴维·卡梅伦面试前一小会儿,电话响了。对方说是白金汉宫的人,语气非常严肃。那个人说:'我知道你是戴维·卡梅伦的面试官,我已经尽我所能劝他不要在政治上浪费时间了,但他还是不听我的劝告。我打这番电话是为了告诉你,你将见到一位真正优秀的年轻人',"库克还说,"我在想,'我不认识这个人,他干嘛要打电话告诉我他的预言?'就算他所言属实,他也并没有劝我留下卡梅伦还是不要留,这个电话真让人费解。"

这通电话注定要在库克心头萦绕。库克一直都在琢磨着这个电话,卡梅伦成名还是后来的事情。卡梅伦成为首相后,这段轶事迅速传开了,有人猜测是哈里斯(哈里斯本人说这纯属谣言)从中牵线,让这位新的保守党领袖得到了第一份与政治有关的工作。库克完全不同意这种说法。他说他当时把这事告诉了罗宾·哈里斯,不过这与面试结果毫无关系。"戴维的优秀我们有目共睹——他是我很多年来面试过的年轻人中最优秀的人选之一——用不着别人来向我们中心办公室证明。不过,这确实和皇宫的人告诉我的完全一致。"

这个打电话的神秘人物究竟是谁?有可能是当时王太后的主管会计、后任掌马官的阿拉斯戴尔·埃尔德将军爵士,卡梅伦的教母菲奥娜·埃尔德的丈夫。这件事最初传开时，连戴维·卡梅伦自己也猜是他。但是埃尔德夫妇却断然否认。埃尔德夫人在否认后还求证于她的丈夫，然后说："阿拉斯戴尔从来没有打过那样的电话。他对与动用职权有关的事情都格外注意，肯定不可能是他。像他们这种工作性质的人绝对禁止参与任何跟政治相关的事情。绝对不是他。"

戴维·卡梅伦办公室的工作人员则估计可能是卡梅伦在匹斯莫尔的邻居布莱恩·麦克格拉斯爵士，他还是卡梅伦父母的朋友，时任菲利普亲王的私人秘书。虽然他是卡梅伦这份工作的推荐人，但他也否认打过电话。他说："不是我。他们应该都没有问过我，要我为他的品行担保等等。我当然也不会擅自这样做。他完全能够独立解决自己的事情，我根本不用帮忙。我可以明确地讲我没有给中心办公室打过电话。"这样一来，神秘的牵线人依然没有露出真面目。

我们且假定电话事件确有其事，故事也仿佛刻意提醒我们卡梅伦人缘有多好。但是无论怎样，都无法解答我们的一个疑问，那就是卡梅伦在大学毕业时究竟多想从政。打电话的神秘人物说即使多方劝阻，他也一定要从政，但是他也申请过其他的工作。那么这份坚定从何表现呢？莫非看到其他公司与机构发现不了他在伦敦打拼的能力时才激发出来的？他还曾入围《经济学人》报的面试，尽管没有成功，据他说，自己已经比较幸运了，因为他天生不适合当记者。他提到之所以申请保守党研究部，是因为他在牛津大学就业处的个人信箱里发现了一份传单。有人说他进入保守党的领域纯属巧合，因为他应聘过的所有口碑好的商业银行和管理顾问公司（包括威廉·海格公司和麦克金斯利公司在内），均无一成功。

罗宾·哈里斯对卡梅伦的面试没有任何印象，不过他认为当时应该问了两个基本问题。一个问题用来考察意识形态倾向"为什么你认为自己属于保守党？"另一个问题则对思维能力有要求"你如何理解'中期金融策略'？"即使对于那些非常熟悉牛津—剑桥与老师面对面研讨形式的人来说，保守党研究部的面试依然可能很有压力。但是，虽然（而非因为）受到来自王室的干预，卡梅伦表现不错，终于得到了一份工作。

1988年9月26日，他第一天到史密斯广场报到时，就意味着踏上了通向高层政治部门的快速道。从保守党研究所走出的后来成为政要的人数不胜数。卡梅伦在此工作期间，迈克尔·波尔迪罗便成为内阁成员。波尔迪罗的传记作者迈克尔·葛夫将保守党研究所比拟为"保守党人才的育婴园"，书中还写道："保守党研究所是保守党体系的一部分，相较其他部分其实暗高一筹，正像近卫团和陆军的关系一样。保守党在朝时是秘书处，在野时则负责其他政务，首相竞选时提供竞选材料，始终进行情报收集和散播，但其地位和影响还在其各项工作总和之上。"

卡梅伦加入时正值保守党历史的关键期。十八个月前，玛格丽特·撒切尔刚刚第三次成功连任——这是百年来的首次——但是她的权力却在逐步衰退。迈克尔·赫泽坦因于1986年辞去威士兰事务，对撒切尔是一次打击，当时卡梅伦还在牛津读一年级。已然失重的撒切尔，因为欧洲局势的紧张，经济政策的走向与征收人头税引发的政治影响，在第三次当政时渐渐失去锐力。赫泽坦因提出的标准集结了大量反对之声，撒切尔觉得还好有忠心耿耿的研究所作为依靠。

1988年9月20日，她在比利时的布拉吉斯发表的演讲，奠定了她反对欧盟的"超级大国"构想的形象，这一举动可能激怒了部分议会成员。但是，最热烈拥护此举的莫过于保守党中心办公室四楼的工作人员，四楼是保守党研究部的驻地。一位工作人员描绘当时的情况为"超右翼的时代精神"强烈地激发了哈里斯和库克手下血脉贲张的年轻人的热情。据卡梅伦之前的同事说，卡梅伦很快加入其中。他从未反对过这种时代精神，这也是为什么人们在聊天时纷纷尊称撒切尔为"国母"。

学习政哲经的卡梅伦初来乍到，便接到了商业、工业、能源与私营业的简报，这一领域相当重要，但也较为枯燥。卡梅伦的办公室在512室，一同办公的还有经济部门主任伊恩·斯图尔特手下的一位研究人员。同一层楼的办公室沿着长长的走廊依次排开，走廊一头是哈里斯和库克的办公室，然后是地位仅次于所长和副所长的政治部门主任盖伊·布莱克，其他办公室的分布大致相当于怀特霍尔街英国政府机关的部署。因此，22岁的卡梅伦名义上已经开始负责保守党的工商政策研究了。

办公室的排列形式与等级反映出保守党研究所的精神特征，与学校颇有相似之处。如果所长或副所长要工作人员来一趟办公室，那等待工作人员的很有可能是一场严厉的批驳，这让初出茅庐、在赞扬和鼓励声中长大的年轻人很不习惯。但是，统一化的标准让卡梅伦迅速地学会如何准备准确简明的指令报告。他撰写条理清晰、表达有力的简报的功夫就是在保守党研究所磨炼出来的，不过一位负责人也说很早便能看出他天生适合这类工作。研究所的高度专业性使他得到进一步提升，而这里的新同事们则更是一笔无价的财富。

卡梅伦成为首相后,其身边的后台工作人员与内阁成员有一个显著特征,那就是很多人曾与他在保守党研究部共事,协助他开展1992年的竞选以及之后的工作。在伊顿毕业之后他个人的生活圈并没有广泛扩展,而他的政治圈也是如此,同僚和朋友是他"禁卫军"的主要成员。在史密斯广场的工作促成了他十五年后的诸多选择。

这个"帮派"值得进行一番"审视"。卡梅伦身边的第一个重要人物同样毕业于伊顿,后就读于牛津。这就是埃德·理威廉,比卡梅伦大一岁,在中学和大学时都是一位不易亲近的人物,与如今这位保守党领袖不同之处在于他学生时代一直积极参与校园的政治活动。他们现在已经是同事了——理威廉拿到的是较难对付的欧盟简报——上司给理威廉安排的岗位略高于一般新人的岗位。

下一个报到的也是牛津的毕业生,名叫埃德。埃德是大家口中老老实实做事的人。他的全名是埃德·维泽。在牛津大学读书期间,他属于右翼党派,名字常常出现在学生报纸《彻韦尔报》上,因为《彻韦尔报》曾对他纵情夸张的表演进行过详细报道。他的父亲是维泽部长,也是著名的经济学家,哈罗德·威尔森在"有名的"1976年"紫色名单"(据说本来是为了建议玛希尔·弗肯德如何教子)中对他特表敬意,他的母亲是艺术评论家玛丽娜·维泽。维泽与理威廉在读大学前就已经为保守党研究所做过志愿工作了,和库克与哈里斯有些"交情",卡梅伦则没有。不过1989年初维泽到保守党研究部时,发现他的工作时间比卡梅伦短,而卡梅伦又比理威廉短。维泽不是一个孑身独处的人,很快便发觉卡梅伦即使在非常高层的政治家面前也能泰然自若,这点让他印象格外深刻。

尽管维泽后来成了卡梅伦的朋友和同僚,但接下来的两位人物对于卡梅伦的仕途起着最为重要的作用。蕾切尔·维特斯通是一流的人才,不管用意识形态的术语还是其他领域的术语来形容都是如此。她的外祖父是安东尼·费什尔爵士,毕业于伊顿,曾在皇家空军服役,他因为从美国引进密集型养鸡技术挣得几百万,随后又将部分所得用来资助右翼的智库。他成立并主持的类似于经济事务研究所这样的机构,曾为弗雷德里克·哈耶克与米尔顿·弗雷德曼的思想进入世界政治主流作出过贡献。安东尼爵士去世前不久,外孙女蕾切尔已经开始在保守党研究所工作,同时他的女儿,也就是蕾切尔的母亲琳达·维特斯通,保持着在自由右翼党派中的影响。蕾切尔的父亲弗兰西斯·维特斯通是东萨塞克斯郡的保守党政务会委员。蕾切尔随父母在威尔德附近的庄园中长大,然后在博耐顿女校读书,之后进入布里斯托大学。不论是社会环境还是政治环境,卡梅伦和维特斯通都如同一块布料上裁剪出的花样,1989 年初维特斯通加入保守党研究所后,两人很快成为朋友,这一点几乎毫无悬念。

三个月后,又来了一个大家意想不到的人。个子小气焰高、剃着小平头、出生异国的斯蒂夫·希尔顿如同被一场飓风吹进了保守党研究部的大门。1988 年时,这位新晋的大学毕业生本来在布莱顿的一家保险公司处理 1987 年大飓风过后的索赔案,对于聪明好学的他来说,这份工作不免枯燥乏味。一天,他偶然看到保守党主席彼特·布鲁克在一期政治节目中邀请任何有意帮助保守党的观众拨打 01 222 9000。他打了电话,几个月后即成为了保守党研究所图书馆的志愿者——这也许正是早年政治宣传的威力如何影响个人经历的写照。

那一年夏天,希尔顿的某种特质感染了哈里斯,或许因为他是经过深思熟虑才加入保守党的,而不是出生在保守党的环境中。希尔顿的父母在 60 年代中期从匈牙利迁至英国,不像报道中所言是为了躲避 1956 年苏维埃的镇压,而是为了个人深造。他的姓也不是取自于他们来英国后入住的第一家酒店的名字:希尔顿酒店,他认为父亲之所以选择这一个姓,是因为和他本来的姓"希尔扎克"很相似。父母的感情没有敌过这场迁移,父亲后来独自回国。希尔顿寄给父亲的信也渐渐不见回音,12 岁时,他利用假期回国拜访母亲亲友的机会前去探访父亲,独自一人坐上了去往布达佩斯的火车,循着父亲最后留下的地址一路找去,等待他的却是伤心的事实:父亲已经过世,却无人告诉他。希尔顿在布莱顿的一个普通家庭长大,继父也是匈牙利人,是一名建造师,母亲是继父以前的学生。希尔顿很争气,不仅拿到了基督医学院的奖学金,还进入牛津大学的新学院攻读政哲经(他与卡梅伦在大学并不相熟)。他的工党朋友们都说因为家庭经历和共产主义有关,加之后来对共产主义的憎恶,影响了他的政治观,他对于保守党并没有特别明显的好感。托尼·布莱尔核心圈中的一位成员说:"如果不是因为父母遭受苏维埃的影响,斯蒂夫会成为我们的人。"哈里斯让年轻的希尔顿进入保守党研究所工作,或许确为工党之不幸。

卡梅伦现在的核心圈中曾在保守党研究所工作过的其他成员包括卡特琳·福尔,负责看守大门;彼特·坎贝尔,协助他准备首相的问题;乔治·布里吉斯是他的政治指导;还有乔治·奥斯博恩是他的影子内阁大臣。后两位是在卡梅伦离开研究所后才来工作的,因此不算他最初的"帮伙"成员。

虽然在保守党研究所工作的前景可能无限好,但是短期收入却很少。卡梅伦刚开始工作时,年薪应该只有 1 万到 1.2 万英镑左右,1992 年 4 月为竞选离开时也不会高多少。与那些成功签到了伦敦各大公司的朋友们的收入相比,差距不能再大了。大学毕业后他曾和在伊顿的朋友彼特·切宁合租一套房,地址是南肯星顿哈灵顿花园 46 号,这栋红砖房是从国外来伦敦工作的人暂居的理想之地,也是单身汉们蜗居的巢穴。卡梅伦室友彼特·切宁的妈妈是霍尔德·德·瓦尔登王朝家族的女族长玛丽·切宁,因此他有望继承家族的一笔巨额遗产:15 亿英镑。切宁现在是电影制片人,他提到钱财之巨和生活无度并不相关,"要戴维和超模嗑药喝酒玩六人行是绝对不可能的。不好意思,反正戴维就不是那样的人"。有人还记得卡梅伦那时参加了一场扑克聚会,聚会中卡梅伦是唯一不肯吸食牌友轮流传递的大麻烟的人。不过,他拒绝时表现再夸张也不及他显露的政治追求上的勃勃雄心。

让卡梅伦真正醉心的还是与人辩论。在牛津时,他就喜欢"直抒胸臆",如今在伦敦执政党部门工作,身边的人甚至比他更有辩才,于是他会在社交场合锻炼自己的口才。不少朋友都目睹过他在晚宴上如何与旁人舌战,有时争斗还相当激烈,说明他心中其实将这视作了一个更高端的论坛。朋友詹姆斯·弗格森经常和他"夜辩",弗格森说道:"和他争起来特别恼火,但是又特别想争。不过,你基本赢不了他。我太了解他那些招数了,比如突然换话题,还有用数据攻势把你侃晕。如果还不行,他就会对在场的人讲个笑话或者开一通玩笑。就算他输了,也不会演化成私人恩怨,他会和其他人在旁边继续说笑。这些方法都很管用。虽然会让人恼火,但用作政治策略确实很奏效。"

他工作起来极为投入。中心办公室历来有饮酒传统,但卡梅伦不像很多人那样午饭时间豪饮,或像有的人那样在办公时喝红酒。比他晚进入保守党研究部工作的一位同事回忆:"他一定是个很有抱负的人。在那工作的每个人都很努力,但戴维是真的会挑灯夜战,挑战极限。"很快,他沉着而英俊的面容以及出众的智慧吸引了钦慕的目光。时任保守党电视电台广播主管,现任保守党伦敦大会主席的安琪·布雷回忆说:"他非常年轻,长得很可爱,很聪明。"

当时在研究部的秘书卡洛琳·米尔说:"他好像是研究所唯一的人类,非常有礼貌。"另一位之前的秘书说:"这儿的女生全都喜欢他,因为他爱和人交谈。他在办公室总是时进时出,特别爱和人说话。"

一位名叫劳拉·阿希赫德的同事对他颇为爱慕,在牛津的时候卡梅伦对她稍有了解。劳拉与卡梅伦之前交往过的女生或要好的女性朋友有一个相似之处,那就是她也来自外交官家庭。她毕业于切尔滕纳姆女子学院和牛津大学基督教堂学院,到保守党中心办公室工作的时间和卡梅伦差不多。两人的感情开始于1990年春季,结束于1991年夏季,但是好像结束得并不顺利。他们的一位负责人说:"我貌似记得劳拉为了疗伤,还休过假。"劳拉是维特斯通的密友,在分手之后,与历史学家安德鲁·罗伯特交往过。后来她搬到纽约,在教堂修行了一段时间,喂养山羊,使自己沉浸在一直信仰的天主教氛围中。在回伦敦前,她一直担任管理顾问。

卡梅伦在史密斯广场的研究所工作了几个月后,一个好机会来了,虽然回想起来或许有些后悔。这个机会就是费用全包八天游南非,了解德班、开普敦和约翰内斯堡的情况。也许上次去肯尼亚度假太开心了,在研究所卡梅伦升职也很快,面对如此好机会,这位年轻的顾问立刻表示非常神往。不过,南非不同于肯尼亚,当时依然处于种族隔离制度的钳制之下,公然藐视国际舆论对种族政策的反对。当卡梅伦在史密斯广场的研究所往上攀爬时,内尔森·曼德拉已经在囚室中挨过了近三十年,全球掀起了对南非处以经济制裁的备受争议的呼吁浪潮(玛格丽特·撒切尔对此是反对的)。

不过,这次旅行的机会是研究所的大老板阿里斯戴尔·库克提供给他的,机会太诱人了,根本没有不去之理。卡梅伦的教父提姆·拉斯伯恩强烈反对种族隔离制度,如果他也反对制裁政策的话,则可能帮助卡梅伦扫除心中的一切顾虑。向研究所提供这次旅程的是德雷克·劳德,1989年时他因为始终坚守保守党右翼边缘力量而著名,十五年后他参加真人秀节目"老大哥"而名声大振。他是黑人,还是同性恋,这两点已让他非常与众不同,并且他还是反移民活动小组"周日俱乐部"中的热心成员,另外还喜欢开车去猎狐,因此保守党政坛几乎无人不知这位行事高调的自由主义人士。

劳德初涉政坛时,曾担任斯肯索普市保守党议员迈克尔·布朗的研究助手。通过布朗的关系,劳德认识了卡梅伦未来的岳父雷吉·谢菲尔德,也是他在当地关系圈中的重量级人物,两人成了朋友。劳德还认识迈克尔·科尔文和内尔·汉密尔顿,这两位后来卷入了问题款项的丑闻,个中原因部分和劳德相关。劳德为"战略网络国际"机构充当说客,"战略网络国际"于1985年成立,专为游说撤销对于南非的制裁,以及为安哥拉反对势力"争取安哥拉彻底独立全国同盟"做宣传,并为违抗联合国决议成立的所谓的纳米比亚"过渡政府"进行宣传。游说的另一方则指责"战略网络国际"受南非总统府的控制。劳德举荐科尔文和汉密尔顿担任顾问,然而他们没有在下议院议员个人利益登记册将这一情况如实登记,因此 1994 年问题款项丑闻爆发时受到了影响。

据较新的一篇报道,科尔文的职责之一是:

> 发现一些可能对"博普行"感兴趣的较为投契的议员。"博普行"指一类通常旅费全包的旅行,将特别挑选出的保守党议员送至被称为"黑人家园"的博普塔茨瓦纳,这是所谓的"垃圾场"之一,前南非政府实行侮辱性政策"洗白城市"时将三百万黑人驱赶到这些"垃圾场"……在 1989 年人员利益监察专责委员会成立前,有人问博普塔茨瓦纳驻伦敦办公室主任伊恩·芬德利:"你对政府从英国议员参观旅行中赚得大笔财富一事满意吗?"他答道:"非常非常满意。"

> 虽然尚无意见称这种旅行没有登记入册,但是对这种"赏钱之旅"是由种族隔离政权买单的指控却不少。让"黑人家园"当地政府头疼的是,前来参观的议员在博普塔茨瓦纳呆不到一天,就跑去纳塔尔省或开普敦的海滩度假去了。他们一般要坐头等舱,或者兑换成两张豪华舱的票,这样可以带上夫人。很多议员选择后一种方式。芬德利向委员会提供的证据展示了种族隔离组织向有相同政见的保守党人送出的豪华礼包。科尔文有时亲自带队,旅行长达十天之久,而"战略网络国际"要为来探究真相的保守党人和太太们的机票、旅馆和餐饮人均支付 2 000 英镑。

不过,保守党议员只是种族隔离游说团关注的一部分。由于劳德需要代表"战略网络国际"的客户(包括大型矿业公司与其他多国企业,如英美资源集团、贝尔司登公司,以及南非矿业商会)物色有潜力的目标,因此非常乐意为保守党阵营中年轻聪颖的潜力股买单。他邀请卡梅伦去南非"亲眼瞧瞧"制裁的做法可能对矿山和其他地方的工人造成何种影响。从南非进口的廉价煤炭曾经帮撒切尔政府平息了矿工的罢工,因此对卡梅伦很有吸引力,他升职前正好在保守党研究部的经济部工作过。阿里斯戴尔·库克觉得让卡梅伦去挺合适,回想起来,他说那其实就是去"玩一玩","特别放松,工作之余还有人招待"。不过,他也说:"博塔政府想尽办法使南非在外人眼中好看一些,但在我看来这些做法根本达不到任何政治效果。"

一位高级政府官员回忆称政府机关对这种旅行的态度是"无须端起船篙去戳他们"。那些特别顾问一直坚持政治中立而不受约束,因此接受这种待遇也很不明智。但戴维·卡梅伦既不是公务员也不是特别顾问,实在没有理由将这般好机会拒之门外。于是他和德雷克·劳德共游南非,八天的行程中享受了无比慷慨的招待,还参观了德班、约翰内斯堡和开普敦的矿山和工厂。一想到劳德和卡梅伦两人(本来还有一人加入,但出发前突然取消了)同游一周之久,中心办公室的同事们就不免窃笑一番。有人打趣地说,假如到矿井下走了一圈,劳德建议洗个澡,卡梅伦一定不会拒绝。

内尔森·曼德拉于1990年2月重获自由,随后任总统的五年中,因成功调解社会关系而获得全世界的赞誉。2007年8月,戴维·卡梅伦以保守党领导人的身份访问南非,想与曼德拉见一面。在热烈的欢迎仪式中,卡梅伦宣布与玛格丽特·撒切尔的外交政策有重大分歧,但对自己的外交见解却守口如瓶。他说自己和曼德拉站在一边:"保守党过去在与南非非洲人国民大会(ANC)的关系上所犯的错误,以及对南非的制裁更说明如今的做法非常重要。"至少,这番讲话在他早期的访问逐渐公开时,可起到保险的作用。

卡梅伦去南非旅行时仅二十出头。他可以自我辩护说是去找寻真相,但那不是真正奋力进行反种族隔离运动的人所为。有同样旅行经历的保守党员和新出现的现代保守党自由主义也并不兼容。当时反种族隔离运动中的核心人物、伍德赛德的休斯大臣说:"现在几乎没有人不反对种族隔离;真希望当时反对种族隔离的人有现在这么多。"

卡梅伦工作时的保守党研究所就像一所学校,因此少不了出现变换阵营、发火摔门、哭哭啼啼的场面。发生这类事情的时候,卡梅伦绝对会加入其中"壮一下声势",在同事当中他很有个人魅力,给大家带来快乐。圈外人则没有看到他特别好的那一面。有人觉得他自以为是,也有人说他欺软怕恶,"他的确很有个性,而且聪明、上进又理智,但是脾气不太好,别人如果和他想法不一致,他可没有好脸色。"另一位同事说得更尖锐:"他总是会凸显自己,降低别人。若有人反对他,他会言语相向,把人贬得一文不值。"

鲁伯特·莫里斯在关于保守党的著述中评价卡梅伦"带有金色的男孩的光芒。身材修长,肤色健康,穿着昂贵的西服,眼神闪烁不定——好像生怕和无关紧要的人多聊了一分钟似的"。也许因为和阿希赫德的恋情无疾而终,卡梅伦后来交往的女生都与政治无关。布雷记得他带去赴宴的"年轻佳丽们"史密斯广场的同事都不认识。在她记忆中卡梅伦是同事中非常出众的一个。一位资深同事说维特斯通"紧张兮兮",希尔顿"古里古怪"(他常套着一件特别宽大的披肩去上班),维泽则"无所事事"。卡梅伦的自信而镇定,聪慧而勤奋的形象比他们出色得多。

伊顿前校长迈克尔·麦克伦称伊顿人都具有"一种使对方松弛不设防的稀世之才"。但卡梅伦还具有另一种能力。保守党研究所最重要的部门政治部的主任盖伊·布莱克在他身上发现了聪慧之外的一种罕有的政治能力——一种识别对手弱点的本能与充分利用其弱点的坚决。布莱克喜欢他的战术意识,欣赏他的傲慢。于是,布莱克很快将他调出经济部,安排在政治部为自己工作。1989 年,布莱克离开研究所担任约翰·维克哈姆的特别顾问,之后担任能源部长,他举荐卡梅伦接替他的主任之位。卡梅伦的工作量陡然增加。当时,不少人认为撒切尔政府"不再亲民",而且欧洲公开的内阁之战与急速抬高的利率使撒切尔面临巨大压力。撒切尔已经第二次连任,击败了包括国家矿工联盟在内的势力最强大的联盟,并且向市场开放了许多国有产业,但是她犯了一项严重的政治错误,那就是征收人头税。这一重大过失导致了 1990 年 3 月 31 日恶性事件的发生,二十万人在特拉法尔加角进行抗议,最后演化成一场暴动。民主投票结果极其惨淡,保守党在接下来的大选中失利看来已成定局。

1990 年初,卡梅伦刚刚接任政治部主任一职,马上收到在肯特郡希弗堡召开秘密会议的邀请,与会者都是保守党的顶级战略家,会谈目的是讨论日益恶化的政治形势。这次会议使卡梅伦与保守党研究部的新所长安德鲁·兰斯利关系更熟了。兰斯利曾经是公务员,后来加入英国商会从而进入政坛。不过,作为诺曼·特比特的私人秘书,他做到了与上司的思想意识完全合拍的程度,在哈里斯进入首相官邸工作时,他成了接班人。

兰斯利第一天到任时,印象并不很好。他回忆:"研究所里的人全都集合在一起,几乎全是男人,只有一名女性。我走进办公室,所有人腾地一下全站起来。我觉得眼前好像杵着一群军官,感觉特别奇怪。"很显然这套做法适用于之前的情况。于是他开始进行机构改革,并且要求在战略方面进行根本性的调整:保守党研究部现在的工作方式是将保守党作为在野党,而非仍然当权。兰斯利分析,以出击的方式对付反对党领导人尼尔·金诺克,保守党人可能会将注意力从当前的困难转到如何打压工党。他说:"我知道历史不断向前推移,但是我们在之前的民意调查中落后了 20%,9 月份时这个数字变成了个位数。这个夏天我们在与工党的对决中表现得足够强悍。的确,这个夏天让我们坚定了一个信念,这对接下来的一年都非常重要,那就是,尽管从 1979 年以来保守党已经执政十一年之久,但是公众仍然对工党存有负面印象,不相信工党有所改变。"现在工党在宣传时将自己定位为反对力量,迫切地要证明对手依然是极端分子,身为兰斯利的保守党研究部的领导成员卡梅伦能够理直气壮地说,他曾参与"撰写"了一本关于如何"在办公室发动攻击"的书。

时任财政部长的约翰·梅杰与接任布鲁克保守党主席之位的肯尼斯·贝克在1990年5月当保守党在一次投票中领先工党15%的票数时发出攻击。工党的经济政策、工会权利、国防与教育,以及以"屋顶税"代替"人头税"的计划均受到攻击。卡梅伦就处在新的宣传制造点的中心,不断对工党发出负面消息,他比同辈人显得更加成熟。布雷说:"我还记得他执掌政治部以后陡然成长了很多。突然之间便显得比我还老道。他的确成长了不少,而政治部恰好是两方斗争的前沿阵地。"另一位同事回忆几月前卡梅伦看到电视上播出奈杰尔·劳森大臣卸任的新闻时,"我记得他非常冷静地说,'我估计玛格丽特不行了,接下来要找托词了'(事实的确如此)。戴维总是比别人站得更高。不是有评语说,他不会跟着人堆一块起哄,而是会自己清楚地掂量吗?"

虽然这个夏季的攻势暴露了选民对工党的怀疑,但是保守党议员当中的恶性反叛却无人能阻拦,决心让领导人下台的人越来越多。变数无处不在,闯劲十足的"准王"赫塞尔廷积蓄了大量政府所面临的困难,以问题专家现身,志在接替撒切尔的首相之位。这让卡梅伦的角色变得非常尴尬。虽然保守党研究所一直被视为极力拥护撒切尔的前沿哨所,但她有时也不能反对赫塞尔廷的做法。布雷回忆有一次BBC1台让她找一位议会前座议员参加"答辩时间"的节目,她不知该找谁上,政治部的主任随便提醒了一下她可以让赫塞尔廷上。"我回答,'我觉得他们(答辩时间栏目组)肯定会很来劲,但是从台面上讲,我们不能摆出保护迈克尔·赫塞尔廷的姿态'。但是戴维说迈克尔很会应付这些事。说来搞笑,戴维挺喜欢看赫塞尔廷答题的。"布雷说她对卡梅伦总能"打破陈规来思考问题"这一点很欣赏。

他对"勇猛的泰山"的推崇虽然只是无心之论,但这种无视常规的做法让首相身边早已严阵以待的工作人员很不舒服,甚至对于有的人来说,这样做说明他是赫塞尔廷的支持者。对撒切尔忠心耿耿的人开始怀疑他不是"自己人"。倘若1990年11月事态朝反方向发展的话,这样明显不忠的表现可能会断送一位壮志未酬的政治家的前途。11月22日早晨9:30,有人悄无声息地在保守党研究所的每一张办公桌上放了纸片一枚,上面写着报业协会公布的"震惊"消息:玛格丽特·撒切尔向内阁宣布她已辞职。卡梅伦亲眼目睹了她从新闻办公室离去的场面。兰斯利从保守党研究所发出了慰问信,当日下午即收到手写的回信。

卡梅伦说那天他"非常难过"。不过,我们又能从他和保守党自温斯顿·丘吉尔卸任以来最伟大的领导人的关系中知道些什么呢? 他们会面总是匆匆,大部分时候还很尴尬。他第一次见到撒切尔是在中心办公室,那一次就可能结束他的政治生涯。他讲道:"我那时是贸易研究员,她问我当时的贸易逆差是多少,我说不清楚。"第二次,午餐时分,她因为工党盗用保守党的语言向他表达慰问,不过她表示他们永远不会明白受法律保护的个人自由的重要性。卡梅伦后来写道,"这种说法不新,但不失价值"。2006 年年初,在聚会上两人进行了一次"随意的"会面,当时卡梅伦已经是领导人,因此撒切尔夫人可以给他一些良好的祝福。卡梅伦穿着外套,里面是一件清新的白色开领衬衫,被正式引到撒切尔男爵夫人面前。此时撒切尔夫人已届耄耋之年,无论体力还是精力都不比盛年。年轻的卡梅伦对她非常谦恭和照顾,年迈的前首相感动有加,不禁问起这位年轻而有抱负的政治领导人希望在下届选举中占领何种席位。据说当卡梅伦委婉地说他已经是保守党主席时,撒切尔夫人说她没想到不打领带的人也可以当上保守党主席。会面之后,卡梅伦的办公室很快整理出一份口吻较为积极的会谈纪要。据他的新闻官说,撒切尔夫人告诉新主席一定要睡眠充足。

　　尽管这些看似小事,但如何处理与撒切尔之间的关系确实让处在政治中心的卡梅伦手足无措,毕竟保守党正在现代化的进程中。他明白很多保守党的老选民越来越反感撒切尔所代表的保守党的做法。但是,正像大学朋友所言,他是一个彻底的撒切尔支持者,他的父母,尤其是他的父亲,简直到了崇拜撒切尔的地步。卡梅伦不愿意完全站在撒切尔的对立面,因为担心会招致她的崇拜者的不满。她提出的善意的提议,还有那些支持者的建议,仍然比卡梅伦和拥戴卡梅伦的人所想象的更重要。

　　1990 年冬,她的继任者约翰·梅杰的建议开始奏效。新体制的开始往往需要给人好印象,而卡梅伦得到的第一条新闻评论则是因为疏忽犯错,遭到了下议院议长的指责。实际上这桩事件不过是行政工作中的小失误。1991 年 1月,卡梅伦前去参加下议院就工党政策举行的一场辩论。但是他没有出现在为党内成员准备的上排座席,却坐在为政府公务员预留的包厢座椅上。工党议员发现这一过失,极为愤慨,并致信下议院议长称"可能破坏安定",并要求他调查此事。《卫报》遂刊登短文,这是卡梅伦在国内报纸上的首度亮相,短文中议长韦瑟里尔发表声明:"我收到(兰卡斯特)公国大臣(克里斯·帕顿在内阁中的头衔)的致歉信,愿为保守党成员出现在公务员座席名册上并坐在公务员席位上一事负责。""破坏安定"一说无从谈起,这起事件算告一段落。

起初,梅杰并未插手保守党研究所的事情。整个夏季,研究所保持着原有的工作效率。但是和卡梅伦相处得很好的肯尼斯·贝克突然调离,为新的保守党主席克里斯·帕顿让位,这让卡梅伦感到有些力不从心。不过帕顿很欣赏卡梅伦。他的分析显然与兰斯利一致,选民的信任是工党的弱点。他们早在1990年夏(投票之前两年)便决定下届竞选应当围绕一点来做文章,如果选民被问到是否真的能够信任工党,定然有大批人犹豫,这样保守党的机会便来了。但是何时尝试最妥当呢?何时让新首相接受投票呢?是应当在继任之后趁热打铁以保住任期?还是应当稳定一段时间,让新首相显示出执政能力时再进行?或许大家都预料到了,梅杰希望长期和短期两种方式都采用,把握一切机会,于是中心办公室马上开始秘密筹划秋季的选举。摆在卡梅伦面前的是准备官方的"竞选指南"的重大任务,内容详尽的"竞选指南"将用清晰简明的语言来阐述保守党的政策,还将对"攻击"每位工党和自由民主党候选人的"台词"进行解释。

此时,卡梅伦与希尔顿开始联手设计信息。保守党重新选用上奇广告公司作为广告宣传代理,不过兰斯利说这一群广告人要想领悟到研究所新信息语言的奥妙并不容易,因此派希尔顿协助上奇公司开展工作,搭建广告人和政治家之间的关联,卡梅伦也要起同样的作用。于是,卡梅伦和希尔顿首先对史密斯广场发出的政治信息进行制作,然后将信息传给上奇公司以及相关的官员,再将敲定的方案收集好。两人私交也逐渐密切,并在同一年夏天去往意大利度假,后来渐渐成了习惯。在此过程中卡梅伦的权力得到巩固,据他的朋友安琪·布雷说:"在1992年竞选中全力以赴迎战工党是戴维真正发挥个人实力的时候。这的确是戴维在中心办公室最有威力的时候。"

刚进入夏季,唐宁街十号便打来电话。询问能否请卡梅伦先生帮助首相准备问题呢?这将是他第一次如此近距离观察政府的运作方式。首相的问题成为了他工作的重点,每周要进行两次。每周二与周四,年仅25岁的卡梅伦需要早早起床,赶往唐宁街十号通读所有报纸。与他一同工作的还有新晋国会议员大卫·戴维斯,负责将较为友好的问题传给忠实的议员们,从而为首相在激烈的例行答辩中赢得回旋的时间。

早晨九点,卡梅伦而不是戴维斯直接来到首相官邸与首相进行重要会面,地点就是卧室楼下的房间。首相将决定就哪个问题发起攻势,哪个问题需要准备防范。这些会面不仅让卡梅伦了解了梅杰关于国内和国际议题的见解,还亲身经历了重大决策的制定——这往往是伴随着对工党动作的预测。会面结束，卡梅伦会到梅杰的政治助理朱迪丝·查普林的办公室中，在为他预留的一张小书桌上起草梅杰的"剧本"。然后，首相会邀请这位年轻的协理参加午饭时分的第二次会面，边吃茶点边为首相演练台词。

卡梅伦曾用政治家们喜欢的军事用语形容这一段早年的工作经历，"90年代时，我曾用了几个月的时间纵览报刊，寻找对立党的评论，将这些评论研制成弹药，供梅杰先生在首相例行答辩时攻击对手"。让卡梅伦颇感欣慰的是，很多第一手材料都表示对他的火药制造之术表示赞叹。1991年6月30日名为"阿提库斯"的政治日志中这样记录，"近日约翰·梅杰在下议院的表现愈加犀利"。"梅杰在星期四时就工党就业事务发言人托尼·布莱尔的一句含混不清的危险之词进行渲染，令工党领导人尼尔·金诺克如坐针毡。托尼·布莱尔所说的关于最低工资会对失业造成何种影响这一及时有力的反击工党的弹药出自何人之手？不是别人，正是保守党中心办公室的戴维·卡梅伦，自他入选首相答辩团队以来，效果相当明显。"卡梅伦为梅杰选择的这句话来自于布莱尔就最低工资所写的一封信，"我不相信最低工资会减少就业，我只相信计量经济学模型能显示出对就业的影响"。梅杰当时对着公文包另一边的议员喝道"连黄鼠狼听了那些话都会惭愧得脸红"，这话正中目标。

读到约二十年前的记录，脸红的应该是卡梅伦，但并非出于惭愧，而是因为心满意足，尤其是被他精心设计的连环炮攻击的居然有布莱尔。不过，日志写得极富感情，让人不由得联想写日志的人之所以力捧卡梅伦，也许是想要日后从他身上获得一些有用的信息。当然，我们这位年轻的工作人员早已吸引了一群忠实的记者了，推荐他为首相工作的人很有可能就是记者布鲁斯·安德森和约翰·梅杰的传记作者。安德森发现了卡梅伦的潜能，还与他成了朋友。

不过，卡梅伦还挺喜欢向记者朋友透露他经历的精彩故事，这般炫耀让他损失不小，和伊顿校友多拉·罗尼斯在聚会上的经历就证明了这一点。罗尼斯当时是《周日电讯报》的记者，他记得卡梅伦说自己在史密斯广场"负责各类故事"，还向他透露正准备给《独立报》提供一项保守党的新教育政策。于是，罗尼斯很自然地将这条有清楚来历的信息放上了自家的报纸，抢在对手之前刊登，给卡梅伦制造了大麻烦。让人没想到的是，发生这样的事情理应让他们两人的关系画上句号，但是两人却因此成了朋友。

那年夏季精彩纷呈。卡梅伦受到了重要的提拔，直接进入梅杰的私人顾问团。《泰晤士报》称这是由于查普林忙于争夺纽波利的席位，这一选区恰好还包括匹斯莫尔，报纸还称"内部人士"透露查普林需要帮手。"外界对保守党中心办公室政治部主任戴维·卡梅伦的角色猜测越来越多，他帮助梅杰改进在首相例行答辩中的表现，工作非常出色。竞选在即，查普林为了纽波利难以抽身，于是有人举荐卡梅伦担当顾问。"这段经历构成今后不少事端的开始，在1991年至1992年间为约翰·梅杰准备提要，让卡梅伦站在了距离首相之位最近的地方。

戴维·卡梅伦在保守党研究部工作的两年半中培养了重要的政治技能，强化了系统性的记忆方式，并结识了最为重要的政治盟友。库克与哈里斯订立的高标准，直至今日仍然适用于卡梅伦和希尔顿评价简报材料的工作。卡梅伦接手布莱克任政治部主任，也表明了他的战术意识正式得到了布莱克的认同。他参与的"让工党酷热难当"行动使他挖掘对手弱点的才能获得进一步承认。他为内阁大臣准备在媒体前亮相的工作堪称精湛，1992年时已经拥有了一大群记者粉丝。他帮扶三位保守党主席与两位领导人，这也显示出他处理内部变革的高超技能。或许他早已预见撒切尔的卸任，并对此作了相应准备。最为重要的是，理威廉、维泽、维特斯通与希尔顿成为他的朋友加盟友，他们都将各司其职，为他开辟途径登上顶峰。

疯狂的大选

1992 年 3 月 3 日尚未破晓,戴维·卡梅伦匆匆走进史密斯广场的保守党总部。此时还是清晨 5 点,却早已聚集了保守党的工作人员,大家纷纷猜测一大早赶来工作的缘由。卡梅伦告诉他们,这是为约翰·梅杰下周将宣布的竞选所进行的一场"演习"。他们现在有两个小时的时间,要将当天报纸的相关内容抽取出来,收看收听所有电视和广播新闻,整理出一份简报给首相过目,当中必须涵盖首相参加当日 8:30 的新闻发布会时可能遇到的一切问题。卡梅伦还说,工作人员还需为发布一项新教育政策做准备,这是当日的主题。这场预演必须在极其保密的条件下进行,这将决定整个团队与卡梅伦自身是否能在即将打响的大战中取得信任。

这天早晨的工作进展顺利,卡梅伦因此获得了这项重要的竞选任务,那就是在每天早上的新闻发布会以前为约翰·梅杰奉上简报。克里斯·帕顿回忆:"任命是我下的。我之前也做过这项工作。他很聪慧,也很勤奋。"曾经负责过这项工作的有迈克尔·波尔蒂略和大卫·威利茨,分别在 1983 年与 1987 年任职。卡梅伦说这项任务"非常不容易"。现在大家都说他"越飞越高"了,但这项新任务却带来了不同往日的新担子。

1992 年保守党竞选成功,不仅坚定了他的信心,还为他织就了至关重要的政治纽带。竞选期间,卡梅伦与希尔顿合租在威斯敏斯特的盖弗尔街,这条街风景雅致,直通史密斯广场。他们合租的寓所之前的主人是阿兰·邓肯,成为议员之前,邓肯做石油生意赚了几百万。这座房子还曾是梅杰两年前竞选首相时的工作总部。现在却成为了卡梅伦和希尔顿偶尔几小时睡眠的堡垒。

卡梅伦的一位同事回忆说,那段日子真是疯狂。毛里斯·弗雷泽原本在外事办公室,竞选前夜被调来为保守党领导人准备简报。"凌晨四点半我和戴维就要到中心办公室,挑出所有可能出现在当日早上新闻发布会的素材。我们会整出一张单面的简报提要,上面写着二三十个议题'可供参考的答语'。

大卫负责全盘管理和整理国内素材,我负责国外素材。然后我们的简报会送到首相或者新闻发布负责人手上。早上 7:30,卡梅伦在中心办公室向梅杰汇报每日新闻发布会的简报内容,与会的还有两位更年轻的工作人员,提姆·科林斯和肖恩·伍德沃德。在前往新闻发布会的路上,埃德·理威廉将与梅杰同行,向梅杰汇报最新的时事"。梅杰身边这群年轻的参谋人员引来了很多目光。有报道称他们为"稚囊团",并透露在之前竞选时,希尔顿甚至还不到投票的年龄。

保守党想要再度竞选成功,必须让民众对尼尔·金诺克所领导的机关部门产生怀疑。保守党从上一届主题为"让工党酷热难当"的选举活动时就发现对工党抱有疑虑的选民不在少数,上次活动颇有创意,卡梅伦曾参与策划,因此策划组早在一年前便确定将"信任"作为首要议题。此次活动的策略非常明确:从正式宣布竞选开始到投票日的这段时期,先来一场消极的竞选前奏,破坏民众对未来工党政府的信心,然后大打梅杰高尚正派的牌,持续的时间短,但情绪必须正义激昂。

首轮的攻击必须迅速、干净而准确,起码不能有让人一眼识破的错漏。总体而言,必须能对付工党的回击和当日的新闻。保守党研究所所长,也就是卡梅伦的老板安德鲁·兰斯利说:"我们每晚工作到深夜,半夜时才能将文本发给上奇广告公司。"在广告代理公司等待文本的是希尔顿和团队成员,他们要通宵工作,将文本制作成措辞和设计风格简练有力的文件,然后"他们会将文件打印装订好,为上午 11 点的新闻发布会做准备"。卡梅伦善于挖掘利用工党的软肋的技巧——如核裁军运动和工会的影响——让兰斯利联想到日后他作为保守党领导人在发现"恰当的"议题方面所取得的巨大成功,"嵌在脑海里的戴维的形象,那些能让我联想到今日戴维的形象,就是他如何设计出受人瞩目的、发生效力的东西。那种感觉如斜坡上滚泥丸,轻而易举,完全不需旁人助力,简直屡试不爽。1991—1992 这两年间,那样的创意太多了。"

保守党攻势的王牌主题就是税收。若用一幅图来总结 1992 年竞选的精华,那应该是"工党的税收炸弹"海报。这是保守党研究所联手像财政部诺曼·拉蒙特的特别顾问安德鲁·泰理这样的人物,一同夜以继日地工作数月创制的巅峰之作。保守党想采用工党自己的拨款承诺和税收建议,制作出一幅普通家庭在税收逐渐增加的情况下可能面临的最糟糕的图景。他们最终敲定的是工党 350 亿英镑的项目经费以及 1 250 英镑的家庭平均开支。希尔顿的团队用第二次世界大战期间带尾翼的炸弹的轮廓呈现苍凉之感,广告专家们都认为这一形象只要一出现就会被认出来。

果然,1992年1月6日,"炸弹"海报面世即成为英国政治史上最成功的宣传:之后只要保守党咬住税收议题不放,工党的票数旋即坠跌。甚至于工党在竞选前夜宣布的"影子预算"都变成了犒赏保守党的礼物。3月17日发生的事情再一次证明:多么努力也是徒劳。卡梅伦是负责分析约翰·史密斯的数据的幕后团队成员,另两位成员分别是诺曼·拉蒙特的特别顾问比尔·罗宾逊与帕顿的顾问帕特里克·洛克,后成为迈克尔·霍尔德的顾问。他们在看天空电视台播出的史密斯竞选前的"预算"时喜获至宝,这些预算本是用来中和保守党攻击工党的拨款承诺的,到头来却给了保守党大批鲜活的素材。兰斯利说:"那简直就是无尽的故事和材料,供我们把工党碾压下去。""工党想站在政府的立场上为自己辩解,这怎么可能实现",保守党"再一次将'庙堂'扭转为'江湖'"。

然而,保守党的行动并非轻松自如。梅杰任首相后立即清除了中心办公室中撒切尔的忠臣。"稚囊团"中大部分成员都有赖于梅杰的亲信帕顿的提携,竞选的压力当前,老保守党人纷纷猜想这群人是否真有本事,猜疑之声汇聚到了一个人身上,那就是保守党新任通信部长,33岁的前电视节目"生活与新闻之夜"制作人肖恩·伍德沃德,帕顿引荐他取代经验更为丰富的布兰顿·布鲁斯担任通信部长。2000年,伍德沃德背叛保守党,转投工党,颇为保守党人诟病。卡梅伦曾和别人一块,在背后取笑伍德沃德(称他为"点头虾"),但他和这位新通信部长关系不错。但是,帕顿颇为不安,甚至在竞选前夜向一位同僚倾诉自己提拔伍德沃德乃是失职。1992年1月的一天,他把兰斯利拉到一边,说伍德沃德"做不到",还叫兰斯利和研究所的其他人为其掩盖。至于卡梅伦是否听闻这些对话便不得而知了。

当帕顿得知在"短期"竞选活动开始后自己将离开中心办公室,每天得为着巴斯这个极其边缘的席位去争抢,心中难免不安。他不在的时候将交给能源部长约翰·维克汉姆和保守党纪律总管理查德·莱德负责,这样的安排已经让他不省心,何况内部冲突若隐若现,部门下层负责的都是非常年轻的工作人员,难以处理各类事端。维克汉姆大臣回忆说帕顿管理中心办公室的方式"就像管理一所牛津大学的学院",但他的风格却大相径庭,他不要求在竞选期间每个人平等相待,而是鼓励这些年轻人迅速做出反应。帕顿离开办公室,带着便携的传真机和电视乘坐直升机飞往巴斯时,他的团队由维克汉姆和莱德领导。深夜回到办公室,卡梅伦和希尔顿早已等待在此,向他报告一天的大事和夜间广播新闻,并为他准备第二天的材料。这样的一天非常漫长,一位女保守党人在报上描绘3月中旬的工作情形时说道:"我们每天需要工作十二到二十个小时,竞选活动不断推进,工作强度也越大";报纸提到,"有人猜那些'稚囊团'成员可能趁着下午的时间在桌边打盹呢"。

当时工作压力很大,让人兴奋但又极度疲惫,就在这种氛围中,卡梅伦不小心判断失误,倘若这次的过失公之于众,很可能改变选举活动的进程。若说税收是保守党的王牌,公共医疗卫生服务则是工党的王牌,大家都很清楚工党会在某一时刻亮出王牌。这天终究到了,还带来了一部很有影响力的影片,片中讲述的是一个小聋女,因为保守党削减英国国民保健服务计划中的名单,她至少需要等待半年才能接受一个简单的恢复听力的手术。参加工党竞选宣传片放映式的记者被告知,这个案例是一个真实的故事,但由于病人身份保密,这个女孩的姓名不便透露。接下来的72个小时,为了使工党这场猛攻的火力减弱,申诉与反申诉一阵接着一阵。

很快,这名女孩的身份便浮出水面,引发了一场关于谁向谁泄露了信息的大讨论。然后,事情的真相也开始进入争论,因为珍妮弗·本尼特的父母对于耽误女儿手术的原因明显意见不一。最后,工党遭到了严重的打击,这整部政治影片的基础是珍妮弗的全科医生给珍的父亲写过的一封信,但是现在这位医生公开认错,并表示自己不应该责备因为资源短缺而导致手术等待时间延长。这场炙热的媒体风暴持续了三天,被人们称为"珍妮弗耳朵之战",暗中回应1739年英国与西班牙间的"詹金斯耳朵战争"。

卡梅伦在这场"战争"中的角色至今仍是个谜。但是一位在史密斯广场工作过的同事透露,这起事件发展到白热化的时候,今日的这位保守党领导人正在将珍妮弗的母亲和全科医生的讲话进行编辑,使其"更好地"为保守党"服务"。3月25日早晨,中心办公室受到质疑,人们怀疑他们向媒体泄露了珍妮弗的名字。事实是这样的,一个新来不久的工作人员未经授权,将珍妮弗的名字给了《每日快讯》。原来,向保守党提供名字的是珍妮弗的祖父,因为他对为政治目的歪曲事实的行为深感愤怒。卡梅伦和帕特里克·洛克感到当天下午的新闻发布会将很艰难,不仅因为主持人威廉·瓦德格拉夫性子太温和,就像个在校园里的大学老师,还因为他对后来的突发事件毫不知情。洛克还记得发布会开始前几分钟,他和卡梅伦怎样想尽办法提醒主持人将会发生何种情况。但是为时已晚,他们唯有看着记者向瓦德格拉夫抛出一个又一个难题,但却束手无策。

十年后，卡梅伦回忆那场新闻发布会后发生的事情时说："我清楚地记得自己仿佛被钉在了墙上一般，任由《每日镜报》政治编辑阿拉斯戴尔·坎贝尔对我大吼。"坎贝尔不停地喊着："那《快报》呢？那《快报》呢？"洛克对这一场景也记忆犹新。这两名保守党的工作人员在火速奔上楼之前唯一能确定的是珍妮弗的名字也出现在了《独立报》上。

维克汉姆坚信保守党能在这次争端中站稳脚跟，尤其当得知珍妮弗的家人和全科医生都对工党宣传的版本争论不休时。"我认为公众更愿意相信医生的话，因此我们想要将医生的陈述写下来，给故事做一个定论。我请巴尼·海霍去联系这位医生。在我看来，海霍曾担任卫生部大臣，应当是最佳人选，而且他对医生所言非常赞同。"维克汉姆回忆道："稿件（新闻发布用的）就放在中心办公室，戴维在外间的办公室看到了。他觉得可以再改进一下，也许他已经改过了。他做这类工作非常得心应手。"然而，这份稿件已经得到了一位独立证人的证实。如果采用卡梅伦更改的版本进行新闻发布，珍妮弗的全科医生很可能否认稿件的权威性，那么无疑会让工党在"大战"中直取战果。

忙了一整天的竞选活动后，维克汉姆走进办公室想找点东西喝，只看到卡梅伦在修改稿件。"我当时太想喝酒了，正走进去找一瓶香槟来喝"，发现卡梅伦在做的事，立即勃然大怒，当着同事的面对他好一顿责骂。当时在场的人回忆说："他大发雷霆，狠狠批评卡梅伦的所作所为。"不过，尽管同事们都说他当时火气很大，他最后还是表示卡梅伦没有刻意篡改，故未降罪卡梅伦。维克汉姆说："他没有改动医生的话，只是重新调整了段落的位置。他当时不知道已经达成一致。后来弄清事情的原委，他马上领会了我们所处的状况和我所说的话。"1992 年竞选活动中资深的工作人员说，这件事标志着卡梅伦在中心办公室的地位明显下滑。

3 月即将过去，一方面是民意调查不容乐观，另一方面则是保守党的年轻干将频频在报纸上绽放光芒，反差之大不免令人担忧。媒体很快便嗅出大事将近的前兆。迈克尔·怀特在《卫报》上撰文预言"保守党总部将慎重进行权力分配，克里斯·帕顿团队昔日权威将向围绕着约翰·维克汉姆的老撒切尔派倾斜"，同时有报道称迈克尔·赫塞尔廷与迈克尔·波尔蒂诺坚持要将"稚囊团"成员降级。

忽然之间，保守党如果在竞选中失利，同时降级的将有伍德沃德、卡梅伦、希尔顿和科林斯。3 月末，卡梅伦对一位记者说自己受够了，竞选过后将离开政坛，"在国内新闻界谋求事业"。卡梅伦之所以对政治生涯兴趣不再，还有另一原因。他原以为约翰·梅杰会任命他为两位政治秘书其中之一，这是政府最高级别的顾问。对于一个仅有三年一线政治经验的人来说，这番雄心勃勃实属个性使然。但是，梅杰决定仅任命一名政治秘书，而他没有入选，这让他非常丧气。梅杰挑选入驻唐宁街政策部的是乔纳森·希尔，来自一所私人机构。

梅杰曾对这位每天早晨为他准备台词的年轻而平和的伊顿毕业生动怒。卡梅伦提示梅杰在保守党竞选宣传后，因为指责工党"让英国走下坡路"，可能有人会对梅杰提出比较尖锐的问题。梅杰问道怎样为保守党辩护才妥当，据当时在场的人回忆，卡梅伦一时失语，让首相"发了一通脾气"。

不过，尽管梅杰可能不认为他适合在唐宁街首相府工作，和卡梅伦一同向梅杰报告的人却有不同看法，这便是毛里斯·弗雷泽，"这样说可能不新鲜，但是我的这种想法早已有之。我当时便认定此人终有一天会成为保守党领导人。他思维敏锐，极有抱负，虽然看得出他的抱负在工作中稍有磨蚀。他的社交技巧日后逐渐为人所知，在当时对于25岁的年纪实在非常精湛。世间聪明人很多，而坚贞之人多失于呆板，他却带有天生的判断力，政治手法对于他来说易如反掌，巧言慎行在他那儿有一本账。"弗雷泽还说："他起草或者提出要点的时候，想法张嘴就来，而且他所说的非常适合预计的场景。我们身处录音片段剪辑文化，他选用的台词都具有准确的政治定位，而且文辞畅达，用在那个场合再合适不过。这样的工作需要极高的智商。"

卡梅伦今日或许会说他得知竞选结果时很惊讶，但是安德鲁·兰斯利表示在竞选过程中，无论他还是其他史密斯广场的高管都不认为保守党会输。信任和税收两项议题对工党而言具有绝对的杀伤力，熟谙投票数据的政治专家早在1月份就充分掌握了情况；而工党对保守党管理英国国民保健服务事宜的攻击，因为珍妮弗·本尼特的中耳引流管的争议而失去锐气，加之尼尔·金诺克在投票几日前进行"谢菲尔德拉力赛"会议，错误估计了胜局，这些都让梅杰轻巧冲破终线，取得胜利。

超出的票数仅二十一席，但因竞选正逢经济危机的严峻关头，因此胜利依然大振人心。

唯一的遗憾是克里斯·帕顿痛失巴斯的席位，在庆祝活动中勉强同意合影留念。保守党胜利的消息传来，卡梅伦和朋友们开启香槟。大灌了几瓶之后，他带着一群"顽童"，希尔顿也在其中，穿过史密斯广场走到竞选时工党总部所在地运输大楼，说着唱着取笑斗败的对手。然后，他们赶去毛里斯·上奇大楼痛饮庆祝,彻夜狂欢。

第二天,卡梅伦忍不住要嘲弄那些诋毁他们的人,他对《泰晤士报》的安德鲁·皮尔斯说:"稚囊团要反击了"。兰斯利在竞选中不允许卡梅伦向媒体多嘴,现在他终于可以开口了。"不论别人怎么说,我们竞选成功了,"他接着说,"虽然我们并非久经沙场的老兵,但我们也会逐渐经历枪林弹雨的洗礼。工作了两周以后,我们懂得要虚心听取在同一阵地上同事的意见,而不要受到民意调查人的影响,尤其是新闻记者的影响。"卡梅伦还提到希尔顿已经具备投票资格了,希尔顿从投票箱给他打电话,激动地告诉他,"我做到了。我终于能投票了。他们再也不能揪住这一点大做文章了。"皮尔斯仿佛有先见之明,他在报道收尾时说尽管这群"年轻的干将"让老派党员颇为不满,但"终有一天将由他们来做出决定"。

1992 年的竞选在表现卡梅伦的政治才能方面起着关键性的作用。虽然他在"珍妮弗耳朵之战"中的做法降低了他在同事眼中的地位(有人说他对医生的讲话进行编辑,"说得好听一些是随性,说得难听一些是蔑视事实"),但他在整场战役中经受了考验并取得了成功。这或许是保守党最后一次获得全面胜利,不过今天卡梅伦竞选总部的积分卡上这样写着:"只此一战,一战而胜"。有经验的人认为保守党胜出的原因是他们比工党更为专业,而且一直紧紧扣住税收议题不放。参与成功的竞选活动,让卡梅伦与希尔顿具备了和像乔治·奥斯博恩这样 1992 年后才加入保守党的人不同的经验,后者最难忘的经历是以失败告终的。这也许解释了为何卡梅伦和希尔顿不像年轻的同事那样容易理解现代化的讯息,以及接受税收并非竞选中制胜子弹的理念。

唐宁街 11 号财政部

　　保守党总部的工作告一段落,戴维·卡梅伦在财政部的办公室一派新景。古香古色的大办公桌旁是会议桌,即将召开第一次会议,桌边六张座椅已为官员备好。从窗口可看到财政部中央庭院的全景,唯有这一精英部门的最高层人士方可汇聚于此:办公室的边门外有秘书随叫随到,外间还放置着保险箱,专为存放隔夜的机要文件。

　　约翰·梅杰在竞选胜利前没有挑选卡梅伦进入唐宁街首相府。既然无缘唐宁街 10 号,那么 11 号成为了最佳选择。不过,任命卡梅伦为诺曼·拉蒙特的特别顾问并非一帆风顺。这项工作经常夹杂着政策、演说与政治任务。要想工作出色,处理好与上司的关系只是一部分,更重要的是与公务人员的关系,公务人员往往妒羡这个职位的影响力和能迅速申明官方立场的权力。拉蒙特起初担心卡梅伦经验不足,无法对付财政部工作中层出不穷的危机,由于卡梅伦的前任要员沃维克·莱特福特在竞选后决定卸任,首相府的顾问遂向拉蒙特举荐卡梅伦。但是拉蒙特告诉一位政治盟友,他觉得卡梅伦"太年轻"。这位财政大臣或许还听到同事说他仍需努力提升形象,因此心里不太舒服,他当时回敬同事说"演讲是我的强项",但更让人觉得其他方面则是他的弱项。

　　事实上,这一时期财政大臣面对首相府深感压力巨大。有人预见梅杰会在竞选过后让他下台,曾在财政部工作的人说财政大臣在竞选的第二天十分紧张。两年前他曾是梅杰竞选领导人的策划师,随着英国经济的下滑,他的政绩也逐渐黯淡。由于英国属于欧洲汇率机制,因此需要保持高利率,但所实行的反通胀制度在大部分人看来实属自虐。这位财政大臣还将在诺丁山的公寓租给某个卖淫团伙,自己却浑然不觉,拱手送给讽刺作家一个好题材。有人指出拉蒙特曾发表不成熟的言论,说已然看到复苏的"新芽",实在谬以千里。

　　相较而言,由于卡梅伦为多位内阁大臣在上 BBC1 台的"答辩时间"之前做简报,他的媒体功夫早已受到了内阁大臣们的殷切专注。他在保守党研究部时已初露锋芒，到1992年时为高层政治家选择回答各类议题的恰当台词，或者帮他们填补对流行文化了解的空白，对他而言更是轻车熟路。肖恩·伍德沃德回忆说，有些大臣与媒体见面表现不理想，见面会后就直接找卡梅伦帮忙。拉蒙特见到他时那种心情就不必说了，尽管不是拉蒙特发现的他。他被任命为拉蒙特的特别顾问，蕾切尔·维特斯通从他手中接过保守党研究部政治部主任的位置。如果早知道六个月之后要发生的事，卡梅伦可能会庆幸自己不再是政治部主任。若说保守党政治家最不想有所牵连之事，那必然是黑色星期三，这是保守党进入现代以来最为严重的政治灾难。

戴维·卡梅伦接受了例行的忠诚度审查，然后于1992年5月11日在唐宁街11号走马上任，一个月后，他和新同事比尔·罗宾逊博士见面了。罗宾逊是一位勤于治学的经济学家，也是拉蒙特的主要政治顾问，他在当时的日记中记下了与卡梅伦的首次会面。"戴维·卡梅伦来自中心办公室。他处事极为老道，能力非常强，但年纪却不大。一个24岁的老伊顿人（其实卡梅伦当时25岁）。面露稚气，却异常冷静。他给很多大臣做过简报，帮他们上下议院和电视台的'答辩时间'，还曾为首相服务过。特别会写讲稿。这是他的才干。但是官员们会怎么看待他？他听到布莱恩·福克斯（一位官员）说工资的事情，因为和他想象的差距较大，他一时的反应给布莱恩留下了很差的印象。"

麦卡尔平大臣对他的印象也"不怎么样"。麦卡尔平大臣是前保守党财政大臣，撒切尔夫人的密友。这位大人物对于卡梅伦在保守党竞选胜利第二天发表"稚囊团要反击了"的言论极为反感。他在4月14日《国家周刊》上写道，"我未曾听闻卡梅伦先生，获悉此言令我兴味索然。简直想无视这些粗劣之徒"。他还表示卡梅伦"非常傲慢"，应当进行调查，"理应进行调查，对这些年轻人的所作所为进行严格审查"。

一方面是面露稚气，另一方面还埋怨报酬太低，这显然很容易成为别人攻击的对象，别忘了，他两边还坐着位高权重的邻居呢。一边是阿兰·巴德，政府首席经济顾问、特里·伯恩斯的得力助手以及权重望崇的常任秘书长，另一边则是安德鲁·特恩布尔，时任公共财务主管，而后成为托尼·布莱尔的内阁秘书长及文官长。沿走廊过去还有杰里米·海伍德，拉蒙特的私人秘书，当时也为托尼·布莱尔服务。在这样高智商的环境中，卡梅伦需要施展浑身解数。迈克尔·波尔蒂诺新任拉蒙特的首席秘书长，同时首相府也任命财政大臣相同的职务，一上任即召集艺术与科学领域航灯式的人物举行特别研讨会。财政部参加此类活动的仅限高层人士，戴维·卡梅伦也在其列。

5月28日,波尔蒂诺邀卡梅伦到伦敦梅菲尔上流住宅区的米其林星级餐馆"流浪儿"(Le Gavroche)共进午餐,请他和罗宾逊为约翰·史密斯的经济学著作制作一本小册子。同桌还有弗兰克·沙拉特,沙拉特之前帮波尔蒂诺谋到了科麦奇石油公司的工作。那段工作经历让波尔蒂诺看到了在担任特别顾问和追求议员席位之外的"真实世界"。他的自传作者迈克尔·高夫称沙拉特为"观点鲜明、斗志昂扬的保守党员"。那年,沙拉特、波尔蒂诺和卡梅伦一同进餐不下三回。

波尔蒂诺对这位新任的特别顾问印象深刻。一位前内阁大臣如是说:"他聪明过人,果敢自信。初入行便对政治很有领悟,总能用恰当的词句来表达。他既有超越年龄的自信,又有落落大方的仪表,这在很多人身上是看不到的。"但波尔蒂诺表示,这位老伊顿人并未受到所有人的欢迎,"我听说有时他在私下里并不像别人想象的那样好,也有人这样评价布莱尔。这往往是比他职位低的人说的。我时常向比他职位低的人夸奖他,可他们则说他表里不一。这种说法我听到过三四次。不过,我觉得表现得权威一些,硬朗一些,甚至于鲁莽一些并不是坏事"。

尽管他过于自信,偶尔傲慢不逊,同事们回忆起他时依然感到他享受生活的方式让人羡慕。他们还记得卡梅伦总在周末过后,带着牛津郡射击聚会满满的喜悦回到办公室。年轻的他比今日驾驶长途赛车锻炼的人更豪迈,还非常喜欢抽烟,享受美食与美酒。他穿衣的风格与老派无异:80年代时,他总爱在衣服上加鲜红的背带。

1992年,他购下了一套位于诺丁山兰斯顿新月楼26号的单间卧室公寓,花费13万英镑。公寓面积不大,但是足够他在周末夜晚招待由多姆·罗尼斯叫来的桥牌玩友。罗尼斯组建这个桥牌群,是为了让无缘享受周末的《周日电讯报》的记者朋友们能有一晚好好聚聚。不过,卡梅伦劝罗尼斯离开《周日电讯报》,到国家遗产部当彼特·布鲁克的特别顾问。这样卡梅伦可以开着破烂的白色宝马,载着他去上班,罗尼斯前往艺术馆与图书馆的世界,而卡梅伦则去往财政部的政治高层。

卡梅伦的新上司拉蒙特对他赞赏有加,还很欣赏他的聪明睿智。拉蒙特说虽然当时卡梅伦的职责主要和"政治与演讲"相关,但是只要他想参加任何政策会议,他都可以去,"戴维主要负责国会的事务和讲稿的撰写。但是他非常聪明,我常说他可以去参加一切会议,并可以畅所欲言"。

与劳拉·阿希赫德分手之后,他的身边曾出现过多位保守党女性。一次餐会，拉蒙特的好友、报刊记者伍德罗·佩特内拉的女儿佩特内拉·怀亚特坐在了卡梅伦身旁。这次餐会一连好几场，怀亚特和卡梅伦如此有缘，正是因为罗斯玛丽·拉蒙特觉得两人很般配，所以特意安排。怀亚特谈起在唐宁街1号举行的财政大臣五十岁生日聚会上与卡梅伦的亲密接触，当时卡梅伦主动请她跳舞，她没想到卡梅伦如同百老汇演员阿斯戴尔一般优雅，还有着著名演员吉恩·凯利的男子气概。当晚他陪同卡拉·鲍威尔，尽显成熟稳重之风，他的同事比尔·罗宾逊竟把查尔斯·鲍威尔的夫人（玛格丽特·撒切尔的私人秘书，后任梅杰的私人秘书）当成了他的女朋友。罗宾逊的误会来自于对卡梅伦的肯定，而对于年长他20多岁的女性来说，更是一种令人愉悦的恭维。

梅杰竞选获胜有些出其不意，仅仅五个月后，保守党有着强大经济能力的形象（以及竞选胜利后任何实际的构想）遭到破坏，前后仅用一天的时间。"黑色星期三"和1978至1979年间"不满的冬季"一样，其震撼的影响持续了十多年之久。直至今日，工党政治家仍不时提醒选民，保守党的经济形象被极端的货币猜想破坏的那天，财政部的顾问中正有卡梅伦。但是，卡梅伦究竟在这场灾难中扮演何种角色？他对自己苦心捍卫的这项政策作何感想？有人尽力为他说话，表示他在这起事件中发挥着积极的作用。拉蒙特说："我读到过……这显示出他面对压力时的淡定，严峻考验下的勇气，但他和这件事确实没什么关系。"不过，虽然卡梅伦没有出席当天的大会，对会议内容基本不知情，但他和黑色星期三并非毫无关联。

梅杰是玛格丽特·撒切尔的最后一任财政大臣，90年代末将英国带进了欧盟汇率机制。他确信这是解决英国高通胀的唯一途径，同时也让撒切尔相信了这一点。梅杰离开财政部后，继任者拉蒙特背上了这项政策引发的后果。每季度的官方数据都有不好的消息，经济衰退、负资产抵押、企业亏损、房屋回收等等。欧盟汇率机制如同紧身衣将英镑紧紧夹在其他欧洲货币币值之中，财政部无法仿效之前财政大臣的做法，通过降低汇率来刺激经济。新任命的影子财政大臣戈登·布朗非常支持欧盟汇率机制带来的反通胀影响，但是保守党下院的普通议员对于这种反通胀热情所引发的政治后果意见日多。议员们之所以存在种种看法，既有意识形态的原因，也有实际操作的原因。欧盟汇率机制是实行单一货币的先头兵，也是对欧洲联盟主义分子所构想的"更为紧密的政治联盟"的明确表达。

拉蒙特在回忆录《在办公室》中提到他曾对"政治顾问们"诉说自己的疑虑。今天他已经完全释然，对于英国由于众多事项未明，需要中止在欧盟汇率机制中的委员身份一事和欧盟的发展一事持全然不同的观点。对于前者,他说灾难临近时,自己仅和最高层的公务人员及首相讨论过;而有关后者,他承认卡梅伦是"知己"。"我一直维护着这项政策的可信度,这点至关重要。我希望中止在欧盟汇率机制中的委员身份一事绝对没有告诉过戴维,因为这个想法于任何人都非常敏感。我和戴维坦陈相交的是关于欧盟、欧盟条约,以及我对正在进行的谈判的不满。"拉蒙特说他相信这位帮手与他对于欧盟的看法一致,两人曾对此"无休止地辩论"。从他的反欧盟论的视角来评判,卡梅伦一直坚定地拥护撒切尔主义。一位在财政部共事的人说:"卡梅伦才25岁,却是前来协助保守党的天生的保守党员,不过他所帮扶的是玛格丽特·撒切尔建立的保守党。"另有人回忆说:"他的父母极为崇拜玛格丽特·撒切尔。有时我觉得戴维的人生意义就是要说服父亲(他称父亲为"尊敬的老爸")约翰·梅杰其实'很不错'。"

1992年6月3日,在丹麦进行的对马斯特里赫特条约提议的全民公投结果传出,英国持反欧盟论的人士纷纷庆祝,此条约旨在为实行单一货币扫清道路。罗宾逊在日记中写道,拉蒙特闻讯"粲然一笑"。当日卡梅伦和比自己更资深的罗宾逊谈起欧盟会议上的种种恶劣行为,"他向我解释何为消极赞同程序,就是如果英国被认定是非欧洲国,那么欧洲凭什么对英国立法行使某种否决权。我是对单一市场很感兴趣,但是我并不想看到单一市场出现。或许诺曼人的欧洲观更正确吧",说到这,罗宾逊一副若有所思的样子。在拉蒙特看来,丹麦的投票结果预示着单一货币行将收官,英国也将从欧洲汇率机制中解脱出来。然后,第二天梅杰与外交大臣道格拉斯·赫德宣布决定将马斯特里赫特谈判继续下去。这一决定加剧了下院议员的不满。

有新闻称法国将对马斯特里赫特条约进行全民公投,此消息一出即引起市场的恐慌,欧洲计划延续可使汇率保持稳定的设想不再。受到丹麦公投影响已然不稳的信念,由于法国方面可能出现的"不通过"的情况再次被撼动。大批资金从欧洲汇率机制中较为边缘的、风险较高的货币里拉和比塞塔(最先受到影响)流向安全性可能更高的德国马克。由于德国比邻汇率高(还高出美国很多),因此德国马克对于全球的储户来说更有吸引力。对于英国来说,欧洲汇率机制要求新加入的成员国在已有的成员国币值低至原来设定的范围"底线"时提高币值,这无疑是对成员国意志的考验。英国的金融市场认为欧洲汇率机制将会解散,而英国政府却决意执行到底。

假如这个货币联盟的成员意见不一,问题则会更加麻烦。尤其是矛盾的一方为德国,另一方为意大利、西班牙,现在又加上了英国,后三国觉得自己斥资数十亿美元来提高币值,只是为了与德国马克间的汇率保持在允许范围之内。为了保持德国马克的吸引力,德国中央银行联邦银行坚决不同意降低汇率,并在 1992 年 7 月 17 日继续推高汇率。

拉蒙特对此局面非常担心,甚至想要取消暑期的休假,但是他依然相信这场危机将平安过渡。英国只消挨到 9 月 20 日,也就是法国公投的那一天。如果投票结果是"通过",那么欧洲汇率机制承受的压力将减小,单一货币的推行重回正轨;如果"不通过",那么汇率机制前景堪忧,至少在拉蒙特看来,英国可以毫发无损地脱离汇率机制。英格兰银行也有信心通过实施强硬而一致的干预,也就是购买英镑,将使英镑保持在允许的币值范围内。

暑期休假临近,财政大臣拉蒙特首先去了勃艮第。他一再迟疑要不要携带三部手机,这样可随时了解伦敦和世界其他金融中心的情况,最后还是决定带上,在以前从未有过这种情况。同时,卡梅伦也希望暂时放下对货币的担心,与老友以及史密斯中心的同事安琪·布雷、布鲁斯·安德森一同在西班牙租了一处别墅度假,布鲁斯·安德森此时已与卡梅伦成为朋友和隔三差五聚会的酒友。布雷记得这次度假很开心,有一天夜里,她看见酒兴正酣的安德森轻轻地抚摸一丛树篱,原来他误认为那是一只猫。

8 月 4 日,卡梅伦返回伦敦。从办公桌上的文件来看,没有什么异常情况。10 月将召开保守党会议,他为拉蒙特准备会上的演讲词忙了好一阵,然后和前女友劳拉·阿希赫德去参加了由沙拉特安排的一个出版庆功宴。庆功宴定在博雷的水畔客栈,这是胡氏兄弟创建的餐厅,在这儿卡梅伦与阿希赫德度过了"美妙的一晚"。拉蒙特和妻子罗斯玛丽则到波尔托艾克尔的别墅暂住,这栋别墅是伍德罗·怀亚特租下的,邀请他们来住。财政大臣拉蒙特刚入住便发现在泳池游泳不方便,因为舰队街上有长焦距相机跟拍。刚躲开了镜头的监视,又发现英镑的情况非常不妙,8 月 14 日英镑即将触底。一周后,十八家中央银行联合支撑美元的大行动宣告失败。一场危机在所难免。拉蒙特第二天即赶回伦敦,比他的原计划早了很多(虽然当时并没有因此受到肯定),回来将面对的是惨淡的局面。

尽管事态不妙,财政部和政府官员中对未来三周内的情况做了预测。法国公投"不通过"是眼下最热门的政治问题。拉蒙特比任何人对货币市场的情况都更加了解,他承认不坚持欧洲汇率机制的成员身份绝对是"灾难性的决定"。大规模的央行干预未能让投机商相信汇率机制成员国的国家货币会挺过这场风波。即使法国公投结果是"通过",财政部的专家依然认为英镑汇率需要升高两个百分点才能保住英镑。对于处在挣扎中的经济来说或许会是沉重的打击,但是大家普遍认为这会是一种有效的方式。投机商对一件事有百分之百的把握,那就是不论投票结果如何,英镑都会贬值。假如他们能让英镑低于汇率机制的底线,英格兰银行必将购买英镑,印钞的执照可是在英格兰银行那里。

拉蒙特忧虑重重,他所采取的唯一行动就是要求与约翰·梅杰会面。但是在会面中,当拉蒙特谈到几十年来摆在英国面前的一个最为重要的经济问题时,梅杰却连连摆手说道:"我根本不想谈这个。"9月初央行的大规模干预已经明显失效,意大利里拉冲出了预定范围,英镑也有这一趋势。有人说拉蒙特不应该实行一项连自己都不相信的政策,而且面对首相应当更为强势一些,这样,才可能避免大灾难的爆发。

卡梅伦当然了解拉蒙特的感受,认同他对于欧洲统一的政治走向的担忧。作为拉蒙特的政治顾问,他是否需要更积极地劝说财政大臣将欧洲汇率机制的做法执行到底呢?卡梅伦的支持者迈克尔·高夫在谈及另一件事时说道:"他不是一个意识形态的狂热分子。他是那种会在等待中观察其他牌友,确定了牌才会放手一搏的扑克牌玩家。"现在局势不佳。首相曾让玛格丽特·撒切尔相信自己认定的政策,现在很想成功实施这项政策,另一方面受到内阁中三位旗鼓相当的欧元热心人士的支持:肯·克拉克、道格拉斯·赫德与迈克尔·赫塞尔廷,故对于撤出欧洲汇率机制完全不感冒。如果此时哪位资深顾问敢对财政大臣说:"告诉首相他想的全错",那真是胆大妄为,更何况卡梅伦还是一介初出茅庐的毕业生而已。

我们能确定的是黑色星期三前几周中卡梅伦的一个举动,让人颇为讶异的举动。拉蒙特说:"就在黑色星期三前,他给我买了一支一英尺长的雪茄烟,还对我说,等你把这支烟抽完了,所有的烦恼就都没有了。"这一举动完全符合卡梅伦的风格,说明他作为顾问和高层人士相处很有自信,并且也让财政大臣觉得他对于分崩离析的局势并不忧虑。拉蒙特欣欣然收下了礼物,将其视作精神支持和提神醒脑的良品。不过,拉蒙特在那段时期并没有抽过这支雪茄烟。

卡梅伦低调的做派还有一番体现,9月份的第二个星期,大灾难来临前乌云已经开始聚集,他却和父母在意大利度假。9月14日周一他回到伦敦,罗宾逊向他报告通过外交手段重新调整汇率机制的做法全面失败了。

严重的后果终于降临。卡梅伦回来的同一天,德国人终于降低了汇率。但是降幅甚微,仅仅是对于最弱的里拉币值调整的回应。里拉不再,英镑唇亡齿寒,以乔治·索罗斯为代表的投机商已经磨刀霍霍。9月15日的面谈成了最后的一击,德国联邦银行赫尔穆特·施莱辛格在会谈中似乎暗示如果英国也能降低汇率,正式与意大利一同调整币值,情况可能会理想一些。当晚拉蒙特的助手与英格兰银行的管理人员进行了"市场会谈",此时外界已开始流传施莱辛格面谈的内容。德国银行行长与气愤不已的英国银行行长见面后,同意"检查"文字记录,财政部的会议宣告失败。拉蒙特还记得,那一夜临睡前他心里想着如果市场对施莱辛格的话有所回应,那么第二天将是"难挨的一天"。但是他和顾问都没有想到这一天将为历史所记录,这一天政府将拿出34亿英镑用以支撑英镑,却无济于事。

罗宾逊9月16日星期三的日记是这样开始的:"我醒来听到'今日'节目中说,人人都在谈论施莱辛格的话。到办公室时,会议已经开始了。现在我们明显处在一场巨大的危机之中。"拉蒙特的大办公室(罗宾逊说大到可以练高尔夫球了)昏暗不堪,墙上钉着的荷兰画显得非常压抑。拉蒙特与其他官员在此苦恼烦躁,无计可施之时,办公室的气氛一定极为阴郁。拉蒙特起初不愿提高汇率,但最终被劝说同意在必要之时提高两个百分点。不过已经没有"假设"的必要了:英格兰银行被"卖出之声淹没"(罗宾逊之语),即刻宣布提高汇率。拉蒙特一直盯着办公室路透社的新闻看,在上午11点钟宣布消息几分钟后英镑的走势,他后来说:"我就像电视剧《伤亡》中通过屏幕来做手术的外科医生一样看着心脏监护仪,我的'病人'已经身亡了。"

有关梅杰在黑色星期三那天精神一度崩溃的说法很多,的确他几个小时都没有做出反应,拉蒙特则想尽一切办法力挽狂澜,欲使英镑退出欧洲汇率机制。在梅杰看来,拉蒙特是"被早上的消息吓蒙了"。拉蒙特最终在下午与梅杰会面,与首相一同到场的还有内阁中带头支持欧洲统一化的道格拉斯·赫德与肯·克拉克,他们提出再一次大幅提高汇率——提高15%,第二天会起效——可能会对投机商有所遏制。罗宾逊写道:"下午两点宣布将汇率提升至15%,我们都屏息凝视着电视屏幕。现在我们倒希望这样做不起作用,能顺理成章地终止(英国在欧洲汇率机制中的成员国身份)。汇率是不会再回弹的。"但是梅杰依然不愿召开内阁会议宣布终止的决定。

争论进一步升温,卡梅伦开始关注他的上司将如何向全国发布这场灾难的消息。罗宾逊是这样记述的:"杰里米(海伍德)与戴维都提出了疑虑,不知道晚间（拉蒙特）（在）电视上将怎么说。我问他是不是需要讲,他说这是必然的,经济衰退之时将汇率提高至15%,当然要有所交代。"于是,如何使二战以来最为耻辱的一篇英国政治讲稿不失尊严,这个任务落到了卡梅伦身上。

拉蒙特说他虽然不记得当天卡梅伦做了什么,但他记得自己站立在财政部的中心广场上,朗读着今日的保守党领袖精心制作的讲稿,演讲前的演练对于他还是第一次。"今天是极为艰难混乱的一天",开篇是这样的。此时卡梅伦站在他身后,拉蒙特说英国将终止在欧洲汇率机制中的成员国身份,并取消汇率增至15%的做法。他在结语中说:"我将向内阁报告,并在明天与我的同僚们商讨形势,届时将发表进一步声明。今日声明到此结束。谢谢大家。"

黑色星期三的余波使梅杰政府难以前行。至少拉蒙特将卸任,舆论似乎也会要求这样处理。或许首相考虑到解雇财政大臣会对下院议员造成影响,同时首相仍需他继续发挥"避雷针"的作用,首相府并没有对他施加卸任的压力。相反,梅杰告诉拉蒙特他有义务留任,帮助首相抵挡呼吁首相卸任的要求。新闻媒体等着看财政大臣的好戏,但是卡梅伦在几天中为上司举行了一场接一场的媒体见面会,拉蒙特一再表示他没有卸任的想法。在媒体前的露面让他经受住了首轮的冲击。从某种意义上说,英国退出汇率机制正合他意,这样一来为降低汇率留出了空间,他一直在寻求这样的机会,好让英国迅速摆脱看似遥遥无期的经济衰退。因此,他于星期五坐上协和飞机前去华盛顿参加国际货币基金组织的会议,自知并非身处绝境。不过,第二天(黑色星期三结束后第五天)他便告诉记者他的太太听到他"早上在浴室里唱歌",这样的做法实在不明智。

戴维·卡梅伦返回伦敦之后,想到他要做的事与拉蒙特拴在一条线上,对这一点,他心里肯定没少打退堂鼓。拉蒙特返回时,卡梅伦把他拉到一边,告诉他刀锋已经卸下来了。原来,当时卡梅伦给拉蒙特打过电话,告诉他一个重大新闻,《太阳报》用拉蒙特的正面照做了头版,"这是好消息,而坏消息则是他的脸在靶中央",这是卡梅伦回想往事时所说的,听起来挺幽默,但在当时没有人会觉得好笑。卡梅伦在政府的工作眼看就要转变为一场灾难,他的政治前途很有可能会在当年的10月他还未满26岁时画上句号。

肯尼斯·克拉克与迈克尔·霍尔德感到拉蒙特岌岌可危,于是开始积聚势力,两人均就经济问题举行了多场会谈。面对多方告诫,拉蒙特巧妙应付着,但是他不忘对霍尔德提出警告,教他谁的地盘谁做主。拉蒙特与自己的团队成员明白自己仍处险境,在特别召开的下议院的紧急辩论上他的前景就不容乐观。新任影子大臣高登·布朗一开场便给了他一记重击。"财政大臣不知羞耻,对于破坏人民的安定生活一事,既不道歉,也没有半点悔过之意",布朗此语一出,工党赞同之声雷动。不过,在座的人没有想到拉蒙特对此应对自如。他发表观点之后,身后的欢呼声响彻会堂,比同场辩论中首相赢得的欢呼声还要热烈。卡梅伦坐在为官员预留的包厢中,这次他没有坐错地方,他觉得上司的表现已经非常充分。第二天他告诉同事拉蒙特成为了保守党议员心中的膜拜对象,议员纷纷认同是他在紧要关头阻止了梅杰政府的欧洲一体化进程。

首相府的基调日渐晦暗,首相为是否应当卸任抑郁难堪。拉蒙特在自己的头像被放在标靶上之后,索性不再看这样的报纸。无奈归无奈,两人都必然要在布莱顿举行的保守党年度大会上与党内成员尴尬照面。如果拉蒙特在保守党大会上的演讲成功,那么可以不再忧烦。但是这次演讲没有如愿。一场彻底的败仗下来,也让戴维·卡梅伦学到了很多。

实际上,拉蒙特在布莱顿进行了两场演说,由于大会上欧洲国家间的关系凸显紧张,两场演说都与首相的观点发生了严重交锋。从欧洲汇率机制退出的决定使财政部产生了对德国的不满情绪,也使保守党中反欧盟论者对欧盟的看法渐多。拉蒙特无法不对右翼势力怀有好感。

拉蒙特演讲的精彩一刻,并不在作大会的主篇演讲时,而是在前夜保守党政治中心举行的会议上。这篇讲稿经过了卡梅伦的精心雕琢,描绘出政府在马斯特里赫特的顺从之态,让听者无不同情拉蒙特的内心感受。拉蒙特说道,"没有谁会为了欧洲白白葬送自己",这句话将演说推到了高潮,全体听众起身热烈鼓掌,这句话梅杰本想删掉,但是拉蒙特在卡梅伦的敦促下坚持了自己的意思。拉蒙特在回忆录中承认这位年轻的顾问在自己准备讲稿时给了自己"太多无比珍贵的帮助",而罗宾逊10月7日的日记则详细记录了在当时的重重压力之下,作为主管有多么艰难。大会为财政大臣与私人秘书杰里米·海伍德安排了布莱顿大酒店的房间,而特别顾问则在一般的酒店将就一下。当天,卡梅伦需在拉蒙特与海伍德的房间往返数次,就为准备两篇主要的讲稿。

"我给杰里米打电话,然后去了他的房间,房间很狭小,他和大卫都在忙着写讲稿。然后(拉蒙特)让我们过去。酒店分为几栋塔楼,他的房间在其中的一栋塔楼上,房间里有很多窗户,形状还各不相同。不过,他的心情很不好。一看就知道很晚才睡,喝了不少酒,床垫又小又硬。拉蒙特的妻子罗斯玛丽也是一脸的苦恼和忧虑,拉蒙特脖子上贴着药膏,我记得之前看到他这起了疖子。他瞪着我们,问戴维有没有和查尔斯·鲍威尔敲定保守党政治中心的稿子,嘴里念念有词,说什么和这帮人没办法做事。戴维马上去做新闻发布会了。如果首相对保守党政治中心的演讲很担心,那么他们听到大会的主篇演讲时定然会非常吃惊。讲稿开篇将反复称颂玛格丽特·撒切尔的经济成果,与梅杰的政治部大臣莎拉·霍格负责的项目形成直接对照,将梅杰与前任撒切尔的距离一再拉大;然后点出项目的败笔,就是模仿梅杰不合实际的标语'为经济增长而战',这句话在拉蒙特和卡梅伦等自由市场论者眼中,无疑带着政府强行干预的意味。后来,梅杰反对卡梅伦用温斯顿·丘吉尔关于控制公共开支的话,'如果我们不面对现实,现实终将面对我们',拉蒙特本来准备在讲这句话时沉重地拉长语调,但是梅杰还是让他删掉了,因为感觉"太过凄凉"。

　　这就是拉蒙特在演讲台的讲稿,但是亮点已经不在,不过下午演讲时他气势低落的原因并不仅仅在用词。两盏灯光特别强劲的灯一直照着屏幕,他基本是勉勉强强读完了讲稿。他回忆道:"当时太悲剧了,我几乎没办法读完那篇我们花了几天才写出的讲稿。虽然后来我掌握了要领,但是整场演说的风格已经完全破坏了。"不用猜也知道第二天的头条很难看。这个教训让卡梅伦一直铭记于心。他在进行人生中极为重要的保守党大会演说时,始终没有用提示,没有第二个候选人会这么做,就是这场演说让他在 2005 年保守党党魁竞选的赛道上从普普通通的选手一跃成为领跑者。

　　在 2006 年时,卡梅伦尽力对布莱尔与布朗之间的政治分歧加以利用,但在当时,作为内部人士,他也在无意中加剧了财政部与首相府两大机构间的断层。那年暮秋后,拉蒙特与梅杰的关系进一步恶化。财政大臣因为首相失职烦恼不断,首相还变本加厉,绕过财政大臣将重要决定直接传给维克汉姆大臣这样的调停人。拉蒙特说他在自己的政治助手面前从不说对梅杰的抱怨之词,但是卡梅伦一定能"感到"异常的情况。"不小心是不行的。我必须保持着与首相的关系依然很好的样子,因为政府内部泄露情况是常有的事。对外表现得一切正常比什么都重要,"拉蒙特还说,"我记得自己没有向戴维说过任何关于梅杰的事。但是有时我从唐宁街开会回来,怒气冲冲的样子,他或许也看在眼里。我和梅杰的关系不好是确有其事,但是首相与大臣的关系难处也不稀奇。戴维如果发现异常,应该是有具体的情况,并不是因为我有时来一句'首相连个决定都做不了'。"

　　11 月,拉蒙特在民信大厦的演讲态度乐观积极,言辞中有反抗梅杰之意,他说黑色星期三的影响有夸大之嫌。一周后财政部长让卡梅伦重新撰写关于秋季的"迷你预算案即先期预算报告"的讲稿。卡梅伦只好取消看歌剧的计划来帮上司的忙,不过他对歌剧这种艺术形式本来就不感冒,或许还在暗喜不用硬着头皮去看了。

可十天后上演了一场让他更为难的戏码,媒体煽风点火将鸡毛小事演化成大麻烦的本事,实在让他大开眼界。卡梅伦看到,不管拉蒙特有没有从帕丁顿的 Threshers 便利店买一瓶便宜的香槟酒或两包莱夫士牌香烟,都不重要,重要的是有店员跳出来作证。只要坊间小报说财政大臣信用卡刷爆,立马就会有人佐证。在"便利店门"事件中一直由卡梅伦与记者周旋。因此《太阳报》的政治编辑特雷弗·卡瓦纳一说他手里有确证,接招的人正是卡梅伦。

一边与媒体斗智,一边还有着更深层的重要问题,这些问题一直影响至今。其一是英格兰银行的独立化问题,新工党本想在 1997 年的竞选中将此作为竞选议题,但实际上拉蒙特早在五年前便开始支持这一做法,只是外界不知道而已。其二是燃油税收的政治问题,这项议题时至今日仍然备受关注。2005 年 12 月戴维·卡梅伦成为保守党新党魁时,将环境定为第一个政治战场,与从前的竞选议题差异甚大。这个决定也让曾与他共事的人很惊讶,因为他们清楚地记得保守党征收燃油增值税引发过政治问题。现在,政府很快推行这项措施,主要出于减少排放的考虑,卡梅伦也宣布这项先行政策具有法律效应。这位新保守党领袖为了建立绿色形象,选择将历史经验放在一边,1993 年 3 月预算案中,工党曾用燃油税收这个强有力的政治武器攻击保守党。燃油增值税忽视了靠救济金度日的人的感受,工党得以借题发挥称保守党恶毒。保守党的做法还预示着未来三年将增加税收,也就是说到 1995 年时税收的重担增加 100 亿英镑,这距梅杰与拉蒙特之前坚持称没有此类计划还不到一年的时间。无论原因何在,预算案的推行都将格外困难。卡梅伦所在的财政部团队不仅要设法堵住巨大的赤字缺口,还需要精心打理黑色星期三过后的经济复苏的形象,重新获得公众的信任。

这些要求本已不低,再加上拉蒙特内阁不断受到批评,压力就更大了。1993 年初的那段日子,财政大臣的主要政治顾问卡梅伦所读到的周日的报纸几乎每一份都刊登着"保守党供稿"的匿名稿件,其内容就是攻击他的上司的。撒切尔夫人身边忠实的助理官员诺曼·特比特对约翰·梅杰进行了一番激烈的攻击,提醒梅杰拉蒙特执行的政策正是梅杰所制定的。就在几个月前的党内会议上,特比特曾私下里对拉蒙特直言不讳:"如果换了是我,我会找个理由辞职。那个两面派到了更安全、更方便的时候，就会把你推出去。"果不其然，梅杰很快等到了一个"方便的"时候，可以把拉蒙特免职，因为民众集体将提税的事情怪在了拉蒙特头上。此时的拉蒙特坐以待毙，梅杰需要他来堵住悠悠之口。结果拉蒙特再一次失言，首相要做的事情便更简单了，但是这一次问题却出在戴维·卡梅伦身上。

1993 年 5 月初，借着协助纽波利进行补充选举的机会，卡梅伦回到童年的故乡匹斯莫尔看望了父母。他的父母伊恩与玛丽在老教区一处僻静的地方招待拉蒙特和儿子用午餐。即使如此，媒体记者还是找到了拉蒙特，BBC 的约翰·皮纳尔设法采访到他，问他道："财政大臣，二选一哪件事让你更后悔，看到经济复苏还是在浴室里放歌？"拉蒙特说当时他说在浴室唱歌这样的回答欠妥，不过有人说这样讲是卡梅伦的主意。如果学法国最受人爱戴的女歌手之一艾迪特·皮雅芙只是说："我无怨无悔"，定会被认为是现代英国政治中最不妥当的遁词。

同年 5 月 6 日保守党的一场混乱，使媒体对其的攻击达到了又一新高，拉蒙特被指责"麻木不仁"。此时卡梅伦已经对如何为拉蒙特辩护无计可施。伍德罗·怀亚特稍显古怪，但一直力挺拉蒙特，怀亚特最后唯有代表财政大臣在BBC 的"新闻之夜"进行战斗，但是这位舆论导向专家在称颂拉蒙特的功绩时，居然绘声绘色地讲起财政大臣天生会模仿一种叫红角枭的鸟，一场辩护终以惨败告终。

在一周之后的苏格兰会议上，卡梅伦再一次提醒拉蒙特有针对他的大动作。梅杰在台上赞扬拉蒙特"坚定、灵活、有胆识"的时候，卡梅伦听到保守党中心办公室的官员对记者透露，保守党的新领导人诺曼·福勒认为拉蒙特应当卸任。这可是个重大的消息。

两周过后，拉蒙特在为迈克尔·波尔蒂诺庆祝 40 岁生日时，卡梅伦找他私下交谈。卡梅伦告诉上司第二天必有人事变动。拉蒙特表现得很淡定，但是卡梅伦的政治敏感度的确非常高。第二天早晨，也就是 5 月 27 日周四，拉蒙特被传去见约翰·梅杰，他被安排担任职位较低一些的环境大臣，他不愿接受调任，于是被解雇。这和诺曼·特比特曾告诫过他的一模一样。事后，他首先见到的卡梅伦和威廉·海格，两人在财政部的办公室等待着他。海格是在1989 年的补充选举中成为议员的，第二年担任拉蒙特的议会助理。拉蒙特欣赏卡梅伦的"机智"，海格的幽默更是广为人知。如果有人要拿用刑来幽默一把，这会儿正是时候。拉蒙特回忆说，当时他们三人对解雇一事"思考了一番",预计了一下市场对这个消息的反应程度,然后走出财政部直奔骑士桥的一家奢华的意大利餐馆,在那大吃一顿。当日下午,卸任的财政大臣把所有部里的工作人员叫到他的办公室,大家共饮白葡萄酒,然后他离开了办公室,再没有回来。

戴维·卡梅伦到这里不足一年,现在却要黯然离场了。他的名字将永远与英国最为屈辱地退出欧洲汇率机制挂钩,也将与近几十年最大的增税计划相关,这样的局面实在让人尴尬不已。但是卡梅伦至少可以说自己在政府最困难的时候受到了磨炼。他在疾风骤雨中看到了唐宁街 11 号如何将一墙之隔的首相府面临的灾难转移开去。但他也看到了如果有人敢不重视反欧盟论的影响,欧洲议题可以被用来发挥多么大的作用。他亲眼见到戈登·布朗参加保守党的峰会,布朗无懈可击的才华与无所遁形的脆弱被他尽收眼底。

卡梅伦在财政部的艰难时期工作依然出色。部里比他年长、资历高得多的同事虽然很讨厌"让小孩来指导",但是对他的工作非常肯定。拉蒙特说卡梅伦曾经告诉他,自己很喜欢"精确的分析与坦诚的交流",这两点为"财政部所独有"。这位前财政大臣觉得卡梅伦的"温和的反欧盟论"可能是受了他的影响。他还说这一时期的共事或许让卡梅伦看到了握有权力的另一面,"他可能发现了政治是一项不容易驾驭的事业,这对于年轻人来说并不是坏事"。罗宾逊在 1993 年 3 月 10 日的日记中对表现卡梅伦的专业性毫不吝啬他的笔墨。当时,还是初级顾问的卡梅伦请他帮助准备下院议员的简报,这个任务在他之前看来"无聊又无意义",但是"看到戴维所做的工作,而且做得那样精细,我欣然应许"。未尽之言其实还有很多。

托斯卡纳

1992 年年末,一个周日的清晨,阳光暖暖地照进兰斯顿的新月公寓,诺曼·拉蒙特的这位年轻早熟的顾问和新任女友萨曼莎还在享受着早间的宁静。他们已经交往了好几个月了。一周劳碌过后,分处在布里斯托和财政部的两人才能有时间相聚。突然间宁静被打破了,电话不合时宜地响起。床一头的萨曼莎喊道:"跟诺曼·拉蒙特说要他滚远点!"萨曼莎才 21 岁。

戴维·卡梅伦也才刚刚满 26 岁,但对于交往女生的类型从不犹豫,这件小事虽然不具代表性,但可以反映出萨曼莎是一个极有主见的人。卡梅伦的朋友觉得她与卡梅伦历任女友太不一样,这段感情可能长久不了。但是卡梅伦却在妹妹的这位闺蜜身上看到了他所期待的东西。萨曼莎正是他心中的另一半。

她初次遇到朋友的兄长时非常羞怯,卡梅伦比她大了整整五岁。开始两人的交流仅仅止于客套,并没有长期交往的想法。萨曼莎·谢菲尔德与克莱尔·卡梅伦从小便相识,但直到少年时才成为密不可分的朋友。两人都调皮可爱,热衷于冒险。萨曼莎似乎很不愿受到家庭背景的限制,个性成熟之后依然活泼率直。她的母亲名叫安娜贝尔·琼斯,是提莫斯·琼斯与潘朵拉·克利福德的千金。提莫斯是伊顿的学者,其父是罗德里克·琼斯爵士,依靠自己的拼搏成为了路透社社长,其母是剧作家艾妮德·巴格诺尔德,还撰写了《粉笔花园》与《玉女神驹》。提莫斯在二战中因为踩到地雷失去了一条腿,之后去了牛津发展。他俊朗风趣,睿智而有风度,与潘朵拉开始了一段恋情。潘朵拉是英殖民地特立尼达和多巴哥前总督彼得·克利福德之女。她还是温莎公爵的教女。

潘朵拉有国色天姿。据说见过她的人都想要多看几眼。琼斯被她的美深深折服,与她展开了一场旷世的浪漫恋情。她当时还在学校读书,和家人去法国南部昂蒂布度假,琼斯一路相随。他不顾身体不便,每晚都游过海湾与她幽会。那是 1947 年年末,具有正统的罗马教背景的年仅 17 岁的潘朵拉与年长 6 岁的男人约会,这在当时足以引起轰动。后来潘朵拉怀上了他的孩子,让家族极为羞怒。据一位朋友所言,琼斯"担当了责任"。

婚礼是在一月中于牛津的圣阿诺伊修斯罗马教堂举行的,当日天色阴沉,婚礼准备得很仓促,来宾很少。新娘的父母因为强烈反对这桩婚姻,没有到场,也拒绝和女儿说话。前一天,琼斯遇到一名校友,问他第二天有什么安排。朋友说:"没有什么事。怎么啦?"琼斯遂答:"那你就来参加我的婚礼吧。"婚礼来宾中有后来成为 BBC 公司总经理的马默杜克·赫西,赫西也是挂着拐来的,他是在安齐奥市受的伤。新娘怀着两个月大的安娜贝尔,一袭黑衣,婚礼过后也没有什么节目。虽然潘朵拉的父母反对这场婚礼,提莫斯的母亲艾妮德·伯格诺尔德却为两人的真挚感情而打动,或许因为自己的情路不顺,她非常支持这对情意绵绵的小夫妇,还主动为他们带孩子。在她看来,儿子并无过错,于是尽其所能地帮助他俩,尽管和朋友说起的时候好像很冷静一般,"这样我们更能掌握全局。"

与安娜贝尔所处的阶层相比,家中的经济情况很不好,"我父母都没有一分钱"。这就意味着她妈妈虽不情愿,但不得不与琼斯一家住在卢汀迪安。(琼斯家的朋友戴安娜·库伯与伊恩·卡梅伦是远亲,她跟朋友提过艾妮德虽然费尽心思,但做出的花样并不受欢迎,在她家用餐居然吃到过奇奇怪怪的食物。)安娜贝尔记得在伦敦时,父母"总有去不完的聚会。母亲精心打扮的样子现在还依稀在目,她没有钱买衣服,所以整天都在缝制漂亮的服装"。

夫妻俩七年后又添了一个儿子,不过安娜贝尔 12 岁那年,两人离婚了。朋友们现在谈起安娜贝尔·阿斯托尔最常用的词就是"打不倒的",这种坚韧的个性似乎在孩童时期就已经形成。1961 年,她的母亲改嫁阿斯托尔子爵二世之子迈克尔·阿斯托尔,母亲对宴客与室内设计独具品味。阿斯托尔在乡间有一栋大别墅,位于牛津郡的布鲁恩修道院,经常邀请作家、画家和政治家(其中有斯蒂芬·斯彭德、罗伊·詹金斯、伍德罗·怀亚特与帕特里克·利·弗恩摩尔)来享用豪华晚餐,"晚餐从未少于二十人",晚宴的豪华布置则交给潘朵拉打理。迈克尔·阿斯托尔与潘朵拉七年的婚姻中,一直扮演着疼爱但不溺爱的继父角色,对安娜贝尔的个性举止和对书籍的热爱有着深厚的影响。

一位朋友说他从未见安娜贝尔做生意时草草经营,她从来都是竭尽全力而为之。她是 60 年代带有独创性的"It"女孩,"既循规蹈矩,又摇滚叛逆",并且年轻时就显示出过人的魄力与才干。20 岁时,昆汀·克鲁的兄弟柯林投资两万五千英镑让她销售珠宝,很快她也开始设计珠宝,在博尚广场成立了安娜贝尔·琼斯珠宝品牌(戴安娜王妃非常青睐)。设计师西奥·费纳尔说:"她不像珠宝界的人,但她精湛的技艺逐步演化为时代精神。当时伦敦西南部的太太夫人们没什么可穿戴的,是她改变了这一切。"

她21岁时嫁给了大她两岁的雷金纳德·谢菲尔德男爵八世,谢菲尔德爵士的家族中曾有人加入十字军。谢菲尔德爵士在斯肯索普市郊外的诺曼比堂的地产达到300英亩(当时大部分地产都租给了市政委员会),其家族自1590年起便拥有这一地产。家族的男爵一世为白金汉与诺曼比公爵一世的私生子。约翰·阿斯特里男爵三世娶了圣奥尔本斯公爵八世的孙女埃莉诺·科尔贝特为妻。圣奥尔本斯公爵一世为内尔·格温与查尔斯二世的私生子,也就是说安娜贝尔与雷吉(雷金纳德的简称,译者注)第一个孩子萨曼莎在1971年出生时,根据《克拉克罗夫特贵族》杂志,萨曼莎是内尔·格温的第九代孙女。谢菲尔德家族还拥有1730年修建的面积达1 000英亩的萨顿公园,位于约克以北八英里的地方。雷吉的父亲在1963年买下了这一公园,90年代末雷吉继承了公园。毕业于伊顿公学的谢菲尔德是斯肯索普足球俱乐部的前任主席,但更热衷于参加怀特俱乐部的活动,或者提着猎枪去打猎,个性古怪而活泼,为人精明,但他却说自己其实很容易害羞。他有口吃的习惯,但对此毫不在乎,常常用低沉却响亮的声音告诉别人:"我的钱财与生俱来,偶尔有规划许可证装、装、装点一下"。他的家族近三百年前出售的地产中有白金汉屋,后被建成白金汉宫。

萨曼莎两岁时,妹妹艾米丽降临人世,但她们的母亲与雷吉的婚姻却没有顺利走下去。雷吉与安娜贝尔的朋友维多利亚有了婚外情,之后与安娜贝尔离婚。但是,两人之间的关系一向友好,维多利亚与安娜贝尔也一直是朋友。友人对安娜贝尔从未记恨雷吉这一点非常佩服,其实对于琼斯家族而言,婚姻不忠并不是个陌生的字眼。安娜贝尔的祖母艾妮德是个有点自命不凡的人,曾对戴安娜·库伯倾诉对丈夫风流成性很是伤心,戴安娜也有相似的境遇,忍受了丈夫多年,于是劝她不要太伤感,库伯说:"亲爱的,要说不在乎谁能做得到啊。"离婚后不出十年,所有家中老少又聚在一起过圣诞了。

安娜贝尔会带着女儿们去诺曼比看雷吉,在诺曼比的地产虽然大部分已经出租,但他仍有可居住的房子。70年代中期,安娜贝尔去看前夫时,到了市政委员会经营的高尔夫球场餐厅,询问周日是否照常营业,服务员说是。于是她用一贯的方式问道,她是否可以订一张四人桌和一张单人桌。服务员回答说可以为她订一张五人桌。不不，谢谢，她想要四加一的方式。到了周日午餐时间，餐厅的服务员不情愿地摆了两张桌。安娜贝尔、雷吉的母亲、萨曼莎和艾米丽用一张餐桌，另一张是给司机用餐准备的。

70年代中期，安娜贝尔的继母大卫·阿斯托尔邀请她去乡间度周末。她的继父迈克尔住在隔壁，碰巧邀了侄子威廉来家中。两人见面便觉得非常投缘，两个月后即决定结婚。安娜贝尔说："我觉得和他一见面就感到非常合适，而我也是在阿斯托尔家族中成长起来的。"

萨曼莎·谢菲尔德就读于马诺尔学校，11岁时转去圣海伦学校，现在的圣海伦学校与圣卡特琳娜学校，两所学校都在牛津附近的阿宾顿。她记忆中的母亲"不是那种会帮你清理房间或者准备食品盒的妈妈，不过我们也不想要她变成那样。在我们看来她比任何人的妈妈都更有魅力，她的工作就是原因之一"。谢菲尔德家的女孩们常常在放假时去母亲在骑士桥的店帮忙打包和其他的活儿。萨曼莎近日说，"童年的经历让我对开店很有体会"。

她和好友克莱尔·卡梅伦常常见面，克莱尔在卡恩的圣玛丽学校念书，这所女子学校鼓励学生不仅要勤奋学习，还要发展个人的兴趣爱好。学校支持个性自由，不盲目遵从正统。她们的朋友中还有前文提过的嘉德·贾格尔，滚石乐队米克的女儿。嘉德16岁时被圣玛丽学校开除，原因是与一个男生溜出校园。嘉德说："真是匪夷所思。根本没有人到现场抓过我。学校的人在我睡觉的时候过来对我说，'你被开除了'。"我回答道："行，什么时候清行李？"据说那个男生名叫乔什·阿斯托尔，居然是萨曼莎的近亲，曾是戴维·卡梅伦在伊顿的同期校友，1982年在处分吸大麻的学生时被学校开除（后来因吸食可卡因入狱监禁）。

一次，卡莱尔约朋友来匹斯莫尔的家中聚会，据戴维·卡梅伦回忆，这是他与萨曼莎第一次相遇。卡梅伦记得后来萨曼莎也在场，他说"你这个闷闷不乐的中学生肯定在想，'这个自称我朋友的哥哥的超级闷蛋到底是谁？'"事后有人问他们俩第一次见面是什么时候，她说"可能"在小学时见过，但是一点都回想不起来。她觉得应该是在18岁时遇到的，显然小时候的相遇并没有给"这位闷闷不乐的中学生"留下任何印象。

1987年9月，萨曼莎转到马尔堡学院，住在B3公寓楼，她申请到的是艺术类奖学金。学院共有200多名男生，女生只有男生的一半。她想要学着母亲经商，比如做服装设计这一行，但是在母亲劝说后还是选择了自己喜欢的绘画。她热爱马尔堡学院的生活，时常把自己打扮得很有哥特风，妹妹艾米丽则找了其他方式生活（艾米丽也是个做事做到底的人：学院在她宿舍里找到毒品，她被开除了）。萨姆（萨曼莎的昵称）从马尔堡毕业后，在伦敦的坎伯韦尔艺术学院研习艺术基础课程，然后在布里斯托理工学院（现在的西英格兰大学）获得了学位。

一位和她年龄相仿的朋友说她不是一个特别爱热闹的人，和同班同学并不是很亲近，大部分时间都和同学凯蒂·雅各布斯呆在一起，她的生活圈子并不囿于纯粹的大学校园。说唱明星特里奇说自己常和她去蒙佩里尔酒吧打桌球。特里奇（原名叫阿德里安·索斯）告诉《周日邮报》的记者，这个酒吧"有不少玩摩托车的人、毒贩、嬉皮士、学生和贫民区的人。这个地方很有意思，但是常有人打架。萨曼莎是艺术生，常与朋友们过去。我们会一块玩，喝些啤酒，打桌球。在这儿吸大麻没人烦你，还可以吸印度大麻制剂，吃迷幻蘑菇。这地方太棒了。不过我不记得她吸过这些东西"。

特里奇觉得自己和萨姆（有人叫她"雪雪"）看似"不可能玩到一块去"。"我15岁的时候到处偷东西，别人家里也偷，商店也偷。但我很会打桌球，所以她常和我一块玩。我会教她一招半式，告诉她怎么打最准。酒吧里不时有人打架，女生也会被打。学生们还常被人偷东西。贫民区的小孩成群结队地到附近来，在学生离开酒吧时抢他们的东西。我会保护她，陪她从蒙佩里尔酒吧一直走到另一处叫卡德伯里的酒吧。有我在萨曼莎会很安全……"

特里奇对她的出身一无所知，她"从未提过自己的父亲是男爵。我也打听不到。假如她告诉我了，那我会觉得这么一个贵族小姐肯定不好相处，不过说不定男爵的女儿也可能想要有街头名誉。她的头发是金灰色的，长得可爱，身材娇小玲珑，眼神里透着慵懒。她很安静，温顺又有礼。性子好，但又不一味天真"。知道他们俩一块玩的人说："我们把她那种类型统称为特拉斯塔法人，也就是有钱但不在乎的人。不过她玩得恰到好处，不像有的人那么颓废。关于他们的说法挺多，说这个漂亮时尚的女生怎么会和他那样的人混在一起。不过我觉得他可能喜欢过她，但是两人不是男女朋友。"

在布里斯托的校园过得这么波西米亚，但在度假的时候依然是位有身份的女生，可那也只是大部分的时候如此。一次她和克莱尔·卡梅伦去巴厘岛旅行，"一时兴起"在脚踝处文了一只小海豚。不过，这时她已经对开店心有所向了。她母亲与孟席斯家族有一定的往来，孟席斯家族拥有同名的报刊店，以及在伦敦市中心邦德街的高端文具品牌斯迈森。因此，安娜贝尔会为他们提供设计建议。对于继承了母亲经商头脑的萨曼莎来说，这个机会正合她意，她常在放假时去店里帮帮忙。

1992 年中，克莱尔问萨姆愿不愿意在 8 月的最后一周和 9 月的第一周与她全家一块去度假。这次聚会实属难得。克莱尔父母三十周年结婚纪念，碰巧还是伊恩的 60 岁生日，他们想以别出心裁的方式来庆祝，在托斯卡纳南部的度假胜地定了很多间房。他们邀请了同龄的六对夫妇，孩子们则可以每人邀请两三个朋友。埃里克斯不能成行，但是塔尼娅请了戴维·卡梅伦在学校的朋友皮特·切宁，克莱尔则请了萨曼莎和两个男生。卡梅伦请的是多恩·罗尼斯、塞丽娜·埃尔维斯与他喜欢的阿纳斯塔西亚·库克。但是阿纳斯塔西亚有交往的对象，是前 BBC 新闻广播员理查德·贝克的儿子詹姆斯·贝克，贝克会在度假结束时来托斯卡纳接她回去。

假期开始不久，卡梅伦便注意到了萨曼莎·谢菲尔德。克莱尔性格外向，她带来的这个朋友虽然爱开玩笑，但总是挺淡定的，不怎么放得开，让克莱尔的哥哥很是好奇。和活跃的妹妹相比，哥哥倒显得不动声色。他比萨曼莎大 5 岁，一位朋友说，他心里可能觉得对于 20 岁的小女生来说自己显得"很严肃、很吓人，还有点老成持重"，所以一心想要逗这个小朋友笑。朋友还说，"可要是和他熟了，会发现他特别、特别搞笑"。戴维的魅力果然不假，两周的时间过得特别自在。罗尼斯常跑去酒吧和乔瓦尼侃鸡尾酒，他总说乔瓦尼的鸡尾酒堪称一绝，其他人参加各种体力消耗不大的活动。卡梅伦和萨曼莎常在同一时间在泳池不期而遇。

两人一块打网球的时候，旁人都看得出有戏。卡梅伦球技出众又好胜，喜欢和别人较量，萨曼莎运动神经不很发达，网球打得超烂。这样的搭配堪称经典，比两人的恋爱更值得期待。她艰难应对，但不失勇猛，卡梅伦则为她护驾，简直赴汤蹈火，不过这对混双在网球场上成不了世界名将。托斯卡纳的假期，对卡梅伦而言犹如一道完美的闪电。他的夫人从不在公众面前谈私事，被人追问是否与卡梅伦一见钟情，也只是说"有点"，含混而过。

回到伦敦，还没等艺术生返回布里斯托校园就开始约会了，第一次约会的地点在肯星顿广场的餐厅。有时，萨曼莎会来伦敦度周末，要不然卡梅伦就会去她在布里斯托的公寓，公寓所在的地区治安不太好。她对这种异地恋不是很适应，而对于卡梅伦来说则更是如此。在威斯敏斯特，人人都觉得他前途无量，他在政府最高层的部门工作。但是到了布里斯托，没人知道他，甚至还有点看不惯他（虽然他是萨曼莎交往过的男生中第一个有车的）。罗尼斯说："萨姆的朋友不怎么喜欢这个保守党男孩。虽然保守党人看到他会赞叹说，

'看啊，明日之星啊'，但是萨姆的朋友不觉得他的工作很了不得。在政途上他受到过挫折，不过从未被那些觉得当保守党员很荒谬的人挫伤过。"有一次，卡梅伦开车出去，后来找不着回萨曼莎公寓的路了。他记得摇下车窗问路时发现对方"是一个妓女"，这事挺尴尬的。

卡梅伦这个来自于伦敦郊外的男生，对自己的收获欣喜不已。他在伊顿公学和牛津大学这两所名牌学校读过书，应该很清楚女朋友家的社会地位不是一般的高，而后来去拜访了女朋友的家人就更有这种感觉了。卡梅伦首次去谢菲尔德家族在萨顿公园 18 世纪 30 年代的辉煌宅邸时，招待他的是雷吉的母亲南茜·谢菲尔德，谢菲尔德夫人十分威严，对这位觊觎孙女萨曼莎的年轻人很是好奇。

虽然谢菲尔德夫人让人望而生畏，但卡梅伦行事有礼有节，以他从容不迫的举止和聪颖智慧的表达征服了女朋友的祖母。可是，他和萨曼莎被分别安排在偌大的别墅的两端。对于激情难耐的热恋中人来说，这还真有点麻烦，但是卡梅伦绝不会就此退缩。

待所有人都去睡了，他从自己房间溜出来，蹑手蹑脚地穿过长长的唧唧作响的走廊，终于到达他的女神的房间。过了一些时候，他回到自己的房间，这时任务已经大功告成，有大把的时间可以休息好，早餐时依然神采奕奕，好像什么事情都没有发生过。这趟旅程一切顺利，谁料几天之后，从约克郡的萨顿公园寄来一个包裹。里面是两条洗得干干净净、熨得平平整整的内裤，还有一张南茜写得清清爽爽的字条："你把它们忘这儿了——但没忘在你自己的房间。"

大学毕业之后，戴维·卡梅伦曾与百万富翁德·沃顿的继承人合租了南肯星顿的一套公寓。在与萨曼莎交往的四年中，他又有一半的周末时间是在学生宿舍里度过的。他们俩的人生目标是否一致呢？卡梅伦一直很明确地表示希望从政，萨曼莎告诉过访谈主持人："我们正式交往时他就直接跟我说了'我想要成为议员。如果你不喜欢，但说无妨'。确实，我一开始并不太能接受。"詹姆斯·弗格森也说："她不像卡梅伦的类型，她是学艺术的，比较中性风，不过卡梅伦一眼就看到了她坚韧的一面。她确实很不错，虽然不是个天生的政治家的夫人，但她已经适应得很好了。"

据一个朋友所言："一开始，她并没有给他出难题。她只有 20 岁，而他就是'最好的朋友的哥哥'，看上去老成很多。她年纪小又喜欢笑，但是成熟得很快。他在事业上已经领教过不少挫败，而她则不忘在私人生活中不时给他来点打击。"多恩·罗尼斯也同意这一说法:"她会很镇定地对他讲,'你这样太骄傲了',有时卡梅伦只是稍微表现一点,她也会这样说。其实,这样做是为了确定卡梅伦是否真是一个爱炫耀的人。不过,她从来不会说得很过分。"

有位朋友称萨曼莎"有一颗嬉皮士的心",但她和母亲很相似,设计师简·丘吉尔说:"在萨曼莎身上有安娜贝尔的影子,在家族当中不乏坚强的女性,这种坚毅的个性一代代传承下来,在她们身上恰如其分地表达了出来。她俩都极其善于经商,但并不像那些争强好胜的女强人,生怕让别人得了一些好处。她们都是很讲究规矩的人,注重实用性,做事亲力亲为,自然而然。"

安妮女王之门

　　尽管肯·克拉克心怀歉疚，但他还是想用自己的顾问。1993年5月末，随着诺曼·拉蒙特的卸任，戴维·卡梅伦在政府的第一份工作也戛然而止。财政部的高层官员敦促新财政大臣在拉蒙特解雇后动一动卡梅伦的职位，肯·克拉克表示想要留下他。但是克拉克也想要用特莎·凯瑟克，特莎是（享誉香港的）商人亨利·凯瑟克之妻，家底殷实，自克拉克任卫生部大臣开始，她一直跟随克拉克，现在克拉克到了内政部，她依然相随。特莎对卡梅伦不很推崇，坚持劝克拉克启用身边的政治顾问大卫·拉夫利来代替卡梅伦。迈克尔·波尔蒂诺依然任秘书长，作为克拉克的副手，他问是否能把卡梅伦给他，但是克拉克没有答应。当时，卡梅伦的朋友都对特莎非常不满，他们说特莎一定对克拉克进了言，说把卡梅伦给波尔蒂诺会在财政部形成"两极之势"。

　　有人视他为威胁，这到底是恭维还是讽刺？不过，遭到克拉克拒绝的确深深挫伤了卡梅伦。他动了离开政府部门的念头，与政坛道别。他和P&O船运公司谈过职位的问题，这说明他有在伦敦呆一段时间的想法。

　　或许克拉克自觉有愧，因此他逐个致电各位内阁大臣，向他们推荐这位"无人接纳"的助手。其中一位大臣是克拉克在继任拉蒙特之职时的手下败将：迈克尔·霍尔德，霍尔德既是他的老朋友，也是他的对手，现任内政部长。霍尔德回忆道："肯打电话给我说，'我用了自己的顾问，可是有个叫做戴维·卡梅伦的让我左右为难啊，你觉得谁会想要用他吗？'我回答说我试试看。"卡梅伦在1992年竞选之前做保守党研究部的政治部主任时为当时的劳工部大臣在上镜前做过简报，给霍尔德留下了很深的印象。

　　于是乎，特莎·凯瑟克开始在卡梅伦曾经工作过的办公室里大展身手，那间办公室庄严威武，从窗口可以看到财政部的中心庭院；而卡梅伦则往相反的方向艰难而行，他的前方是特莎曾经工作的大楼，位于安妮王妃之门的内政部总部大楼，外形丑怪不堪。霍尔德对这次内部调整感到很困惑。他的自传小说作者迈克尔·克里克引用一位"贴身顾问"的话，说霍尔德被任命时身处"危机之中"，"他私下里说他根本不想去那个部门"。霍尔德对此并不否认，"我的确没有想过自己会去内政部。我原以为有机会赢诺曼（拉蒙特），假如肯调出内政部，诺曼·福勒将成为内政大臣。所以我从没想过会这样。我在议会和任大臣的时候都从未处理过内政部的事务，从未关注过内政部，不想却还是来了这里。"

据霍尔德所言，这是卡梅伦在"英国最高层的办公室之一"工作的机会，但是他没有完全打消这位新助手可能对此安排反应冷淡的疑虑，"我敢说他最想留在财政部，但若是离开了财政部，那他对于来内政部应该还是有兴趣的"。事实上，卡梅伦连霍尔德的顾问都算不上——顾问一职由帕特里克·洛克担当，两人曾在中央办公室共事。卡梅伦的职位是内政部更低层的官员的特别顾问，他的办公室和官员们的处在同一层，洛克所工作的内政部中心内政大臣的套间式办公室就在楼下。

卡梅伦对新同事坦言自己不会一直在内政部待下去，他说他觉得大部分的政客都"只是嘴上会说治国之道而已"。他在内政部仅仅工作了十五个月，时间虽短却成为他能够从旁观察英国政坛的重要时期，正如他在1992年时曾亲身见证了黑色星期三与以经济管理能力为荣的保守党如何丧失这一荣誉，在内政部工作的第二年他还目睹了托尼·布莱尔如何为工党盗取了法律与秩序。

霍尔德入驻内政部时，布莱尔已经用了四个月向公众强力宣传他的口号了，这一口号至今为人熟知。口号的创始人戈登·布朗最初是这样说的："对犯罪要强硬，对犯罪的原因也要强硬"，但是布莱尔将其表达得更巧妙。布莱尔和布朗对比尔·克林顿在美国的成功竞选进行大肆利用，创造了一种新的共产主义政治形式，强调个人责任的重要性。失业、住房不理想、医疗不健全或其他社会弊病不可再作为犯罪的理由。在此基础上，布莱尔很快对外宣称他将争夺保守党心中的领地。一时之间，要将影子内阁的内政部长刻画成匪徒的一丘之貉更加困难了。克拉克与警察和法官对所提出的改革议项争执不下，对此克拉克极受困扰，根本无法判断甚至调和出现的危机，要阻止布莱尔的行动只能由霍尔德出马。

在霍尔德出面阻拦布莱尔之前，卡梅伦的前任上司已经尽力设法让梅杰政府偏离正常轨道了。梅杰解雇拉蒙特这位老朋友兼竞选策划人时，便深知会受到下院议员的反对，就像杰弗里·豪在两年多以前用一封辞职声明对前首相撒切尔夫人造成的伤害一样。因此卡梅伦和大卫·梅洛仿佛都是被秘密安排对这番行动的可能性做评估的人,并且还需要在必要的时候劝拉蒙特卸任。梅洛在之前一年被迫退出内阁,但依然是梅杰忠实的盟友,他把解雇的拉蒙特带到切尔西的"克莱尔阿姨"(La Tante Claire)餐厅吃饭。肥鹅肝酱饼、鸭子和一瓶香槟下肚,梅洛觉得他已经成功说服拉蒙特不作辞职声明了。卡梅伦貌似也得到了同样的讯号,他给拉蒙特打电话时,拉蒙特正在最爱的乡间度假胜地多尼伍德享受愉悦的周末呢,这下梅杰不必担心下院议员有反对之声了。适时表忠心的卡梅伦定然将这条讯息传回了首相府。

同事们认为,卡梅伦离开财政部的另一个原因是在拉蒙特卸任后,卡梅伦对记者曝光拉蒙特的退出,此举有些过分。世间蹊跷之事不少,担任特别顾问的人往往得向公务员学习,对政府效忠而非对主管效忠。不到一周的时间,拉蒙特在下议院对梅杰发动猛烈攻势,着实让卡梅伦尴尬了一把。拉蒙特呼吁让首相下台,最有杀伤力的一句莫过于抨击保守党的权力"有名无实"。看来在前顾问估计拉蒙特不会发表辞职声明时,拉蒙特正在多尼伍德的花园中最后一次踱着步子,盘算着如何进行一场突然袭击。

更糟的事还在后头。老上司对梅杰发动攻势过后不到一个月,卡梅伦察觉首相认定新上任的人是个"废物"。事情的原委依然是曾让保守党大伤脑筋的欧洲问题。梅杰因拉蒙特的猛攻大伤元气,夏季正逢需要议会的批准签署马斯特里赫特条约之时,这一条约增强了欧盟的实力,却使梅杰饱受党内相当一部分人士的非议,那段时间非常艰难。7月23日梅杰进行了信任投票,结果他只稍占上风。同一天他在独立电视新闻公司迈克尔·布朗森的访谈中宣布投票获胜的消息。随后,布朗森低声问他为何没将持反欧盟政见、扬言要卸任的内阁大臣解雇,首相不知话筒仍然开着,说道:"你要知道前任大臣制造了多少麻烦,我可不想内阁再多三个废物。"

霍尔德因为告诉过梅杰如果英国签署欧盟扩张条约的话就辞职,所以立马被视为头号怀疑对象。呆在霍尔德的团队中很不舒服,对于卡梅伦来说既尴尬,又不好处理政治关系。他的前女友劳拉·阿希赫德是梅杰在欧洲问题上的资深顾问之一。她被媒体称为"马斯特里赫特小姐",而且据说秘密关注过反欧盟人士的聚会。卡梅伦或许也有疑虑,因为此前为拉蒙特工作,外界可能会认为他与反叛方反欧盟人士过从甚密。因此他在公众场合谈及前任上司对梅杰的欧洲政策的不满愈演愈烈时,尽可能地不表现出对立的意味。拉蒙特在回忆录中说第二年他发表演讲,提出英国退出欧盟的时机已到之后,卡梅伦是如何在保守党内会议上"无视"他的。

1993 年夏,两人依然友好相处。梅杰"废物"一词引发的抗议在议会休会期逐渐冷却,8 月时议会开始进入传统的"休眠期",卡梅伦与朋友到意大利的短租别墅度假,这次的度假点在锡耶纳附近。一天诺曼·拉蒙特携夫人与这群年轻的保守党人一同用午餐,席上一位客人记得拉蒙特"面容极其憔悴"。

席间的谈话大部分不是关于政治,而是有关桥牌。一位不好争斗的宾客说"他们一直在说桥牌的话题,从午饭结束聊到晚饭,又从晚饭时聊到夜里"。或许卡梅伦表现太积极,被称为"绝对的首领"。他和萨曼莎住在别墅中最大最华美的客房,白天不打桥牌的话,他们会在小池塘边闲逛或者坐着休憩。

一天,他开车载着萨曼莎去埃尔科莱港探访伍德罗·怀亚特,正巧播音主持罗宾·戴爵士在怀亚特夫妇寓所暂住。这次旅程最难忘的是怀亚特和戴想要邀请女士们下池裸泳。戴只穿着一条蓝色紧身裤,极力推荐萨曼莎在怀亚特家的池塘里试试裸泳。返回锡耶纳的途中,萨曼莎问卡梅伦,"穿着蓝色泳裤的脏兮兮的老人是谁?"卡梅伦说,他是英国几十年中最为著名的政治访谈主持人,她才恍然大悟,"对啊!"不过她没认出不戴领结的罗宾。

和卡梅伦一同度假的人很有代表性,其中至少三人现在已是功成名就的资深新闻工作者:现《旁观者》杂志编辑马修·德安科纳,《经济学人》资深编辑克里斯托弗·洛克伍德,以及《每日邮报》记者罗伯特·哈德曼。卡梅伦刚动身前往锡耶纳时,他的记者朋友爱丽丝·汤姆森(顺便插一句,她当时年仅 26 岁)就对卡梅伦圈中好友进行了精彩描写,将他们视为这一代的领导人物:

> 若说青春是反抗的,年轻人自然会寻求不同于现状的道路。他们进入保守党的政治领域,这是与在行政部门工作相似的一条快速通道。我们无须怀疑他们是否能真正地投入:对权力的渴望推动着他们前进。自1979 年起,有抱负的人加入了保守党中心办公室,然后担任大臣们的顾问,直接进入下议院,这是一条通畅的发展之路。迈克尔·波尔蒂诺就是这样跻身高位的。
>
> 戴维·卡梅伦,27 岁,现为圈子当中的成功人士,之前在伊顿和牛津求学,圈中人士背景大都如此。国家体系中年轻的政客们大都推崇约翰·梅杰的稳步发展方式,工作风格低调。他为首相准备"答辩时间"的问题简报,然后担任诺曼·拉蒙特的特别顾问。在这个位置上,他从竞选

活动到上司卸任的整个过程中，在制定政策中起着关键性的作用。拉蒙特失落退败到后席时，卡梅伦先生则被迈克尔·霍尔德争取到了内政部。

汤姆森还引用了戴维·卡梅伦的朋友，25岁的彼特·布鲁克的特别顾问多米尼克·罗尼斯的话：

> 我刚去牛津时，那儿的学生喜欢聚在咖喱餐馆里喝酒，酒量特别大，还喜欢大声嚷嚷。我毕业时，他们会三三两两聚在一起抽大麻，比我刚去时更加开放。这一代人显露出一种责任感，但是我不觉得他们很有远见或者有承前启后的哲学观。很多人空有评论而没有实际的行动。他们不喜欢现在的政治宣传，转而选择了表象之下媒体的力量。但是政坛中的年轻人非常有影响力。我就身处前沿，这样的经历让我兴奋不已。世人等待数年才能看到的结果，对于我来说就在眼前。

汤姆森现已嫁给爱德华·希思科特·艾默里（曾在保守党研究部工作，然后成为记者），她在文中还列举了卡梅伦的其他好友："蕾切尔·怀特斯通……瘦瘦的，穿着名牌服饰，在任何政治辩论中都能站稳脚跟。劳拉·阿希赫德……（是）安德鲁·罗伯特与戴维·卡梅伦的朋友……爱德华·理威廉，27岁，也（是）由伊顿—牛津—保守党中心办公室这一条生产线出品。"最后她还说道："斯蒂文·希尔顿，23岁，圈中唯一穿阿玛尼西装的，是敢于离开政坛的为数不多的人，现在为上奇公司一位前保守党大臣工作，他负责保守党的宣传，为鲍里斯·叶利钦的公投进行宣传，对爱尔兰与波兰的大选活动的进程施加影响。他说：'如果你确有才干，没人会拿你的年龄说事。'"

那年夏天，霍尔德把伦敦的房子让给加州的朋友住，自己则住到加州的朋友家里，度过了他政治生涯中最长的假期之一。在加州，除了和迈克尔·卡恩还有西德尼·普瓦捷一块吃午饭，他利用空闲时间为在内政部发展制订计划。他身边留着两份克拉克时期的报道，一份是关于警察系统改革的"西伊计划"，一份是皇家专门调查委员会对刑事司法系统的调查报告。霍尔德目睹了当时系统中对犯罪猖獗的现象无能为力的态度，同时迫于布莱尔的政治威胁，于是开始策划全面的内政事务政策革命，发挥权力的威力，让工党无法抗衡。他知道要想使这一策略成功实施，需要尽量避开对目前状况漠不关心的、保守而又无能的机构才有可能。

因此,霍尔德将信任圈子划得很小,仅包括洛克、卡梅伦和他扶持当上国家警务与刑事司法部长的大卫·麦克林。霍尔德回忆说:"我决定要进行彻底的改革。我很快察觉到我所进行的改革和以前内政部的公务改革不一样,内政部的人员既不叫好,又不像过去那样支持。所以,我要做的第一件事就是拿出魄力来,帕特里克、卡梅伦与各部部长,尤其是大卫·麦克林,都是我最亲密的盟友。"

布莱尔在1993年1月发布了"严打犯罪"的口号,同年10月,保守党在黑潭的"冬苑"举行的年度大会上做出了回应。霍尔德斩钉截铁地说到"监狱要用起来",得到了在场代表的热烈回应。在霍尔德一生中,这次的演讲分量尤其重,因为相比他一贯的风格,在会上做做样子,这一次却是关乎要事的添砖加瓦。这位新内政大臣详细地列出了至少二十七条打击犯罪的措施,除了让人关注的新增六处监狱,还有制裁狂欢作乐之徒,追踪阴谋破坏分子和恐怖分子,实施新的庭审程序,出台新的指控制度打击强奸犯,以及极具争议的"限制保持沉默的权利"。

霍尔德回到伦敦之后,内政部的要人们都傻了眼:没有一个人对霍尔德的计划涉及的范围和程度有过任何了解。在此之前,卡梅伦和洛克已经帮助霍尔德巧妙地绕开了整个机构系统,将演说词的内容进行了拆分,然后分配给不同的人。霍尔德回忆道:"内政部的官员直到我演说的时候才看见演说词的全貌。这份演说词确实是所有人努力的成果,但是没有人在之前看到了完整的稿子,因为我们让各个官员只负责他们熟悉的部分,这样也可避免贻笑大方。"

霍尔德在会上备受瞩目,他对犯罪绝不手软的态度在代表们看来既合理又值得赞许。卡梅伦的身价也明显提升,《金融时报》当天的一篇报道便是关于他的。文章透露这位顾问有取代梅杰的新闻秘书格斯·欧唐尼尔的架势,而且年轻有为,才不过27岁的年纪。文章还提到,卡梅伦"危难中显身手","处事冷静而坚定,又不失亲和"。

首相梅杰在布莱克普对忠实拥护者们表态之后,身边确实需要几位应付媒体的能手。在卡梅伦眼里,乔纳森·希尔(因为有他,卡梅伦只担任了梅杰的政治秘书)在首相发表演说之前,就将演说总结为"再谈基础"四字,这样的做法实在可笑。当时,好几位特别顾问都有同感,明白提出这样带有回顾意味的说教性口号将会带来怎样的后果。不过希尔和提姆·科林斯——另一位曾在首相府比卡梅伦更受重用的年轻土耳其裔——因为鼓励报社报道梅杰在演讲中号召人们对性的认识回归维多利亚时代,让梅杰遭到了普遍反对,对此他俩有不可推脱的责任。

霍尔德在交流方面就有技巧多了。当时的政府公职人员们都说，霍尔德和他的政治团队在与媒体打交道时多么细致入微啊。他还培养了一群报纸编辑，其中就有《泰晤士报》的彼特·斯托萨德。卡梅伦也注意拓展与媒体记者的交往面。他和斯托萨德新聘的记者迈克尔·高夫都是马丁·伊文思的餐饮俱乐部成员，马丁是《周日时报》的副主编。几个热情的年轻右翼人士常在"行者俱乐部"一边享用美食和佳酿，一边讨论当日的要闻。由于俱乐部的装潢和秉持的理念为人称道，也被誉为"行者挚友"。在这里，他们的智慧火光相互碰撞，在其他地方也有过类似的聚会，成员们往往因谈论的话题大笑不止。和戴维用过餐的朋友说"那时戴维很'右'"，这一评价或许折射出他融入环境的能力，也表达了他对自己看法的坚持。还有一位朋友记得他对同性恋特别介意，有点不像他这个年纪的人。现嫁与艾文森的安妮·麦凯沃伊记得卡梅伦一次在饭桌上谈到对约翰·瑞德伍德的崇拜时说，"（他）对自由市场态度尤其坚决，说起来激动得脸上发红，身上单穿一件衬衫，手上夹着雪茄不停地舞着"。

有一次，他的一个好朋友安排他与前议员艾诺克·鲍威尔见面，鲍威尔是一位德高望重的、有着苦修者风范的保守党思想家，渴望谒见他的年轻保守党员（尤其以自由论者、反欧盟论者为代表）排成长龙。在会面时，卡梅伦居然能以智胜人。用餐时他侃侃而谈，讲到利用监狱的作用监管市场，来缓解市场的一些问题。保守党右翼中心人物艾诺克·鲍威尔听闻，立感国家有责管理刑法体系，不管何种形式的刑罚私有的做法，都是对公众的不负责任。

而关于对记者们做简报，霍尔德认为，在卡梅伦参与的工作中，洛克做了大部分媒体的工作，比卡梅伦更有经验。洛克在和媒体的朋友交谈上花了大量时间，连同事们都戏称他为"电台洛克"。霍尔德的传记作者引述一位"前任同事"的话："他早在阿拉斯戴尔·坎贝尔起床前就编好了段子。"还有一项创意也是在霍尔德时期提出来的，后来被坎贝尔和新工党加以模仿，那就是运用媒体管理"系统网格"来精心编排新闻时事。系统网格可以有效避免同时宣布两条消息，令媒体发生不必要的争抢。愤世嫉俗之人还可利用系统网格一个劲地发布具有新闻价值的各类信息，来"遮掩不好的新闻"。一位资深官员说："1997年在内政部工作的人都讲，备战新工党的工作做得最好的就属迈克尔·霍尔德的团队了。"

意料之中的事发生了，怀特霍尔并不看好霍尔德的方法。霍尔德的演说宣告成功之后，不到一个月的时间，《卫报》就有报道称官员抱怨内政部越来越像"霍尔德先生的公关利器"。《观察家报》的尼克·科恩也用了一位资历很深的政府官员的话："霍尔德只和党内总部来的私立学校毕业的毛头小子讲话"，话锋直指洛克和卡梅伦。

大约就在那个时期，另一位"私立学校毕业的毛头小子"的事业也拉开了序幕。乔治·奥斯博恩上一年 5 月从牛津毕业，受朋友乔治·布里奇斯之邀申请在保守党研究部工作。布里奇斯是爱德华·布里奇斯的孙子，温斯顿·丘吉尔的内阁大臣，1992 年开始在保守党研究所工作，目前在首相约翰·梅杰的政治办公室做事。奥斯博恩被分配在政治部，与卡梅伦之前的工作一样，不过尽管他的上司是怀特斯通，他几乎完全不知道上司的密友戴维·卡梅伦的顾问事业飞速上升，已经极少回史密斯广场来坐坐了。

1994 年初内政部的矛盾已初现端倪，大约两年后积蓄已久的压力终于爆发出来，对霍尔德的公信力造成了巨大打击，这都是因为他在 1995 年 10 月解雇了监狱系统主管德里克·刘易斯。刘易斯本在私营部门工作，后来被调到了这里，离开的时候一点也不平静。因为有安·维德科姆在政治上给予支持，他发起的一场媒体大战令霍尔德接替约翰·梅杰担任保守党领袖的梦想直接破灭了，对霍尔德的一腔怨气都发泄在他的书《隐藏的日程》中，里面非常不客气地对霍尔德制定政策的过程做了一番批判，并于 1997 年出版。

1993 年 11 月，霍尔德看到了新监狱标准规章的提案初稿，不过一直拖到年尾才颁布这套规章。刘易斯说，内政部长在大会上告诉各个部长和官员这套规章就像"罪犯合同条款"一样。他在书中写道："他的特别顾问戴维·卡梅伦要求私下和我谈。"

> 我们聊了一些不好处理的问题。卡梅伦好像有些话难以开口，他说霍尔德的夫人珊德拉看了规章中的内务标准，其中有关于床单和袜子的更换频率，以及用餐的标准。霍尔德夫人的意思是规定当中平衡且营养的膳食太对得起触犯法律的人了。

书出版以后，迈克尔和珊德拉都对此言矢口否认，并表示要以法律手段解决，后来不了了之，刘易斯的说法也流传了下来。

洛克坚决表示珊德拉说话比丈夫随意得多，他说刘易斯定是记错了。据他的回忆，有一条建议是每年给囚犯换三次床单。"我理解的是迈克尔·霍尔德提到规章的提案内容时,举了床单为例,珊德拉遂表示霍尔德的家里人一年换两次床单都够了。我想,戴维肯定是听到了这些话,当着德里克的面说了出来。"洛克还说:"我记得戴维的确讲过'健康平衡的膳食'比细致描绘膳食的组成要好,但是他讲此话的意义是并不在于不考虑膳食标准,而是不在法律行文中讲过多啰嗦话。说真的,这样做可以让我们少受很多公众的嘲讽。绝对没有人说过不给囚犯人性化的待遇;德里克的提案只是太细节化了一些。"

霍尔德构建全新的刑事司法系统可谓尽心尽力,斟酌如何描述这一系统也费尽心思,但是却没有收获相应的政治效果。布莱尔敦促约翰·史密斯即基诺克的继任者担任党内领导人,所以如果工党对1993年12月出台的内容有大变动的刑事司法法案表示反对,那工党一定是头脑发热了。2005年托尼·布莱尔提出教育改革时,卡梅伦没有投反对票,因为他肯定回想起11年前布莱尔如何挣脱了霍尔德为他设下的政治圈套。卡梅伦接受了布莱尔的公共服务投资,目的在于牵引公众的心理,不把保守党看作国民保健服务和国家教育问题的敌人,这正像布莱尔接受了霍尔德严厉打击犯罪的举措一样,无非是改变公众心中工党对犯罪的态度较为软弱的印象。

新工党和卡梅伦并非总能和谐相处。上个月卡梅伦还因为向媒体泄露史密斯秘密会见梅杰被批评了,这次会面主要是商谈工党怎样才会放弃现有政策,不反对新的防恐法案出台。这场风波分明是五十步笑百步,卡梅伦"有幸"得到了彼特·曼德森的批评,理由是议会居然玩起媒体黑魔法了。

时任工党哈特尔浦市议员的曼德森要求霍尔德做出"明确保证,承诺他本人、内政部的官员和他那两名总是在媒体圈中混的特别顾问:帕特里克·洛克与戴维·卡梅伦,无一人对编造此事负有任何责任"。事情原委是这样,卡梅伦当时是在正式接受内阁办公室的泄露调查。洛克因为外出办事,所以不在办公室。争辩事小,但当时恰逢卡梅伦事业敏感时期,他正等着自己是否入选准议员的消息。曼德森在下议院外又要发起新一轮攻势时,卡梅伦和霍尔德则在商量如何告他诽谤。

3月17日的《标准晚报》传来好消息,虽然言辞狡黠,但终究是好消息:"在克服了做老伊顿人的行动不便后,内政部特别顾问戴维·卡梅伦终于迈出了成为议员的重要步伐。在斯劳的'假日酒店'申请了参与'周末评估'后,他的名字登上了候选人的名单,这就意味着向保守党各个选区的联盟会发出通知:他得到中心办公室的批准啦。"报纸的日记作者还说道卡梅伦是一个处事老道的人,附带提到他的布灵顿俱乐部会员身份和在摩洛哥的度假经历,末了还说他"正享受着雷金纳德八世男爵的女儿萨曼莎·谢菲尔德的爱。很多人说'他带着她一起入赛了'"。

对于怀有抱负的保守党政治家卡梅伦来说，被列入候选人名单的确是重要的一步，他以自己的方式奋斗着，在成为政治家的门阶上徘徊了很久。但是他首先要在史密斯广场的名单上有一席之地。政治理念和从政能力是必要却不是充分条件，社交的洗礼同等重要，就像其他的要求一样，都在斯劳的周末筛选中被做了一次判定。一位差不多与卡梅伦同时被选上的前候选人谈起这番经历时说这是"非常可怕的议会聚会，你的每一步都受人评判，简直就像势利小人举行的审判"。戴维·卡梅伦是绝不会在这场周末筛选的审判中败下阵来的。

1994年春，卡梅伦生活愉悦，职业前景也一片光明。虽然霍尔德的声誉有些不似从前，但是所有内政大臣都经历过这一过程，有风波但不意味着内政部会发生大变动，在下一届保守党竞选中保住位置应该不成问题。布莱尔和布朗政治战争不断，但由于各忙各事，需要处理的内政和经济政策不少，所以没有对彼此构成较大威胁。1994年5月12日早晨，霍尔德的手下正在策划如何让刑事司法法案顺利通过各位大臣的审核，而部长们则很担心为进行青少年安全训练的前期准备可能会因为保守党相关人士的反对而付诸东流。就在当时，却突然传来了工党领导人约翰·史密斯过世的消息。洛克清楚地记得当日的事情，"我记得和大卫在内政部出来拐角处的一个小店喝了几杯。我们都觉得布莱尔一来，我们都要遭殃了。"

迈克尔·霍尔德是保守党内最早发现布莱尔动向的人。他在1983年进入下议院，刚去不久便和珊德拉邀请当律师的布莱尔和夫人来诺丁山的家里吃饭，布莱尔很年轻，魅力也不小。卡梅伦当时年纪也很轻，不过也发觉布莱尔不简单，因此想尽力多了解一下跟自己相当的、布莱尔身边的顾问：提姆·阿兰。阿兰和卡梅伦还在一块吃过好几次饭，利用吃饭的机会互相估量对方怎样看自己的上司。在接下来的几年中，以卡梅伦为代表的保守党"稚囊团"和布莱尔小圈子中较为年轻的成员持续着这场旷日持久的政治"情缘"，两人的关系也日渐深厚。

卡梅伦对新工党的崛起所表现出来的兴致，不免让人想到一个问题：霍尔德的政治事务他究竟参与了多少？据他亲口所言，他坚定地支持内政部长的工作计划中"把监狱用起来"的政策，在国家规范个人生活方式的问题上，他则有自由主义的右倾趋向。"90年代初我在内政部担任特别顾问时，写过无数的文章,提议抛弃国家法律中不合情理的(行政许可)条款。"他后来表示:"连常任秘书长都受不了我这样长篇大论地写盗窃罪究竟要不要严格地执行最低刑期,于是叫我去他的办公室对我说:'卡梅伦,你是不是想让一大半的人蹲监狱,另外一半的人泡酒吧啊。'"多年之后,卡梅伦力争的问题出现了,2005年领导人大选时,他对行政许可条款的看法成为了一个政治难题,当时《每日邮报》正好在举行反对自由化的活动。

尽管卡梅伦承认了自己在任霍尔德的特别顾问时,"不是全盘"的"包容"态度,但还是有部长回忆,曾怀疑他是否坚定地维护上司的右翼章程。彼特·罗伊德爵士是监狱部长,1994年被解雇,外界认为原因是他反对霍尔德大部分的政策。他记得卡梅伦提出想一起参观监狱,这样的经历对于为内政部长制定新政策的人来说应该很有益。他们离开高度戒备的兰拉蒂监狱时,卡梅伦很直白地告诉他这里让人感觉极不舒服。彼特回忆说:"高度戒备的监狱会制造一种特别压抑、威吓的氛围,我觉得这种氛围影响到了他。我们离开时,他说了对监狱的感受。他的第一反应不是制式的条条框框,而是发自他内心的很人性的直觉感受,这一点让我感触很深。"彼特一直想要改善监狱的环境,他还把卡梅伦与洛克相比较,说卡梅伦"很有自己的主张",还说他在想卡梅伦是不是"属于觉得政治很有意思,但思维并不政治化的那种人。很多次部长会议的时候我都在想,'他既然如此聪明,难道真的相信这些胡编乱诌的东西吗?'"

霍尔德坦言卡梅伦从没有对大方向提出异议,但是会在觉得做法不对或者对政绩没有帮助时劝说他不要这样做。卡梅伦心里其实是在担心霍尔德采取的措施过于严苛。在他看来打击"狂欢作乐"这一条太限制自由了,当然不仅仅是因为他的女朋友参加的舞会正好属于霍尔德打击的范围。在一般情况下,他都会有所保留,等着领导发问,而不是主动进言。霍尔德解释说:"我和大卫还有帕特里克谈要做的事时,会先提出一个临时的想法,然后说我是这样想的,你们怎么看? 你们觉得这样做能站得住脚吗? 如果我认为他们的意见很有理,便会重新考虑。有一次他们劝我说我想得不对,太冒险了,危险性也太大了,根本行不通。"

虽然霍尔德说自己公务太忙,没有太多时间社交,和特别顾问们在一起的时间更是少之又少,不过他还记得卡梅伦至少参加过一次他在贝尔格莱维亚区"国家嘉奖免租"别墅举办的晚会。卡梅伦在伊顿读书时的校长埃里克·安德森恰好也在场(霍尔德的大儿子尼可拉斯当时在伊顿读书)。"你怎么在这儿啊?"霍尔德记得安德森这样问卡梅伦。当他知道卡梅伦是内政部长的特别顾问时惊讶地说:"天哪,是吗!"

霍尔德非常倚重自己的内部小圈子,对此他认为很正常,他说卡梅伦"工作十分勤恳",而且"参与到我所做的一切工作中来"。"那时候挺苦寂的。因为我们所做的不仅质疑了内政部官员从前长时间的努力,也挑战着整个刑法司法系统。"洛克表示卡梅伦"从未让人觉得他不遵守迈克尔·霍尔德的规程。他到内政部的时候就有一个极为清醒的认识,他的职权就是要将刑法司法体系从偏重罪犯的一方,转移到偏重受害人的一方,这一点我们是一样的。所以他会朝着这个方向努力。虽然戴维在处理内政部的事务的态度上显得比迈克尔更自由一些,但是我们从未将手中的工作弃之一边。印象中戴维并没有正儿八经地向我提到关于政策大调整的问题,不过想起来如果他要这样做,我会很惊讶的。"他之前共事的人也对卡梅伦大加赞赏,因为卡梅伦在撰写讲稿和制定政策工作中极富创造力。他甚至以卡梅伦为例,说正是卡梅伦提出了"闭路电视挑战"政策,让基层政府得到配对的资金来实施监控项目。这一举措贯彻起来简单,既提高了扩展限制犯罪的技术应用的速度,也保证了技术的质量。

在霍尔德看来,卡梅伦最出众的才能在于他愿意承担辛苦而乏味的工作,只为能够取得实质性的进展,这对于政治家而言是非常重要的。"戴维与布莱尔之间有一点很不同,布莱尔只注重某种做法是不是能够吸引眼球,但对于其细节本质并不关心,而戴维却是能够挽起袖子实干的人,能够将事情贯彻到底,这一点决定了他能成为一位成功的首相。他还很重视表达的效果,而且会倾注一切努力实现预想的效果。"

在传媒历练

1994 年春,戴维·卡梅伦告诉迈克尔·霍尔德他准备接受一份与政坛无关的工作,霍尔德对此并不十分意外。身为内政部长特别顾问的卡梅伦正想找一个胜算比较大的席位,但是当地的保守党联盟却对他这样除了从政经验没有其他经历的人刻意打压,现在依然有这种现象。此外,钱也是考虑事项之一。卡梅伦在拉蒙特手下工作时,薪金有所提高,但是与他那些没有从政的朋友比起来,收入依然非常有限。

他想要快速提升事业,还有一个特殊的原因:他和萨曼莎已经私下订婚了。他想要在一年之内结婚,但是萨曼莎才 22 岁,这样的年纪还没有结婚的准备。她的妈妈很年轻就结婚了,不到五年便离了婚。萨曼莎不想重蹈覆辙,但也不愿拒绝卡梅伦。两人的知心朋友说:"她当时没怎么考虑过结婚这件事,可能还要个半年,才会真正有这个准备。她明白自己的心意是很想嫁给卡梅伦的,但是又觉得太过于年轻了,所以想先让自己完全接受'结婚'这个念头再说。"还有一种情况,就是她对成为政治家的妻子有些紧张,不过卡梅伦早已明确自己的追求。两人一开始谈恋爱时,他便告诉她自己想努力成为一名议员,而且坦白地说:"如果你觉得不妥,就要说出来。"

1994 年夏秋时节,卡梅伦卖掉了兰斯顿的新月公寓,买了芬斯托克路 3 号的一所房子,这样做也是为了让萨曼莎满意。这所房子处在北肯星顿相对较为陈旧而宁静的街道,价格是 21.5 万英镑。卡梅伦动用了之前房产的利息和大姨母维尔莉特·克里奇利的遗产,向父亲借了一些钱,另外还向银行借了一些。不过当时房子要隔成两套公寓,所以工程不小。萨曼莎考虑了一下要不要将自己的钱放进去,最后还是同意了。

接下来卡梅伦所需要的,就是一个良好的工作职位和保守党内稳当的席位了。但是一个 27 岁的小伙子,没有任何私营行业经验,怎么可能得到报酬丰厚、职位绝佳的工作呢,这是发展政治生涯必不可少的啊。萨曼莎的母亲安娜贝尔·阿斯托尔给出了答案。安娜贝尔的好友兼度假伙伴迈克尔·格林，是英国最有影响力的公司之一卡顿传媒的主席。她于是给格林打电话，向他提议人选。他们俩之前谈到过卡梅伦，格林也见过。格林还记得"我们的意见很统一，若要在政坛有所发展，必须在外部的现实世界中有所历练。"安娜贝尔·阿斯托尔认为卡梅伦和格林搭配正好，直接问这位卡顿的老总愿不愿意聘女儿的男友。格林说："她是一个说一不二的女人，颇有大将风度。所以她一说，'就这样做吧。'我当即便决定了！"

格林觉得卡顿公司能够协助培养未来的政治家，"这个想法其实很好"。还有件事情他没提到，他的朋友，也是卡梅伦未来的岳父威廉·阿斯托尔有机会成为部长，这样情况就更理想了。但他不知道的是，阿斯托尔将要负责的是广电传媒部门，尤其是"国家遗产"的制作。朋友的推波助澜固然有效，格林也并非没有疑虑。"我还记得戴维面试的情形。我想弄清楚他究竟对做生意、赚钱和政治有多上心。戴维这一点表现得非常好，他十分清楚自己想做的事情。他说他要成为一名议员。这是他人生的大事。我告诉他这对于卡顿公司来说不见得是好事，因为我们想要用的人是愿意在公司做一辈子的。说一辈子可能夸张了一点，但是我们需要那些与公司共命运的人，公司就是他们的人生理想，就是他们的生活。"卡梅伦表示，首先格林说得很清楚，他要进入公司做事，前提是他不参加下届竞选。"他说这份工作不适合我。过了一周，他来找我说还有另一份工作，但是薪金要低一点，我立马接受了，所以说，我还没有开始追求事业，政治理想就要我有所付出，这个付出是降低工资我也要。""戴维从未动摇过，"格林坦言，不论是在面试的时候，还是在后来七年的相处中。卡顿公司似乎总在为进入政坛的人厉兵秣马。

熟悉格林的人都会说他不是个容易相处的人，所以卡梅伦接受这份工作时，不知是喜是忧，这样的担忧不是没有道理的。这位大人物的生平好友马克斯·赫斯廷斯是《每日电讯报》的前任编辑，绝对没有同性恋倾向，有一次跟格林说自己宁愿跟他睡觉，都不愿意为他工作。卡顿公司以前的业务主管告诉格林的传记作者"他有时脾气特坏，就像个孩子一样"。有时发火情有可原，但有时却不可理喻。据说有一次他突然发飙将负责人一顿训斥，起因是卡顿公司的一株圣诞树上没有挂彩灯。这类事情还不在少数。

最关键的是，卡顿并没有赢得所有人的喜爱。有人指责卡顿的节目质量低下，违反了其获得特许权时的承诺。很多人都认为格林拿出的电视节目模式是"能码多少码多少，只要能卖得出去"。维克多·刘易斯·史密斯曾经不到一周就要在《伦敦晚间标准报》上的电视讽刺专栏中毫不客气地批评一次这家公司,有一回他这样说道:"卡顿电视和一篮子垃圾有什么不同的地方? 答案是:卡顿没篮子。"1994 年,卡顿公司在广播电视审查时被批节目"肤浅粗陋"。

卡梅伦来之前"独立电视委员会"便作出了这一评价。在担任公司最高级市场部主管的七年中,他总是要面对许多类似的评定,让人颇为尴尬。1997年,"独立电视委员会"多次介入,指责该公司触犯了节目规定。受到指摘的有警察纪录片《蓝灯与警报声》,原因是摄制组中有人在跟随警察查抄一个 17 岁少年的家时,没有亮明摄制人员的身份。《今夜伦敦》因为报道法庭失实受到批评,审查员称这场在 3 000 名观众面前拍摄的有关君主制的辩论"质量粗糙"。更严重的是卡顿公司曾受到正式警告,因为菲利普·斯考菲尔德主持的"说正题"节目全部由英国电信买单,违反了赞助规定。1998 年反映足球暴力事件的电影《催泪瓦斯与怒气》受到多位议员和足协的谴责,因为该片是由一名公开承认身份的前足球流氓制作的。另有一部反映毒品的获奖纪录片被爆内容造假。与卡梅伦经常合作的一位公关部主管把这一时期卡梅伦的职责总结为:"一个卡顿公司还算拿得出手的门面。"

在外界看来,卡梅伦非常敬重格林,加上两人经常一块午餐,说明私交也不错,虽然别人眼中的格林是一个暴君,但卡梅伦并不觉得这有什么大不了。他在决定竞选领导人时告诉访谈主持人:"迈克尔·格林教会我很多东西。他这个人很了不起,是一个善于鼓舞人心的气派十足的企业家,凡事都先人一步。做决策毫不拖泥带水,敢于冒险,非常有个人魅力。我觉得也希望自己能从他身上学到怎样做成一件事,怎样带着信念坚定地走下去。"

格林是玛格丽特·撒切尔喜爱的商界人士,这一点并不难理解。十七岁时,他和哥哥买下了一家经营不善的印刷公司,率先采用直接的市场营销手段经营公司,后来又跻身电视制作行业。最后,他做出了惊人之举,打入了商业广播的企业联盟,这让撒切尔政府非常欣慰。在不被看好的情况下,格林打败了泰晤士电视台拿下了伦敦的特许权,稳固了其作为"自由市场的宠儿"的地位。

1994 年,格林公司日益发展成熟,大有与传媒大亨鲁伯特·默多克对决之势。此时格林已经为传媒王国增添了中央的特许权,还购得特艺(Technicolor)公司,成为独立电视新闻公司的主要控股人,并担任公司的主席。戴维·卡梅伦在那年 9 月来到了位于梅费尔区圣乔治街 15 号的卡顿公司总部,在格林的传记作者雷·斯诺迪笔下，大亨又聘了一个"保守党小生"。他初来乍到，并没有像外界所说的那样，一来便当上了公司市场部主管。他到任的消息在《公关周刊》上有过报道，为"公司事务部门的一员"。商业杂志的说法是"他应该会成为迈克尔·格林的私人助理，指挥格林的工作"。公司的主管们对他也没有特别的好感。一位主管后来和他成为了朋友，并支持他的工作，还记得卡梅伦刚来时请他去吃饭，"我记得自己在想，'老天，又是一个老伊顿人'。他太容易脸红了，这并没让我觉得多乐观。"

他的部门主管名叫扬·莎维，原本在出版学术类书籍的里德·艾瑟韦尔社工作，从业经验丰富，也有一定的专业积累，后来被猎头公司挖到了这里。她在卡梅伦来之后一个月到达公司，一来就发现一楼的办公室地板上铺满花束，这些花都出自格林之手，显然格林想让新来的干将有非凡的感受。她的"第一天"仿佛就是在这工作的最高境界，因为余下的日子短得可怜，而且让她非常不爽。她呆了不到五周就辞职了，据说因为在办公室里那一帮奉承之徒一天到晚都在说格林云云，格林做什么啦，格林那天心情怎么样啦，她实在被烦够了。

不过，格林就代表着卡顿公司。他的办公室在伦敦圣乔治街卡顿总部的三楼，从这层楼往上数尽在他的掌握之中，尽管公司成为了财富指数前一百位的公司，但他的经营方式还是有些像家族企业。他的办公室装修风格极为简单，里面摆着一张小小的抛光的木书桌，除此之外没有什么摆设或者装饰能透露这位企业家的私生活。唯一醒目的是两台安放在白色底座上的电视机，一台正播放着独立电视台的节目，声音调成了静音，另一台显示着卡顿公司的股票价格。在这个企业王国中，没有谁愿意在格林发飙的时候被叫进这个办公室。

卡梅伦工作不久，就让他的同事刮目相看，他应付格林很有一套，知道怎样能让格林的火气降下来。时任卡特公司高级主管的鲁伯特·迪尔诺特·库伯还记得一件小事，足以看出卡梅伦遇事时的冷静。"那是早上十点来钟，我坐在办公室里面，迈克尔突然打电话过来对我一顿吼"，格林是因为早晨读到《金融时报》上刊登的一篇关于卡特公司的文章，内容让他大为光火，而这篇文章是根据迪尔诺特·库伯准备的简报写就的。"我跟他解释'第一，这篇报道很好，第二，戴维审过这份简报'"，所以迈克尔接着拨通了戴维·卡梅伦的电话。听到戴维的声音时，我挺紧张的，他刚到公司，我对他的情况也不熟悉，但是我知道他是个很干脆的人，人很不错。他说，"别激动，迈克尔。这篇报道挺好的——我看过了，真的很好，你不要对鲁伯特还有我这样凶了"。

"我从来没有见过谁敢那样对迈克尔直言不讳的，"迪尔诺特·库伯讲道，"迈克尔很有企业家的气质，他不喜欢唯唯诺诺的人，但是也不会希望别人把他驳回去。要为他工作，唯一的方式就是把分内的工作完成好，对人礼貌，还有在自己很有把握的时候坚持立场。如果你韧性不足，会很难工作下去，韧性太重要了。"时至今日，格林仍说："卡梅伦能够站定立场，不卑不亢。"

由于莎维的突然离开，命运再一次垂青卡梅伦，卡梅伦将这个机会牢牢地把握住了。他遇事冷静，驾驭文字的能力以及对媒体的熟悉程度深得格林的赏识。不过，据格林所说，卡梅伦在政界的关系起不到什么作用。格林认为："我是媒体公司的老大，和政府打交道我很在行"，用不着再来一个特别顾问代表自己。但是，如果格林想要结识反对党阵营的人，而自己又不认识，就需要卡梅伦从中牵线了。1995年年中，企业家格林和工党影子大臣戈登·布朗之间的会面就是年轻助理卡梅伦一手操办的。卡梅伦告诉上司："布朗日后必有成就"，当时卡梅伦还不到而立之年，这个评语格林一直记在心间。格林显然对会面非常满意，还称之为"最佳午餐之一"。身为卡顿公司主席的格林和影子大臣在席间相谈甚欢，对于工党实施的打击企业贪欲的"肥猫"运动，双方各抒己见，气氛热烈又不失友好。直到最后一杯咖啡都凉了，布朗还没有返回威斯敏斯特宫的意思。眼看着下午也要耗在吃饭上面，格林坐不住了，压低声音问卡梅伦："有办法结束没？"卡梅伦无奈相告："没办法啊，反对党最不缺的就是时间"。

成功的几次试水，再加上莎维辞职后展现的工作能力，卡梅伦完全可以为自己进入公司的第一个纪念日庆祝一番。格林开始请他参加每周一早晨在办公室进行的高级主管会议"晨祷"，似乎有提拔他的意思。他在内政部时年薪4.9万英镑，在这里则高多了，他的同事估计他年收入8万英镑，工作也不及以前繁重，不过任务加重时他依然能够应付自如，且不论其他方面如何，这份工作让不少人艳羡。公司的同事说，他可以在巴福塔电影节颁奖礼殿堂设宴招待记者，下班后常去梅特酒吧坐坐，梅费尔区的梅特酒吧是90年代末伦敦名流荟萃之地。有时，他会和老板一同去波特兰俱乐部赌上一把，这个俱乐部也位于梅费尔区，极为有名，他的父亲以前常去玩一两把——不过，卡梅伦喜欢玩桥牌主要是看重其益智性，他并没有多少牌瘾。一位朋友说："戴维在下注的时候绝不含糊，因为迈克尔会保障他的赌注的。"

作为格林的左膀右臂，卡梅伦经常要飞往美国，视察卡顿公司在洛杉矶和拉斯维加斯的分公司，与东海岸的金融大亨们交谈是常事。格林还记得为了在美国银行家面前演讲得更生动一些，他们俩有时会互换身份——年轻助手摇身一变成为神气活现的企业家。卡梅伦跟随媒体公司大老板、商业巨头格林游遍世界，难怪回想起生活的镜头就像看一本情节取胜的职场小说一般精彩。

当时一本卡梅伦的大学同学写的"性爱小说"已经于一年前出版，书中就有一个人物名叫"戴维·卡梅伦"，也在媒体工作，虽然专写战场报道，是"首席战场记者"，小说中写道："他历经战火洗礼，对子弹和炮火毫不畏惧，但是从未遇到过他的神仙爱侣"。苔丝·斯廷森就是这本名为《硬新闻》的小说的作者，她说给书中人物起这个名字纯属偶然，不过她说在牛津时就认识了未来的保守党领袖，而且她的朋友罗伯特·哈德曼还碰巧是卡梅伦认识许久的好友，哈德曼的名字也在书中出现。斯廷森现定居美国，是一位新闻写作老师，讲到这些巧合她承认"实在让人捧腹"。如果卡梅伦和女友读到当中的一个段子，肯定会忍俊不禁，说的是"戴维·卡梅伦"爱上了一位被误判吸毒的同行，有好些段两人亲热的描写，有一段稍微含蓄一点："戴维停了下来，双手满满地包裹着她的胸，'再来，再来，亲爱的，我的爱'"。这本书在畅销书排行上名列第五。

现实生活中戴维·卡梅伦的情事并不像这般生动活泼，根据 1994 年 10 月 16 日《每日邮报》"莱吉尔·邓普斯特日记"的记录"戴维（卡梅伦）在阿斯托尔家与谢菲尔德家周末聚会时求婚啦"，邓普斯特难掩激动之情。戴维说"两家的小孩加起来有八个，不过彼此都玩得非常好"，说到这个戴维很欣慰，"萨曼莎是我小妹妹克莱尔的死党，所以很早就认识。不过我们开始交往是三年前的事（原文如此），当时我们都在意大利南部庆祝我父母结婚三十周年。""还有，她的才学让我太惊喜了。"

那么，卡梅伦的品位怎样呢？他出产于纯正的"郊外"，所以品位不会特别高调，一般般就对了。詹姆斯·邦德系列是他的最爱，伊恩·弗莱明的小说他一本不差，不过他说电影更胜一筹，至于所喜欢的其他读物也都是热血偾张型的。《血染雪山堡》他读过整整十七遍，格莱汉姆·格林恩的小说他全部看过，还很爱读莱德·海格德的小说，特别喜欢电影《阿拉伯的劳伦斯》和情景剧《分粥》。说到演员，他尤其喜欢世界著名演员凯文·斯贝西在《非常嫌疑犯》中所刻画的角色凯瑟·索兹。他可不喜欢那些要特别费脑筋去思考的音乐。他在财政部工作时，一个朋友看他读的东西太主流了，觉得很没劲，于是邀他去看理查德·斯特劳斯的歌剧《没有影子的女人》。过了几天收到卡梅伦的来信表示感谢,谢谢他"带我感受国家社会主义",不过从字迹上看得出卡梅伦还是把后面六个字划掉了,换上了"理查德·斯特劳斯的歌剧"几个字。卡梅伦在信中很坦白地说这位作曲家的风格"对我而言过于沉重",另外"这会儿我在听卡莱斯的曲子,很好听(估计你一定会说他的曲子太商业化了),我们下里巴人总要找个地方入手吧"。有朋友感叹卡梅伦的音乐品味深受老威尔金广播电台的影响,不过卡梅伦在2006年"荒岛光碟"访谈节目中表示这一说法没有道理。

1994年12月,卡梅伦谋求议员席位的事进展得并不顺利。他竞选代表肯特郡阿什福德的议员以失败告终。刚开始参加竞选活动,他和萨曼莎都没有多少经验,包括他在内共有七名候选人,是从一百二十八名申请人中遴选而出的,这七名候选人受到当地保守党联合会的邀请参加一场酒会。酒会定在阿什福德的"驿舍酒店",席间大家喝着雪利酒,品着佳肴,卡梅伦和女朋友一直形影不离,难舍难分。有一定从政经验的夫妻都懂得,在这样的场合两人最好保持距离,这样显得更独立,与别人接触的机会也能更多。可是萨曼莎第一次作为候选人的女伴出席宴会,难免有些紧张,她穿了一条叉开得很高的小短裙,这番打扮实在不太妥当。旁人告诉她家乡有些地方比较守旧,或许"看不惯"这种打扮,她只好借了一个别针把裙叉别了起来。

卡梅伦虽然没有事事按规矩来,但最终还是进入了最后一轮竞选,与他一同入选的还有两位候选人,现在都是他的前任议员:达米安·格林与特蕾莎·梅。最后一轮竞选在两天之后进行,地点是阿什福德国际酒店。卡梅伦选择乘火车从伦敦赶去肯特郡的小镇,那班火车居然取消了,他只好沿途拦车搭乘,赶到会场时颇为慌乱,原本获胜的可能大打折扣。达米安·格林在首相官邸当过政策顾问,对英国的火车运输有些感冒,所以没有乘坐火车赶去肯特郡面见保守党员们,最终成功当选。

戴维·卡梅伦带着成为议员的期待,奋力拼搏实现自己的政治生涯时,一位曾经受到他父亲关照的同龄人却被投入了监牢。这就是震撼世人的议院杰里米·格雷盗窃案,其间充斥着同性恋、毒品、背叛、黑手党甚至于英国情报工作,实为新闻头条记者之最爱。若不是记者们清楚这起案件的政治敏感性,那么报道一定会更加铺天盖地。杰里米·格雷是医生之子,家住维尔特郡萨利斯伯里附近的提斯波利,在伦敦时为著名公司帕木尔·戈登的私人投资部门高级股票经纪人担任助手。这位经纪人就是伊恩·卡梅伦。

1994年3月,卡梅伦在斯劳的"假日酒店"接受资深保守党员的评估,而格雷却告诉上司他可能无法回去工作了，因为他被检出 HIV 阳性。同年夏天，有人爆出格雷将 55 万英镑库存股从父亲的账户转出。随着调查的深入，情况更加触目惊心——他在美国投资的 300 万英镑中有一部分是属于英国心脏基金会的。这起欺诈事件让伊恩·卡梅伦尤为尴尬，因为格雷之事的报道是由他负责的。幸好报业协会对 1995 年 10 月 5 日在斯奈尔斯布鲁克皇冠法庭审理格雷案件的报道中没有对其上司的只言片语。

审理过程中，有资料称格雷的父亲迈克尔·格雷博士曾致信内政部传达儿子的申诉，说自己是"英国情报机构的弃儿"，这样的内幕令在场人员无不惊愕。格雷说起因是自己"受朋友之托"，看护一只装着毒品的公文包，这位朋友和黑手党有关联，故连累自己卷入一个势力范围大至都柏林、阿姆斯特丹和波斯尼亚的贩毒洗钱团伙，初听来格雷的申诉像在胡诌，但是他的教父陆军准将查尔斯·莱特告诉法庭，尽管觉得故事"难以置信"，可是又深感其中确有"文章"。随后就是格雷博士致信内政部一事，博士告诉法庭他收到的回信文意"模棱两可"，假若格雷的申诉纯属编造，那么为何会得到这样的回复呢？

事情还有更耐人寻味之处，戴维·卡梅伦究竟是否在审理前就获悉此案呢，可能性应该较大。格雷的盗窃案浮出水面时，他还在内政部，虽然格雷博士写信复述儿子的情况（困在英国情报行动中无法脱身一事）之前，卡梅伦就已经离开内政部了。无论是非如何，伊恩·卡梅伦在首都行业中的清誉还是有所影响，格雷的父亲迈克尔表示伊恩·卡梅伦确无责任（"我认为他是当之无愧的"），可是涉及的钱款是在卡梅伦负责时被挪用的，影响当然好不了。接下来政府对此进行了调查，帕木尔·戈登公司遭到重罚，这让他本人和全家更为忧心了。

迈克尔·格林对这类事情或许感同身受，企业家最不喜欢的莫过于负面报道。他曾因迷恋年轻的投资主管、阿斯托尔家的朋友特莎·巴克马斯特，甩了旧情人爱尔兰演员珍妮特·克劳利，此事炒得沸沸扬扬。克劳利对格林的做法痛恨有加，于是在报纸访谈栏目中透露格林就怕两件事：没钱和出名。格林对媒体既爱又恨，在 90 年代中后期曾报道过卡顿公司的很多金融记者对成为主要政党领袖的卡梅伦不太友好，从中可见一斑。一位老同事说，卡梅伦早在任公关主管时，不止一次受命"代表格林放出恶言"，被训斥的人对卡梅伦颇有介怀。

格林曾对一位下属坦言，自己想担任《每日邮报》的编辑，而且还考虑过收购快报集团，安排皮尔斯·摩根（《镜报》前任编辑）担任日报的编辑。他任独立电视新闻公司主席有一项特权,就是能够入驻下议院的新闻记者席。尽管这位媒体大鳄没有过任何新闻播报经验,但是能以新闻工作者身份观察下议院的动态,这正是他的兴趣所在。他有多位媒体著名记者好友,还经常和黑斯廷斯一起去乡间住所打网球。

格林以前的"政治化妆师"依然记得哪怕只要有一点负面的新闻文章都会让格林震怒。格林在镜头前非常不自在甚至为了不被记者拍到大费周章,对报道内容的在意程度简直到了吹毛求疵的地步。没有哪个周末不会接到格林的电话,听他对周末新闻的内容条分缕析。比如有一篇文章是关于他的敌手格拉纳达电视台老总查尔斯·阿兰的负面报道,读到这样的文章格林会欣喜地对"政治化妆师"赞赏一番,哪怕文章根本不是用卡顿公司的简报写就的。不过,无功受禄过后,少不了妄加批评,在另一位卡顿的雇员看来,诀窍就是以波澜不惊的态度接受疾风骤雨般的批评,反正持续不了多久。

卡梅伦在不到十八个月的时间内,从老板朋友的朋友变为"公司事务小组的成员",然后又摇身成为小组带头人。他得益于在投资关系部两位主管的提携:卡尔德科特子爵皮尔斯·因斯科普与爱德维娜·佩因,两位主管都是很有修为的人。这几位一同组成了格林身边的小圈子,为格林出谋划策。曾在卡梅伦手下做事的人现在依然力挺他,说卡梅伦挑选报道很有眼力,而且公司上上下下发生的事情他都了如指掌。这第二个特点貌似在说卡梅伦是格林的"眼线",不过卡梅伦和其他人一样,都能对公司的内部政治处之泰然。公司的政治从某个层面来看,也反映了国内的政治分歧。格林和他在圣·乔治街的小圈子明显属于保守党(虽然1997年他转投其他党派),而位于圣·马丁道卡顿公司其他部门的时尚电视主管们则都为工党党员。一位工党阵营的主管说前者"就像私立学校的宿舍一样,我们都不知道他们成天干些什么。"

管理工作不乏困难,但卡顿公司的最高管理层依然是保守党。格林发现允许独立电视台接掌公司事务需要更新公司所有权规定时,卡梅伦对英国政府的了解的确是一笔财富。对于卡顿公司和对手格拉纳达公司这两家行业之首而言,这一举措去除了对小公司的庇护,意义尤为重大。独立电视台的"巩固",一下子将原有的规模最大的公司又扩展了一倍,哪些公司将执牛耳一目了然。在所有行业中,媒体尤其是广播电视与政府的关系对行业发展影响最大。格拉纳达公司和戴维·卡梅伦位置相当的克里斯·霍普森有言,"没有哪几个行业的盈亏,或者说生长力,这样依赖政府与管理人的一举一动"。

卡顿和格拉纳达两家公司在取得"不转移所有权"的规定问题上有共同的

利益,因此当这一规定遇到阻碍时,对手也要并肩作战进行多方游说。卡梅伦未来的岳父是国际遗产部的部门负责人,所管辖的部门恰好是广播电视,卡梅伦工作起来应当十分便利,但是霍普森却坚持认为,情况并没有这么简单,"外界想象我们的工作就是和老部长吃饭聊天,然后部长满面红光地回部里去向大家宣布,'来吧,我们把广播电视法改一下'"。霍普森说,事实上,我们是在"用智力"争取一场"辩论的胜利"。霍普森和卡梅伦在辩论中要战胜的不仅有国家遗产部,还有威尔士与苏格兰办公室,以及广播电视管理人员,因为所有人都要考虑到巩固一事会对独立电视台的地区投放产生何种影响。

乔治·布里奇斯是卡梅伦众多同事和朋友中能随时为他提供帮助的人,是现任约翰·梅杰的政治秘书兼助手。卡梅伦第一次见到布里奇斯,以及在1997年初看到奥斯本在唐宁街任职时,是否暗生妒意呢?他的朋友迈克尔·戈尔说不存在,卡梅伦清楚花些时间在"真实的世界"中打拼有助于自己政治身份的形成。布里奇斯比卡梅伦小四岁,据说,如果卡梅伦终于成为议员,那么下一个接替他的就是布里奇斯。然而事与愿违,由于英国的选民没有留出那个必要的空缺,始于伊顿终于议会的这一条政治生产线戛然而止了。

卡梅伦还有一个庆幸自己当时不在政坛的理由。1995年中期,梅杰顶住批评之声,进行了一次大选。他向反对的人表示,要么接受安排要么闭上嘴巴。迈克尔·波尔蒂诺的选择备受关注。卡梅伦说,他当时告诉克里斯·帕顿自己认为波尔蒂诺是保守党党魁的最佳人选,帕顿回答他"我们不一定做好了选出一位西班牙裔首相的准备"。事实证明波尔蒂诺确实没有站出来。

梅杰的忠臣们都觉得约翰·瑞德伍德构成很大的威胁,瑞德伍德敢于直接反对首相,受到不少人崇拜,但是他党性不纯,又带有反欧盟论调,这让他颇为人不耻。梅杰在这场风波中获胜,批评之人受到挫败,暂且收声。风波虽平,梅杰对那些不忠于自己的人的怨恨之情却难平。参与约翰·瑞德伍德阵营的有卡梅伦的亲密好友兼盟友史蒂夫·希尔顿,史蒂夫大学时的好友后来说"史蒂夫一直坚信会有出头之日——只待合适的人选出现"。现在支持卡梅伦是错不了的,但是1995年时他的眼光可没有那么准,乔治·奥斯本是梅杰阵营的人,因为工作出众成为农业、食品与渔业部道格拉斯·霍格的特别顾问,不想随后爆发了疯牛病。

梅杰对卡梅伦的态度并不明朗。虽然大约有一年的时间,卡梅伦每周两次在首相"答辩"节目之前为他做简报,1992年大选间甚至每天早上一次,但是这位前首相还是对外界称对他没什么印象。我们只好这样来理解,梅杰之所以缄口不言，一方面是用外交辞令打掩护，另一方面是的确对他的继任人没有过深的了解。让卡梅伦在社交场合骄傲的东西恰是在政坛不那么受欢迎的东西，他一直让人觉得太上流社会了，梅杰跟他相反，政治资本的积累正有赖于平凡的出身。不过社会阶层的差异并不是他俩之间的障碍。熟悉两人的朋友说梅杰偶尔会对轻视他的政坛人物表示"愤慨"，但是与卡梅伦打交道时从未流露出这种情绪。一位从前的同事说"有的伊顿毕业生觉得自己不属于任何阶层，因此根本不在乎阶层的差别，所以与人相处时不会受阶层的影响。我觉得戴维属于这一类"。牛津同期毕业的校友说如果谁讲卡梅伦势利，卡梅伦一定会反击。还有人说卡梅伦"认为阶层不重要"，也就是说，不应该过于重视阶层，但是身为英国人，心里都明白这个问题是很难说清楚的，"成熟如他，是不会随便议论这些事的"。卡梅伦处事谨慎，衷心拥护梅杰，不过私下里他也说过梅杰"成不了事"，对他的欧洲政策并不支持。但是，2005 年夏，他依然需要亲自求得前首相的认可。

卡梅伦未能获得阿什福德的席位，1995 年间雷丁和埃普索姆以及其他席位也与他失之交臂，1996 年 1 月他获得了斯塔福郡的提名，进入政界看来无望。这一席位是在重新划定选区边界时新产生的。由于一位名叫比尔·卡什的议员觉得与自己相邻的席位不是很热门，胜算较大，因此将他之前的好位置留给了其他人。他成功当选之后，卡梅伦的好运也随之而来，两名留到最后的候选人被淘汰，于是他得到了面试的机会。乔伊·理查德森现已近暮年，但依然是斯塔福保守党联合会的健将之一，说起当日的面试他仍记忆犹新，"我承认第一感觉是他才 29 岁，太年轻了。不过他一开口说话，最佳候选人的位置就非他莫属了"。理查德森还记得卡梅伦在当地聚会上的演讲"文辞简练，机智而友善"。斯塔福郡坚守反欧盟立场，其选区主席后来加入了英国独立党，这一点起到了一定的作用。卡梅伦为迈克尔·霍尔德担任顾问的经历，赢得了行动派们对他的好感，认为他是倾向于当时保守党主流中偏右的派别的。

他在小镇郊外风景宜人的村庄中租了一个农舍，方便周末从伦敦赶来工作。白天依然上班，格林给了他很大的自由去经营这一席位，而且向他保证如果未能进入下议院，他可以继续在卡顿工作。萨曼莎虽然不想往北边跑，但还是与他相随，有时还会以个性的方式代表他做事。当地的党组人员记得她喜欢给"花盆、海报和梯子"重新上漆，这是她做政治宣传的一种方式。她还将保守党宣传标语牌漆成好看的颜色，然后走遍镇中心把标语贴到路灯柱上。她别出心裁的宣传还不止这一种。乔伊·理查德森很喜欢这对年轻人，说"我们不让她在中心抽烟——那时她的烟应该都是自己卷的"。

　　萨曼莎的事业也在这一时期开始起飞。1996年初她做职业橱窗设计师和室内设计师时便觉得,涂漆上料不能养家糊口(她在堪所莱斯开过一段时间的工作室),后来受聘为新邦德街上的斯迈森店重新设计内部装潢。斯迈森机构曾有过辉煌的岁月,但怕被现代社会所遗忘,这一点与保守党不无相似。店中陈列着西格蒙德·弗洛伊德的名片、维多利亚女王的文具,还有查尔斯·狄更斯寄来的致歉信(因为自己使用其他品牌的文具)。萨曼莎说斯迈森"或许是邦德街上最后一家历史超过百年的、英国人自己的店铺"。这也正是斯迈森品牌最吸引人的地方,其古雅沉郁的英式气质——如意大利人觉得"很英国"——格调高雅而毫无做作之态。萨曼莎后来说道,"我迫不及待地想试手这家店。当时正流行极简主义,我想可以应流行之风进行装饰,让它紧跟时尚"。重新装修了店面之后,她随即应聘产品开发主管,成功受聘后又在六个月内成为了创意主管,当时她仅有25岁。

　　或许是为了庆祝萨曼莎成功入驻英国"陶瓷之都"工作,她和卡梅伦在3月时前往西印度群岛度假,这是两人6月婚礼前最后一次相聚。5月中,萨曼莎和母亲对婚礼事宜进行最终确认,卡梅伦则举行了一场告别单身晚会,地点是在匹斯莫尔附近朗伯恩的赛马会,聚会是在旱田中的一个帐篷里进行的,到场来宾有三十多位,有人记得那个帐篷不像啤酒屋篷子,倒挺像游园会的大帐篷。在宴会上记者罗伯特·哈德曼弹起了钢琴。一个朋友说"戴维的聚会当然会很豪华,不过可没有请脱衣舞女捧场"。卡梅伦在赫泽道和伊顿的朋友是主宾,有查尔斯·"拓普"·托德亨特、汤姆·高夫和詹姆斯·弗格森;政界盟友也到场祝贺,如埃德·维泽、迈克尔·戈夫、迪恩·哥德森和史蒂夫·希尔顿。他的伴郎多米尼克·罗尼斯同时代表两组宾客。这场聚会至少保持了一个要点,好友依稀记得"我们大喝特喝,演讲的人不少。我从到场开始一直喝红酒,喝到醉倒在地。"

　　婚礼依照传统方式举行,时间是6月1日。当天大雨如注,似乎也非常遵守传统。尽管外面是瓢泼大雨,宴会上依然热闹非凡,整场婚礼暖意融融,动人至深。有一点或许没按传统来,当新人读完誓词,转身走下婚毯时,新娘一如既往地端庄,面露可亲的笑容,而新郎却泪流不止,这一情景现在还可在卡梅伦家中的照片中看到。迈克尔·格林因为匆匆赶到,他的车差点把迈克尔·霍尔德的部长级座驾挤出了道,仪式结束后又领着大量来宾车辆——包括威斯敏斯特公爵的车——从会场附近驶出,车辆太多以致拥堵不堪。

整场婚礼在愉快的气氛中进行,还非常巧妙地将新郎新娘"组成家庭"的重要涵义与政治意味糅合在了一起。卡梅伦似乎再一次得到命运庇佑。一位身边的朋友说"虽然不是说戴维花心思与政治家庭联姻,或者说娶了一位有助于政治事业发展的妻子,但是看上去确乎如此"。有来宾说"能感觉到这场婚礼与政治不无关系,两家确有政治联姻的味道"。不过大家都觉得新人非常般配。"戴维不是糊涂人,绝不会贸然结婚",一位朋友如是说。婚礼上伴郎罗尼斯也大显身手,面对满场能说会道的来宾,用一首戏谑的打油诗描绘新人的恋爱史,赢得会场笑声掌声雷动。到了仪式举行完毕,庆祝进入下半场时,诺曼·拉蒙特和其他客人贡献了更多欢歌笑语,这场在牛津郡举行的婚礼聚会,在吉卜赛管弦乐队的吹奏乐中,一直热闹到深夜。

蜜月旅行他们去了意大利和法国,回国之后,卡梅伦得知议员席位可能不保,有些担忧。约翰·梅杰政府内分歧日渐明显,执政愈加艰难,渐渐出现了不敌托尼·布莱尔的新工党之势。

格林也感到政界风向的转变。于是,他请来前首相、工党政治家詹姆斯·卡拉汉的女儿杰伊男爵加入卡顿董事会,并请行星24电视节目制作公司的主管瓦希德·阿里出任卡顿的总经理,确保公司不会像保守党政权一样岌岌可危,托尼·布莱尔后来非常重视阿里和另几位商业人士。阿里来卡顿时带了几位助手,有后来成为托尼·布莱尔最后一任政治秘书的约翰·马克特纳、托尼·布莱尔任期中的国防大臣与内政大臣约翰·莱德之子卡文,卡文之前在工党某部的选区办公室工作时传出了丑闻,随后在阿里手下工作。有意思的是,这两位都不太可能与一心想成为保守党议员的卡梅伦成为盟友,事实证明他们确实没有交集。

那年秋天,卡梅伦发现取得斯塔福郡席位的可能性很大,他得到了提名,不用再担心会失去多达八千的选民了。可是,烦恼却不断。他既然不在首相周围工作,也没有身处保守党中心办公室,所以只能从几个朋友,如布里奇斯那儿获得信息,或者偶尔和老上司会会面。但是这样得到的消息并不全面。经济衰退的影响,尤其是黑色星期三带来的打击,都为布莱尔提供了大好机会。他让选民们相信工党已经转变,值得托付厚望。卡梅伦此时已经明白保守党不会连任,问题是:他还有必要努力成为议员吗?

就在秋季,他应保守党大会之邀出席了会议,这一次的身份是"未来议员候选人"。三年前,他还是诺曼·拉蒙特的特别顾问,只能在幕后默默地做着调整税收政策的工作,如今他站在了伯恩茅斯的讲台上,激情万丈地为减税政策而辩论。卡梅伦告诉肯·克拉克,最应当减免的税款,就是在经济衰退中受冲击最严重的人的税,因为"那些是小公司小企业,人们投的都是自己钱袋里的钱"。1992 年,税收问题是帮助保守党继续执政的主要问题之一,但是到了1997 年,由于经济衰退得更加厉害,即使大幅减税,梅杰政府也无法支撑下去。

时至岁末,现已成为《泰晤士报》专栏作家的迈克尔·高夫为表圣诞之喜,发表了一篇诙谐轻快的专栏文章,内容是保守党的"极端反欧盟派"如何认输投降,眼睁睁等着在大选日的灾难之火中洗练一番。高夫调侃说这次失败过后,保守党将会重获新生,亲欧盟派人手短缺,约翰·瑞德伍德将成为首相,迈克尔·波尔蒂诺为外交大臣,"1997 年的新人戴维·卡梅伦"将成为首席金融大臣。

这篇文章尽管风格搞怪,却准确地预报了卡梅伦将有一番不寻常的表现,那就是对政治事务不再一味听之任之。在马斯特里赫特公投后,保守党候选人有了一个新对手:公投党。公投党由亿万富豪詹姆斯·哥德史密斯资助,其政策只有一项,即对英国保持欧盟成员身份进行公投。因此,这个新党派显然会抢夺保守党的选票,而对工党则不构成威胁,另外在争夺像斯塔福郡这样的边缘席位问题上,卡梅伦的活动进程也被严重拖慢了。

敌患当前,戴维·卡梅伦采取了不同往日的做法。他开始了反抗。虽然梅杰政府在 1997 年没有裁定英国不加入欧盟,卡梅伦与两百位左右保守党候选人表示他们反对金融统一。此举让其工党对手大卫·基德尼喜出望外,因为更加方便他把卡梅伦刻画成保守党右派代表了。基德尼表示:"这下我只用给他贴个保守党右翼的标签了,广大的选民们,这可是你们都反感的类型。他恰恰和公众都反对的体制站在一边。他所说的比如全国最低工资会造成几百万个岗位的消失,但在当时这是保守党的词,他还一意孤行地支持这样的说法。"就这样,基德尼将卡梅伦的弱点用至极致。

卡梅伦说起 1997 年 5 月大选争夺斯塔福郡时,依然非常自谦,他说"斯塔福郡反击了"这个玩笑话因为之前被用过太多次了,笑点不高,就连同场选举中来自克卢伊德的鲍里斯·约翰逊都用到了这一谑语。选举本身非常和平。三位主要候选人在之前会面时已约定"不玩把戏"。基德尼承认自己为了约定达成曾大做文章,称在关于教育投入讲演会上,卡梅伦很晚才到场。工党后来的报道说"卡梅伦临阵脱逃",虽然卡梅伦现已坐上首相之位,但对此言依然十分介怀。

卡梅伦为竞选斯塔福郡进行宣传所表现的态度,与他在欧元问题上的态度不一样,他基本上是遵照中心办公室批准的模板行事的,遵守"不要和盘托出"的口号。从卡梅伦的宣传单来看,上面有很多内政大臣与助手的相片,所以卡梅伦应能确定为迈克尔·霍尔德工作的经历将会是竞选的资本。或许保守党仍然不愿人们拿黑色星期三和财政大臣卸任时与政府的积怨说事,宣传单上没有卡梅伦和拉蒙特的合照,也没有提到他在财政部工作的经历。

他的朋友、家人和同事都来帮他的忙,每当周五晚从伦敦开来的列车到站,位于提克斯霍尔的出租屋就成了大家的宿舍。史蒂夫·希尔顿是常客,埃德·维泽也常来帮忙,就连朋友兼驴友、当记者的爱德华·西斯考特·埃默里,以及他以前的经济学老师彼特·辛克莱尔都来值班。卡顿公司的同事如爱德维娜·佩因,还有他的父母玛丽和伊恩·卡梅伦都从匹斯莫尔赶来,父亲开着车在斯塔福郡的中心广场上散发传单,而母亲则在总部控制热线。

4月3日,离投票日不到一个月,霍尔德批准卡梅伦飞去斯塔福郡出差。内政大臣霍尔德称工党将对每品脱啤酒征收24便士的税——17便士是用来换新酒杯的,这样人们可以喝得更痛快(工党的承诺),另外7便士是最低收入政策的执行费用。卡梅伦已经在传单上对这条公告进行了宣传,他还惊喜地发现有一家酒吧卖"卡梅伦的暴力"(Cameron's Strongarm)牌啤酒,第二天,"报纸联合社"就有报道霍尔德在城堡酒馆"端着一品脱的酒壶豪饮爱尔啤酒"。

遗憾的是,竞选失败了。熟悉这场竞选的人说"我之前就不觉得他会赢。他身上没有那种让我为之一振的信心",这话不无道理,在斯塔福郡的酒客们看来,宣传再特别也不过是浮云。5月1日的竞选晚会是在斯塔福郡的休闲中心举行的,对于卡梅伦而言,这场晚会实在令人难受,他都不愿掩饰自己的失落。有些选票作废了,"疯癫党"候选人阿什顿·梅伊不堪失意,信口说那些投了票又悔票的人"都是疯子"。卡梅伦可没有心情说笑,阿什顿跑过来开他的玩笑,说他让今夜更愁苦了,他不满意的话有权要求再点一次票,这么一说让他心情更郁闷了。

基德尼回忆:"投票当晚,大多数人都为工党记下了获胜的钟点,当地的保守党员离开会场之后,戴维还呆呆地站在那里"。连萨曼莎都没有陪他,基德尼说萨曼莎那晚在休息中心停车场和"疯癫党"喝酒去了。但是这一点无人可以证明,连阿什顿·梅伊都说"当时那儿有很多人,不过我喝太多了,根本记不起来"。一位老婆婆走到卡梅伦面前,泪水婆婆地告诉他:"我要是在工党任期死去,真的不甘心啊。"这一场景给悲情的夜晚画上了句号。

斯塔福郡的选民们劝卡梅伦回伦敦,他不到30岁,还很年轻,有很多机会。当晚 51 722 张选票,基德尼获得 24 606 票,卡梅伦 20 292 票。摇摆区的选票占 10.8%,与国内平均值相近,稍高于斯塔福郡的其他席位。虽然不论在当时还是现在,这场失败都不能归结于卡梅伦个人,但他承受的挫败感却是极为沉重的。

镇上的保守党总部准备的庆功宴,成了大家陪伴他的不眠之"宴",买的香槟本是用来庆祝的,也沦为了消愁的工具。乔伊·理查德森说"他非常失落,我们也难过得不行"。一位朋友说"我们真的都希望他成为我们的议员",不过,这位朋友也说这是他个人之路的开始,"其他人说如果一定要找戴维的问题,那可能在于他之前太顺利了,一切都来得很容易,因此自信起来倒显得不够谦虚。20 多岁的卡梅伦,带着些生涩的傲气,在斯塔福郡以失败告终"。

在卡顿长袖善舞

在斯塔福郡遭遇失败后，戴维·卡梅伦似乎进入了一个更为冷冽的世界。尽管迈克尔·格林随时为他保留着职位，但是他们谁都没有想到接下来的四年将无比艰辛。在往数字广播电视转型的过程中，公司兼并不利或者试水失败的惨剧频频上演，卡顿公司与金融新闻行业的几家大公司结成了仇家，卡梅伦也无法置身事外。甚至到2005年他竞选保守党党魁形势大好时，还有人搬出他在90年代担任公司"政治化妆师"的经历来拨弄是非，说他喜欢横加阻拦，为人专横，而且至少有过一次判断非常失误的情况，这些指责至今依然没有完全消散。

90年代晚期，英国的商业广播电视发展经历了两场大变动，独立电视台这个"大家庭"的成员之间，发生过无数的公司接管和兼并的往事，不过情况一步步趋于平缓稳定，这也意味着其中必然有一家公司掌握"独立电视台的王权"。格林垂涎这个位置也实属必然。另一场争斗则是围绕着地上的广播公司和高高在上的卫星电视运营商，后者是闻名于世的天空卫星广播公司（BSkyB）的老总鲁伯特·默多克，加上数字广播技术的出现和随之而来的抢占新型平台专营权的争夺战，这一情况变得愈加复杂。没有哪个政府能对媒体所有权问题置之不理。像布莱尔政府这样青睐媒体的政府，独立电视台的改组问题，卫星电视谁来统帅的问题，还有未来数字市场何处去的问题，都是其极为关注的利益关系非常复杂的问题。

默多克积极迎战，聘用了曾在托尼·布莱尔身边的提姆·艾伦为自己工作。在卡梅伦看来，情况已经足够明朗了，不论在民间还是在政界，未来都属于布莱尔派。他和艾伦的私交还不错，从前在内政部工作时他常和艾伦一块吃午餐，那时候布莱尔还是影子内政大臣。艾伦是"樱草山派"，这是90年代中期英国著名电影电视演员组成的团体，这一名称最初是工党用来称呼年轻保守党团体的，后来用他们在诺丁山的住处的名字来命名。艾伦常常出现在这两个"新流星"团体举办的聚会上。

不过，当几十亿英镑的行业收入不保时，还谈什么个人情绪。卡顿公司起码最初是和天空电视台站在一边的，还与格拉纳达公司成立数字广播公司（BDB）竞标新数字频道。但是，1997 年 6 月，上级裁定这一联营公司不得让天空卫星广播公司（BSkyB）参与联营，不然不派发执照。这一重大干预迫使默多克本着为广大客户服务的宗旨，着手处理独立电视台内各家分公司间的争斗。接下来的几年，电视巨头们为未来的商业广播电视投入好几亿英镑展开技术大较量，上演了一场又一场争夺战，这些争夺战大多血本无归。卡梅伦与BDB 阵营（后来更名为 ONdigital）的联系除了在格林的公司工作，还有他的岳父阿斯托尔在保守党战败后成为了联营公司的董事。乔治·布里奇斯本来准备在卡梅伦成为斯塔福郡的新议员后接手他的位置，便加入 BDB，成为了其政治化妆师。

卡顿公司也搬了新家，新址位于骑士桥 25 号，与广播电视局的高层主管们同在一栋楼，这点让主管们很是不满。办公大楼的装饰风格已有专人设计，但是格林却带来了自己挑选的现代艺术品，有的还是从上奇公司借来的，这些艺术品并没有受到大家的好评。曾在卡顿公司工作的一位职员回忆说，"你根本想不到办公室里面会出现多么丑陋不堪的东西"，他最不喜欢的一件艺术品"就像粘在墙上的一个塑料袋"。

卡梅伦的办公室就在格林与公司最高层主管的办公室楼下，办公室是全开放式的，很不整洁。他的工作区中总是丢满各种商业杂志，身边的同事以女性为主，爱德维娜·佩因也在其中。"这里的氛围不怎么像员工工作区。"一位偶尔去卡梅伦办公室串门的同事说："讨论的都是最近发生的事啊，去哪儿买东西啊，还有男朋友怎样啊"。佩因之前情路颇为不顺，但是命运终于在一天午餐时分造访了她。她从卡顿总部出来过马路时，遇到了杰里米·赫尔曼。现在她已是身价七千万英镑的对冲基金经理的夫人。卡梅伦竞选首相时她投了一万英镑。

1999 年加入卡梅伦团队的还有他在保守党研究部的同事蕾切尔·维特斯通，也是他从内政部离开后的接班人。同事们回想起来纷纷说，维特斯通来卡顿任公关经理（其实仅次于卡梅伦）让他们很"诧异"，"卡梅伦讲她是来帮忙打理政治和媒体这一摊事情的，但是我们看得出她根本没有任何金融新闻行业经验"，这确实有点不公平。其实，在 1997 年霍尔德竞选失利后，维特斯通跟随上司离开了内政部，在移动电话公司 One2One 担任过公关经理。

身为卡顿公司公关经理的卡梅伦,只要手头有精彩的故事,电话那头就有忠实的记者等着他的呼叫。这些记者大多拥护保守党。卡梅伦有几位非常熟络的记者朋友,如乔治·特拉佛冈、詹姆斯·贝瑟尔与詹姆斯·哈丁,卡梅伦与记者交流新闻素材的同时,私下也会结成朋友,交交心或者一起娱乐,比如,他偶尔会和哈丁打网球。卡梅伦好像还与大部分报纸媒体编辑保持着一定的联系。《金融时报》的编辑雷·斯诺迪说:"他是个睿智的人,工作起来得心应手,他和迈克尔·格林的工作关系那么融洽,这点让我印象很深。他和格林交流的方式是别人学不来的,因为他已经掌握了游戏规则,可以做出前无古人的简报。他虽然传达的是上司的意思,但是却有他个性的光点。"

一位大幅广告媒体编辑却说卡梅伦说话都有些像格林了,"他为格林工作以后,很快就像格林那样语调起伏特别明显,说话时会把声调先抬高,然后再降下来,很多在迈克尔·格林身边工作的人都有这个特点",(一位同事说卡梅伦说"太荒谬了!"这句口头禅时,总会先用声调,然后飞快地降调。)"我把他这一类型的称为'超级公关',他比媒体执行官更高一级,他对情况非常熟悉,因为他自己就在这个圈子当中"。他所知道的用来八卦足够了。"今日再见卡梅伦,已经不同于我记忆中的卡梅伦了。那时候的他时而悄悄地对别人细语,好像在密谈什么东西,时而说话带着戏弄别人的味道,现在的他已经完全没有刻意显摆自己代表新时代的味道了"。

在爱丁堡或剑桥的电视行业聚会上,卡梅伦总会邀请媒体编辑出去好好享受一顿咖喱晚餐。这类行业聚会并非与可卡因绝缘,但是卡梅伦挑选的助兴之物是贮藏啤酒,味道偏淡,供量也不多,这点恐怕要让那些卡梅伦的评论家们失望了。不过,卡梅伦掌握技术知识的细致程度让专业的记者们叹服,他可以连续几个钟头解析那些晦涩难解的问题,如各家广播电视平台之间如何"协同工作"。他对工作细节的重视和把握,卡顿公司的职员和记者有目共睹,保守党研究部、财政部和内政部的同事们也非常认同。卡梅伦工作时看似轻松,全在于平日大量的投入。

卡梅伦的确很有才干,但是面对 ONdigital 公司的失利,他也无能为力。英国议会的新闻记者以精于游说著称,卡梅伦与这些记者周旋时表现出的强悍与技巧能让艾伦这样毫无派别意识的人折服,但是说到卡梅伦如何从天空电视台的诽谤声中挽救 ONdigital,艾伦的印象就没有那么深刻了。独立电视台一整套宣传活动的核心是"一插就'看'"(Plug and Play),意思是让观众感受到安装接收设备的便捷,可是天空电视台却想出一个戏称"一插就'叹'"

（Plug and Pray），让独立电视台的良苦用心彻底报废。

艾伦说，商业竞争不是你死便是我亡，他对付 ONdigital 的这套手法并没有捏造事实，而且绝对不超出正当的法律范围。ONdigital 曾发布英国能接收新的广播电视服务的邮政编码，艾伦表示这项数据能够直接用来做相关研究，研究英国没有被覆盖的区域占多大比重，还好天空电视台覆盖的区域已经超过一半了。独立电视联营公司被对手所伤后并没有全面反击，只是非常困顿，卡梅伦就很苦闷地问过艾伦"你为什么对我们这么残忍？"

一面是 ONdigital 愁苦不化，一面则是萨曼莎·卡梅伦的事业蒸蒸日上。她已经着手改革斯迈森的产品了。她最大的成绩就是推出了"时尚日记"，将时尚界人士想去探访的伦敦、米兰、巴黎和纽约的门店、餐厅与酒店做了一份列表。梅格·马修斯（更名前叫诺尔·加拉格尔夫人）为她最好的朋友们买了二十二件斯迈森出品的圣诞礼物。萨曼莎说："我们会为像凯特·莫斯、内奥米·坎贝尔这样的名人在产品上用金粉印制他们名字的首字母，他们一直都在使用我们的产品！"

采用名人背书的方式并不新颖，却让略显古旧的斯迈森店焕然一新。一大批赫赫有名的客户使用斯迈森的产品，宣传效果极佳，比如有一款售价 800英镑的信封形手提包是斯迈森的明星产品，麦当娜、肯尼迪夫妇、克林顿夫妇、布莱尔夫妇、哈维·凯特尔、凯瑟琳·泽塔琼斯、丽芙·泰勒、斯特拉·麦科特尼和格温妮丝·帕特洛等政界、时尚界名人都为斯迈森的推广出力（据说斯迈森产品最受那些拥有一切但就差点平衡感的人士喜爱）。品牌的高价既吸引了追求高品质生活的人，也带来了大量的投资商。1998 年，斯迈森买下了约翰·孟席斯公司，萨曼莎得到了一定的股份。2005 年将股份卖出，收益达1 550 万英镑。乔纳森·格林是这桩生意的策划人，他也是戴维·卡梅伦竞选首相时的主要资助人。资助团中还有在伊顿认识的朋友尼可拉斯·埃文斯·伦。

卡顿公司的老总、大卫的上司迈克尔·格林虽与安娜贝尔·阿斯托尔没有太多私交，但也投资了阿斯托尔现在经营的 Oka 公司。作为商业投资家，他曾想过收购斯迈森，他说安娜贝尔的女儿可不是一个只有半瓶子醋的人，"萨曼莎行事很有立场，常常在办公室里指挥戴维做事。她继承了母亲的品位与商业头脑，是一个非常全面的女性，实为不可多得的财富"。卡梅伦的朋友也证明萨曼莎的身上显现出她母亲的才干："安娜贝尔个性坚韧，极富雄心，她的强势当中有摄人心魄的魅力，但是她有的方面我并不很认同，她之所以身价高得吓人,因为她深谙利用男人之道。她太有行动力了,萨姆(萨曼莎的简称)很多方面都很像她。"

与此同时,卡梅伦正使出浑身解数,解救深陷媒体之"火"不能脱身的公司。1998年圣诞前夕,卡顿公司制作的一部关于哥伦比亚毒品交易的纪录片被《卫报》爆料为造假影片。影片名为《关联》,制作人是马科·德·波弗特,35岁,这部影片在1996年10月上映时观影人数达3 700万,获得了好几项国际大奖。制作团队因为打入恶名昭著的卡利集团内部,并将一条穿过西斯罗的新走私路线公之于众,被人们视为英雄般的人物。他们对外说自己曾被蒙上眼,有人全副武装将他们带到一个秘密的地方。独立电视委员会的调查却显示这部影片"彻底背叛了节目制作人与观众之间的信任"。片中的"海洛因"其实是甜品,"秘密的地方"就是制作人的酒店房间,而"黑帮老大"不过是个退休的银行出纳。

卡顿公司之前虽遇到过棘手的情况,但是获奖影片成了彻头彻尾的造假电影,这种性质可就完全不一样了,对公关来说无异于一场大劫。《卫报》的媒体日记有记载,面对《卫报》的调查问题,卡梅伦开始了无尽的周旋。"一开始,卡梅伦连续四天不接也不回《卫报》媒体记者的电话。后来,他好像是不经意地接到了打进办公室的电话。《卫报》记者自我介绍之后,听到一个极像卡梅伦的声音,但是对方却坚持说自己叫'约翰·史密斯',刚刚从'电话'旁边经过而已。"结果因为卡梅伦要发布一些重要的决定,他胡编的身份不攻自破了。格林的反应则是一如既往的暴怒。在此期间,一位高层主管给了卡梅伦很多帮助,劝他冷静处事,最后还对格林好言相劝,让他可以沉下心来写一份声明,在承认公司获奖的这部关于毒品的纪录片不真实之外,为公司保留最大的颜面。

1999年夏,ONdigital公司终于出现转机。公司保住了一系列欧洲联赛的独家播放权,这一胜利的结果是订购节目的观众人数猛增66%,直逼天空电视台的策略要害。但是卡梅伦一心想用数据来宣传造势的做法,却让他得到了有史以来的第一次"严肃批评"。《周日快报》有个专栏叫"老手下注"(Smart-money),作者大卫·赫里埃预测了9月19日比赛的胜负,卡梅伦见状连忙打电话叫多位分析人士"写文章让它沉",这件事看起来好像卡梅伦对赫里埃抢占风头非常不爽。的确,ONdigital好不容易有机会在伦敦市场独占鳌头,哪里会愿意让观众读者去捧《周日快报》这样的市井小报的场。三周以后结果数据公布了,和《周日快报》预测的一样,赫里埃于是对这位"卡顿的政治化妆师"

开始了报复行动。标题为"不是运动'银'还想运作'赢'"的新闻登上了 1999 年 10 月 10 日的头条,"卡顿公司一向喜欢'管'别人的想法,这次我们的新闻一出,他们立马被嘲笑了。伦敦的分析人士和卡梅伦一干人可能正因为三周前的周一简报被大家嘲笑吧"。

卡梅伦任职时间不长,态度一直很谦和,但是和赫里埃一样对他不满的金融记者却不少。有人说这个公关根本蔑视他们,以前的同事也有言卡梅伦对那些无足轻重的人有些看不起。和卡梅伦工作关系密切的一位同事说"他对人比较不友好,态度傲慢",类似的抱怨在较为保守的牛津和保守党研究所的同学与同事中可以听到。但是也有以前的同事虽然不是卡梅伦的粉丝,但也为卡梅伦抱不平,说他不是个不容易打交道的人。媒体公司不同于制造公司,公司自身的利益决定了像卡梅伦这样的公关不需要去争取媒体的关注。因此,卡梅伦让大批记者失望在所难免,毕竟他的主要职能是守卫而不是鼓舞所有人的热情,这一点颇像守门员。

格林对待金融记者的态度则有些不同,有时会敞开大门把记者迎进来,但是这种方法却不一定有好结果。据一位金融记者回忆,格林曾在一顿午饭的时间内,惹恼了伦敦多位股市名记,而且还让这些名记对他产生了隔阂,这顿饭本来是由卡梅伦负责的一场"魅力攻势",不想适得其反。当时,卡顿公司邀请众记者来骑士桥总部聚餐,名记们感到格林定有大要闻宣布,所以才会把大家从新闻室请过来,于是全都欣然赴宴。"我们正喝着杜松子酒和奎宁水,等着会议室的午餐,卡梅伦则穿行其间,和大家相谈甚欢,突然就看见一个穿着袜子的小身子走进来,原来是迈克尔·格林,"一位记者想起来还忍俊不禁,"他只穿袜子已经很滑稽了,而且他还是踮着脚进来的,卡梅伦可能没注意吧,或者就是装没看见,我们可全都看呆了。"这个场面实在不多见,不过大家看了就忘了,也没太放心上,没想到格林在午餐一开始却抛出了让全场再次呆住的话。格林的声调还像唱歌一样,"我之所以要你们来,是想知道你们平常的故事究竟从哪里听来的?"这样的发问就像在问一个石油公司主管接下来开发哪个油井,或者问一位媒体大亨瞄中了哪个大单,因此,话音刚落,在场的一位资深市场记者就冷笑一声说"我们会告诉你才怪"。

格林感觉到气氛不对,于是连忙改口说自己会"有问必答",这下记者们的胃口被吊了起来。上周有预测称卡顿公司会有一场大试水,所以第一个问题就是这个传言有多少真实性。卡梅伦听闻照例沉默不语,格林却开了腔,"我不会对市场预测做任何评论"。有记者说"格林语出立马冷场,那顿午餐我们基本上就在各说各话,结束后,大家对卡顿公司和格林的印象更差了"。

不过,接下来的一个月,卡梅伦接到了《星期日商报》编辑杰夫·兰德尔的电话,现在兰德尔已是《每日邮报》的资深编辑,这场交涉中卡梅伦犯了一个极其严重的错误。兰德尔是英国金融记者行业的大腕级人物,当时他听到一个传闻说独立电视台中仅剩的三家大公司——卡顿、联合新闻与媒体以及格拉纳达——中的两家在商谈合并的事宜。他得到可靠消息,称有人看到联合新闻与媒体的主席豪立克爵士现身卡顿总部。如果迈克尔·格林和克里夫·豪立克确实准备联手,那么这个独家新闻一定会引起轰动,但还是需要一方的人证明确有此事。

兰德尔与卡梅伦于是进行了一场对话,说是对话,倒不如说是争端。记者打电话询问发言人事情的真实性,公关通常不愿证实,这当中是有行规的。第一条就是不撒谎,卡梅伦也承诺不会撒谎。那么,是否能消除记者的疑心,这就看公关的本事了,常用的伎俩有制造迷雾、转移视线、佯装发怒、拖延设阻、(要爆料时)小恩小惠、甜言蜜语甚至屈身求救。最顶级的媒体主管不仅招招必施,而且依然能保持诚实可信的口碑。卡梅伦的做法让人看到的恰恰是打消疑虑和撒谎之间的区别:我曾为政府高层官员和大公司管理过媒体发布,我承认,有几场媒体灾难发生时,我也身处其中。绝大多数的情况是你不知道问题出在哪,或者你知道也不能说出来。答复通常是"无可奉告"或者"恕我不能说",我们有时也会说"我会给你答复的",然后挂掉电话,或者大笑一通说"你从哪儿听的?"不过哪怕是资历最浅的媒体人员也会懂得一条,那就是绝对不能撒谎:一旦打破这条,你的诚信全无,职业也走到头了。

兰德尔作为资深记者,什么类型的交涉都领教过。但是他打电话给卡梅伦询问合并事宜时,得到的既非含混的说辞,也非明确的答复。而且,就在他怒气冲冲挂掉电话的几周后,突然传来了公司意欲合并的惊人消息。

2005年,戴维·卡梅伦竞选党内领导人,兰德尔早已等候多时了。他放言"我不会用我女儿的零花钱去支持他的",同年他在《每日邮报》上发表的文章更是直指要害,"我知道他这个人,他从不会给你一个爽快的答复,总是花言巧语来掩盖真相;所以他现在竞选的职位最合适他不过,他就是下一个托尼·布莱尔"。兰德尔之所以这样痛陈其词,起因就是当年的合并之事,他说卡梅伦的误导让他至今愤慨不已。"我且不说他是不是欺瞒,不过他绞尽脑汁让我觉得没有这回事。他一下说到这,一下指到那,让我方向感顿失,我身上的导航系统都失灵了。他的一番说辞让我放弃了那个报道。"新保守党领袖卡梅伦对此怎么回答的呢,据说卡梅伦被兰德尔炮轰之后,反问了一句"杰夫·兰德尔是何人? 不过是个凡夫俗子罢了。"假若现任副总编的兰德尔听到这样的回答,恐怕情绪更难平复了。

卡梅伦成功担任党魁后,似乎感到与这样一位有声望的媒体人物关系不善,对他影响不好,于是决定修复关系。2006 年初春,兰德尔收到保守党领袖特使送来的邀请函,请他出席第二周周一下午 4 点的会面。兰德尔对此很谨慎,只告诉一位密友,卡梅伦"想要求和"。然而,会面效果一般。卡梅伦说他对那通电话没有印象,兰德尔可接受不了这样的说辞,说那一桩合并是卡顿公司最有名的事件之一,卡梅伦那时还在公司。据说,卡梅伦最后话中有歉意,"如果我说了谎话,我对此道歉,但是我确实不记得有这回事"。卡梅伦的回答确实不太高明,尤其当时还有第三方在场——乔治·奥斯博恩也在会客室。这样回答说明他可能在想如何说谎开脱,对于大部分人而言,尤其是政界和公关界的人,一旦被人指责说谎,都会想要赶快撇清,因为身边人对于那一幕印象都很深刻。

格林谈起合并之事,说道:"戴维把这件事挡开,只是在尽责任而已。不这样做不行,因为你既不能肯定,又不能否认。"但是像兰德尔一样要报宿仇的资深金融记者不在少数。《太阳报》经济栏目总编辑伊恩·金得知卡顿的前政治化妆师有可能会成为英国下届首相,吃惊不已。2005 年 12 月卡梅伦正式当选党魁的前一天,金在小报上告诉读者们他"当不好的"。他之所以对卡梅伦印象不佳,理由如下:

90 年代时我和其他金融记者一样,不幸与卡梅伦交手,当时他是卡顿的公关,这家公司是全球最烂的广播电视公司,而卡梅伦也是个狠毒油滑之徒。现在圆滑讨好的功夫更甚。那会儿他只知道奉承讨好上级,经常恐吓记者胆敢写卡顿负面新闻——我们几乎都被他说过。他以侮辱别人为乐,独立电视台有位同事因为稍胖了一点,常被他公开嘲笑为"肥邦特"(邦特,查尔斯·汉密尔顿笔下的一个小学生,以肥胖和贪吃著称)。

《太阳报》最近在采访卡梅伦时尊称他为卡顿的前"主管"。他才不是什么主管。他不过是那家公司的主席迈克尔·格林的传声筒罢了,格林这个人普通得很,他支配卡梅伦的做法跟凯斯·哈里斯对奥威尔一样。金融新闻界和卡梅伦有一点是相同的:他讨厌我们,我们也讨厌他。有一次,卡顿公司的股东跟我说了一些他们看不过去的事,我于是把这些抱怨写成了报道。结果卡梅伦彻底发飙了,写信给我的老板,意思基本上就是要他炒了我。我翻出了之前的一篇报摘，真想不到，这篇报摘讲的是投资商担心卡顿对独立电视台数字节目（当时叫 ONdigital）的投入不可靠，卡梅伦却硬说他们不必担心，生意进展得很顺利。结果呢，独立电视台最后破产了，亏了 12 亿英镑。

卡梅伦还曾向金手下的编辑比尔·凯（在《周日信报》工作）写投诉信，从中可以看出他处事的严苛。卡梅伦在 1998 年 11 月 3 日致信金："我曾写信给比尔·凯分析你的文章为何根本不可信。在此附上原文的复印件。如果我要对你们所做之事进行评判的话，一定会让你们看到。希望你们以后也学学这样的逻辑。"金遂撰文反驳，但是卡梅伦随后的表现都不让人舒服，"我们记者知道的情况，他偏喜欢否认。一句话，他是我见过的伦敦城里最糟糕的新闻官。他和格林好像根本搞不清报纸究竟是干什么用的"。金说常被卡梅伦公开嘲笑为"肥邦特"的独立电视台同事名叫克里斯·霍普森，现任财政收入与关税部的新闻主管。

常和卡梅伦打交道的一位专业媒体记者则说，两人的交流很友善，都会按规矩办事，"我觉得他很专业，也从未对我撒谎，不过我总感到他在媒体这一块只是个过客，他注定是要在政界发展的。不过我们确实有过一次不愉快的经历。我曾写过一篇关于迈克尔·格林的工作的长篇报道，卡顿公司给我提供了很多资料。但是，我读资料的时候得出了自己的结论，所以没有按他们的意志来写。戴维在电话里说话火很大，还狠狠地扣了电话。我当时非常吃惊。我从业二十多年，第一次遇到这样的事情。我们一向关系不错，但这件事显得他很不专业"。

卡梅伦在卡顿工作时与记者的关系闹得这样僵，作证的人不止一个。现任《伦敦晚间标准报》克里斯·布莱赫斯特评价卡梅伦时说他是个"自信过头，话语尖刻，一副优越屈尊的态度，如果有不好解答的问题，可别指望他提供一点帮助，他还可能会挡你的路。假如谁告诉我他可能会成为'首相'，那我会告诫他不找人帮忙可不行"。《泰晤士报》的投资版编辑帕特里克·霍斯金也表示卡梅伦是个"拦路虎"。

卡梅伦在卡顿工作的七年中一直为公司说话，但还有不少批评是对着公司来的。成为保守党的新党魁之后，他发表的演讲只要提到自己的行业经历，他都会审查再三，如果他以自己曾发表过的一桩新闻为鉴，便不会对 W.H. Smith 与 Cadbury's 两家公司的合并大肆批评了，他发表那桩新闻时还是卡顿的公关，发表新闻时正是宣布与上述媒体公司合并的时候。霍斯金一方面纠结于这段过往，一方面却像在为卡梅伦说话："他的公关经历很丰富，但却没让他日后从政时显得更有派头；这跟他负责的事务有关：明知砍掉'十点档新闻'是为了播放朱利安·克拉里主持的"夫妇相随"节目，还要为其开脱；为对准儿童投放商业广告的案子辩解；为在成人观影时段播出犯罪题材电视剧《败坏》当中的不雅片段辩护；解释卡顿公司缘何会播放一部长达一小时，由英国电信公司提供剧本、赞助和全部资金的节目"。一位熟知卡顿公司运作方式的资深人士说出了自己的想法："我向卡顿的职员了解过，要我说，戴维一般会面见迈克尔，告诉他媒体有什么动向，然后问他'我该怎么说呢？'为迈克尔·格林打工的人都会按迈克尔的意志行事。"

卡梅伦在接受《太阳报》采访时，正是他竞选党魁的最关键阶段，他说出了关于在卡顿工作的最全的"证词"，"业内都知道我的嘴很紧。我不能对媒体撒谎，所以有时只能添设障碍，说话尽量简洁。我一直保持礼貌和友好的态度，不过我也有强硬的时候。若让我选择，是想受人欢迎还是功成名就，我会选后者。我做好了准备，择善固执，做一个不受欢迎的首相"。

媒体联手讨伐卡梅伦，格林却对自己这位政治化妆师庇护有加，"大卫不论顺境还是逆境都有出色表现。每家报纸都有几个记者成天构思媒体行业的新闻，（但）有时没有素材，也就无话可写"。格林说公众眼中有万象生活，卡梅伦看到的是其最原始的形态。"对有的报纸而言，我们这些人一会儿是才子英豪，一会儿是疯癫狂人，有时甚至不知道自己做了些什么。因为走在时尚界，我们深知受人追捧和无人问津意味着什么……我这个人生性敏感，容易受气，所以戴维一定见过我的各种状态：失败、得势、失势、奋发图强、重整江湖"。末了，他还加上一句："我想戴维看到我那么在乎，心中应该很高兴。"

虽然卡梅伦来卡顿前就养成了注重细节的习惯，但是在格林看来，他工作以后变得更加细致了，"我们习惯把所有情况都考虑到，因此戴维发现我那么看重细节，非常惊讶。他还认识到虚张声势毫无意义。对记者我们是很重视的，尤其是脑瓜子好使的记者，因为你不可能唬住所有人，幸好有人懂我们这个行业的运作方式"。一位在90年代报道过卡顿的分析人士说，卡梅伦在卡顿公司吸取到了有利于他发展的东西，"戴维从格林这里学到了如何打造一个品牌，使其从无到有，所依靠的仅仅是个人魅力而已，毕竟卡顿公司全靠打造，如果没有撒切尔主义，这个公司可能还不存在"。

初战告捷

戴维·卡梅伦来自匹斯莫尔，他的兄弟和父母依然住在这儿，从这儿坐车去牛津郡的惠特尼集镇不到40分钟，景季庄园离惠特尼集镇更近，是萨曼莎的妈妈安娜贝尔·阿斯托尔的家乡。惠特尼以乡村闻名，农产品极为丰富，保守党人道格拉斯·赫德曾担任代表惠特尼的议员，他在位多年，坚持国家的有机统一，他的政治理念是惠特尼的真实写照。惠特尼与伦敦相距甚远，没有受到首都太大影响，但与牛津近在咫尺，因此深受其彬彬有礼的气质熏陶。要说比惠特尼更适合卡梅伦的选区，全国范围内恐怕也没有几个，而卡梅伦也正与惠特尼契合。这个席位原本为保守党人肖恩·伍德沃德所据，但2000年伍德沃德宣布转投工党，让人大为吃惊。伍德沃德曾与卡梅伦共事，是1992年参与大选的老前辈，在保守党领袖威廉·海格决定反对废止"1998年地方政府法案"第28项，删除"鼓励"校园同性恋的内容后，伍德沃德似反感海格的这一决定，宣布转投工党。

伍德沃德的叛离让当地保守党员既羞且怒，这样的行为简直不可饶恕，不过，他的离去也为忠心可嘉的候选人腾出了宝贵席位。他后来回到下议院的座席上，不过已是代表南圣海伦斯的工党党员身份。角逐在两位实力相当的候选人中进行：卡梅伦和安德鲁·米切尔。与卡梅伦不同的是，米切尔并非"新晋小生"，只是1997年的泥石流让他失去了诺丁汉郡代表戈德林镇的席位。他曾在约翰·梅杰政府中担任副部长一职，还有过商业银行家的辉煌经历。当地委员会主席查林顿爵士回忆，2000年4月选举大会的前夕发生了一起"大骚动"，起因正是米切尔。在此之前，查林顿已经开始进行支持米切尔参加竞选了。

卡梅伦显然风头更甚。米切尔对此表现得宽宏大量，并强调未来的领袖定然从今日杰出的候选人中产生。然而，竞选中出现了一些不道德的做法。一个名为"保守党前进之路"的撒切尔派小组盯上了他，这个小组深受反欧盟主义的影响,宣扬右翼政策。小组中活跃的成员有丹·汉纳和道格·史密斯。保守党员瓦尔斯·西蒙·沃尔特斯在著作中提到米切尔在谋求席位时,不幸成为了一场秘密活动打击的目标,这场活动的宗旨是"他走到哪就跟到哪,不论他坐上哪个席位,都有诽谤之言等着他"。米切尔最终被选为萨顿科尔菲尔德市的议员,在此之前,还有活动分子称汉纳催促她收集关于这个候选人的"更多信息"。早在惠特尼选举前一年,卡梅伦和米切尔两人的名字就同时出现在苏塞克斯郡威尔登市选举最后晋级名单上,因此卡梅伦的选举之路与米切尔相仿,对当时的情况也最有发言权。

当时,为卡梅伦提供信息与帮助的人无可挑剔,他们是蕾切尔·维特斯通的父母琳达与弗朗西斯。维特斯通夫妇住在威尔登市选区,还是当地保守党委员会的主要负责人。沃尔特斯在书中记录了一位"当地资深保守党员"是如何向卡梅伦的对手发难的,"米切尔先生,上届保守党政府深为政治黑材料所累。议会调查中显示你参与的活动牵涉到一笔问题资金,你难辞其咎,我们实难选你为代表我市的议员"。沃尔特斯写道,这番指控实乃大谬矣,因为调查确定米切尔并没有以不正当行径,影响对尼尔·汉密尔顿的调查。琳达·维特斯通表示虽然她和其他人对米切尔在欧洲问题上的站位有疑虑,但并不曾参与打击米切尔竞选的活动。选举进行至最后环节时,卡梅伦以一票之差败给了查尔斯·亨得利。米切尔没有进入前三。

现在,惠特尼选区也出现了同样的诽谤之声。这一次,有人指控米切尔宣称为反欧盟活动小组"先令商业"服务是假,这无异于将米切尔视为秘密的欧盟分子,米切尔为自己辩护,并称这是对手们在不合事实地"夸大其词"。竞选结果即将揭晓时,"先令商业"小组公布了一封信,信中否认了米切尔曾为其全国委员会服务。这封信是道格·史密斯找出来的。相较而言,卡梅伦的反欧盟立场无可辩驳,有意思的是,虽然无人猜测卡梅伦当时是不是知道史密斯向其对手米切尔所做之事,但后来史密斯却成为了他的讲稿撰写人。

尽管"保守党前进之路"小组起到了一定作用,但是就算没有这一小组,卡梅伦或许也照样会取胜。他在演说时完全脱稿,却依然侃侃而谈——现在脱稿演讲已成为竞选大会的要求——而且他还走下讲台,与排成马蹄形的会议桌后的当地党内领导人直接对话。查林顿爵士回忆说,卡梅伦不站在讲台后面,而是走到前方去,让他与听众的交流更加顺畅而亲切,"其实就在候选人走进来的那几秒钟,听众已经有了判断。他走入大厅,来到讲坛前方,用非常清晰的语言演讲了五分钟,姿态落落大方。他仿佛与我们融成一片,我们也被吸引住了"。整场演讲堪称完美,最重要的是,并不显得过分精雕细刻。这一点他要感谢夫人,是夫人指出了这两者的不同。从那以后,卡梅伦更加信任萨曼莎的直觉了。

20世纪90年代中期的一天,夫妻两人与肖恩·伍德沃德和夫人卡米拉共进晚餐。卡梅伦与伍德沃德曾在中心办公室共事,关系一直不错。但是,在回家路上,萨曼莎对丈夫说,直觉告诉她决不可相信伍德沃德,但是卡梅伦表示这不可能。2000年伍德沃德转投工党,卡梅伦对友人相告:"萨姆是对的,我的判断失误了"。

因此,当萨曼莎告诉卡梅伦为何在威尔登失利时,他引起了注意。他的雄心壮志的确让委员会为之振奋(他说自己想成为财政大臣),但是萨曼莎却敏锐地指出败选的原因:演讲时还缺了一点即兴之味。琳达·维特斯通的说法更直截了当:"他的演讲简直差到极点,连他的妻子都这样觉得。他从讲台上走下来时说,'我感觉不对',他的妻子说道,'会有对的那天的!'这话果然应验了。"一位名叫尼古拉斯·波尔斯的现代派保守党活动家说,萨曼莎告诉卡梅伦他的演讲"过分熟稔,准备痕迹太重",据波尔斯回忆,"萨曼莎还总结出一套答题程序,回答任何问题都可以根据个人、来源地和国家这一顺序依次引证或举例,这套程序不仅我用过,还有很多人都采用过"。

选举结果刚刚基本确定,卡梅伦夫妇便收到了查林顿家的午宴邀请,在宴席上查林顿提议说,自己有一处小房子正好空着,他们小夫妻可以周末去住住,以免去为竞选奔波劳累。卡梅伦夫妇一听非常感激,若要再找房子恐怕既不方便又费钱,于是很快搬入了位于迪恩的这所小房子。卡梅伦谨记斯塔福郡的教训,精心"耕耘"着新选区。查林顿爵士还记得"尽管这个席位基本非他莫属,但他依然尽心尽力守护着席位。看他那么投入那么在乎,我们都非常有感触。他平时每天都要上班,但是周五晚上会过来,把整个周末用来处理选区的事务"。

同年9月,卡梅伦致信《每日邮报》,信中提到他像当地保守党员一样主动作为,嘲笑伍德沃德所作出的不再支持狩猎的决定,这样做其实是在对当地保守党员有所暗示。伍德沃德曾声明自己会在舆论发生变化时进行自我调节,卡梅伦则用反诘语气讽刺这位前同事:"伍德沃德先生有没有对迫使他卸任的舆论问题——第28项和鼓励校园同性恋——做一番调查呢?"若要与卡梅伦今日对待同性恋的态度相较,他当时选择的素材和表达的方式都耐人寻味。在2006年举行的大会上,卡梅伦坚持同性恋与异性恋这两种关系都是合理有效的,听众对此回报的掌声显得非常犹豫。而 2003 年时他还曾在支持取消第 28 项时败下阵来。朋友们都说,现在卡梅伦不得不承认他以前对第 28 项的态度是错误的。

次年 3 月,卡梅伦在当地发起了关于欧洲事务的"民意大调查",这实为拉选票的一种方式,下个月他就要参加正式选举了。不过,由于口蹄疫的爆发,布莱尔只好将选举推迟至 6 月,于是候选人又多了一个月准备。卡梅伦可没闲着,而且还无意中用对了一个招数,对他的政治宣传非常有利。四月的时候,他意气风发地宣布自己将骑自行车跑遍选区的每个村落,进行慈善募捐。他已经"很多年"没骑过自行车了,不过或许觉得这样做能让选民熟悉他,提高一些知名度。没想到,看似玩笑的做法居然起了作用,生性敏锐的卡梅伦也从此举中悟出了政治的真理。

卡梅伦骑车的热情家喻户晓,离不开"卫报无止境"网站的从旁协助,网站专门为他开辟了一个专栏,助他打造形象。卡梅伦常用这个新平台开对手的玩笑,偶尔也承认自己的过失。伍德沃德常被拿来说笑:前任究竟有没有在选区的大庄园中用管家,卡梅伦的探究可谓乐此不疲,这所庄园是伍德沃德和夫人一同购下的,其夫人继承了家族经营的超市。有时,卡梅伦会做些别的事,比如他曾被迫向他的工党对手致歉,因为他把对手称作"可叹可憎可怜可恨的讨厌鬼"。渐渐地,专栏基本用来发表各类自嘲的文章。有一天,他写道有一位老太太说不能前来投票,因为她的爱犬走了。卡梅伦善心大发,连忙表示愿意帮忙寻觅爱犬,其实老太太是说她的狗仙逝了。还有一桩轶事没有写出来,他在奇平诺顿遇到老校长埃里克·安德森爵士,当时老校长正在买东西,卡梅伦不忘竞选一事,追着德高望重的校长喊,"校长,校长,你会投我一票吗?校长!"

游说归游说,卡梅伦在评价威廉·海格竞选失利的问题上作出了敏锐的判断。5 月 15 日,他提出了一个问题,他说,欧洲问题"会一直充当影响人们投票的最大杠杆吗? 如果你挨家挨户地问,恐怕答案会是否定的。教育和国民保健服务才是人们最关心的,两者以往的战功不相上下"。这一评断已经成为了分析竞选失利的结论,那就是过分依赖欧洲,代价却是英国的公共服务体系。

说到他在 6 月 7 日的竞选之战,胜局早已确定。他不仅以七千有余的选票优势胜出,而且提高了保守党的投票比例;与他前任在惠特尼竞选时保守党选民所受待遇相比,这个成绩着实不错。

威廉·海格在 6 月 8 日清晨从哈罗盖特飞抵伦敦,并撰写了一篇简短有力的讲稿。几小时后,他站在保守党中心办公室的台阶上,充分演绎了这篇讲稿。但是,他说这还不足以阻拦工党的竞选浪潮。现在,需要有人出来振兴保守党的运势了。戴维·卡梅伦到达议会时,马上就要面对该支持谁参加党魁竞选的问题。有一个人资历不错,但必须排除,那就是他自己。他向知心好友倾诉:"现在要立稳脚跟还为时过早,对不对?我觉得太早了。"看得出,他心里明白,有朝一日他会为此一搏。到任六天后,《每日邮报》就询问了他的看法,"(保守党)需要启用新的语言,开辟新的途径,对支持力度不够大这个问题展开全新的研究。80 年代的工党是如何当选的,他们放弃了单边裁军、惩罚性增税、全盘国有化和工会化。保守党的问题其实更难解决,因为找不出一定要废除的政策。我们需要制定清晰可依、积极向上和富有感召力的公共服务制度"。

这番话与卡梅伦今日的政治理念极为相似,而在当时简直就是在声援迈克尔·波尔蒂诺发出的为现代化共同努力的呼吁,不过,戴维·卡梅伦之前对现代化事业一直都不很积极。这可能和他个人喜恶有关。一位熟知卡梅伦和波尔蒂诺的保守党议员说两人相处颇有些小心翼翼。其实两人的对立早在财政部就显现出来了,造成这一局面不仅是因为地位上的悬殊。波尔蒂诺任内阁部长时便看出卡梅伦这位特别顾问很不简单。

如今,卡梅伦已然当上议员,但还是无法下决心支持哪一位成为党魁。接着,他参与了一场在查林顿村庄进行的板球比赛。这场比赛对于卡梅伦来说是本土作战,比赛双方为工党和保守党的政治活动家们。《观察者报》的政治版编辑彼特·欧本是比赛的组织人,这实为在较为和谐的环境中较量谁更英勇无敌的好机会。本·维格·普罗瑟是卡梅伦通过埃德·维泽介绍认识的朋友,后来成为了布莱尔政府行将落幕时期的重要助手,普罗瑟在"工党六队",其队友还有詹姆斯·普奈尔和安迪·伯恩罕,都为政府新任部长。蓝队队员中有一位资深保守党员,他还记得卡梅伦说到对政党竞争的兴趣时,毫不隐瞒自己的想法。"他走到我身边来时我根本没注意到,他问我觉得谁会赢大选。我说'波尔蒂诺',他讲:'那我就投他吧'。"虽说是玩笑话,但不难看出他语带讽刺。

新官上任

6月27日,卡梅伦被贴上了支持波尔蒂诺的"可能派"标签。第二天就要在下议院发表首场演讲了。既是首场演讲,国内的媒体至少要有所动静,札记作家们也等着看卡梅伦如何对选区的前辈们表达敬意,同时这也是尊重下议院传统的表现。卡梅伦在竞选活动中发起的"管家门"再一次出现在他的文章中。他一向长于判断听众好恶,这一次也不例外,他援引众多功勋卓著的惠特尼议员,尤以道格拉斯·赫德最为推崇,"我之所以能顺利成为南圣海伦斯的荣誉成员,也是深受赫德影响……现在他依然关心选举,不仅保持着选民身份,而且还为本职工作与公共事业作出了卓越贡献,我们住得很近,天气晴朗的时候,我还能从小屋后的山顶上看到他的宅邸,屋顶的尖塔在阳光下熠熠生辉。"媒体反响热烈,下议院的议员同事们在茶歇时也饶有兴趣地谈起演讲的内容,不过,母亲玛丽·卡梅伦的反应可不一样。玛丽观看了议会频道播出的演讲后,告诉儿子要换个发型,"别老弄得像彼特·曼德尔森一样"。她还劝儿子不要"在说话的时候把手舞来舞去"。

终于,在7月10日,卡梅伦宣布支持迈克尔·波尔蒂诺,此时距保守党议员投票仅剩不到一周的时间。然而,波尔蒂诺的竞选并不尽如人意。虽然他进入了下一轮投票,但票数夹在议会各党的右翼党员所投的伊恩·邓肯·史密斯与亲欧盟派余部所投的肯·克拉克之间。卡梅伦对波尔蒂诺竞选失利的一番评论至今读来还非常生动。"结果呢,'西班牙无敌舰队'全员败退,我们这位新人也只好退下来。"波尔蒂诺败选的第二天,也就是7月18日,卡梅伦这样写道:"哪个环节出错了?我们这位选手有着满溢的热情、在政府最高层工作的无可挑剔的资历以及全党内部真诚的拥护……我们的选手无论领导才能,还是全新的政策和理念都让议会的党内人士振奋不已,全英国的保守党员也顿感耳目一新。可能选民们还来不及适应吧。我就是这么觉得的。"

卡梅伦的疑虑很明显,但2001年大选的新星乔治·奥斯本却是不同的态度。朋友们都说，奥斯本比卡梅伦更早"发达"。卡梅伦在卡顿公司踌躇不前时，奥斯本已坐上了史密斯广场的官员之位，在此之前，史密斯广场的官员们早已用才智和心智打通了向现代派的保守党进发的道路。他们当中有现任《泰晤士报》社论编辑的丹尼·芬克斯坦，Populus 公司的主管安德鲁·库伯。库伯是公司中的保守党派，是得出保守党不受欢迎原因的第一人，他曾进行民意测验，发现选民偏爱保守党的政策，但他们之前并不知道哪些政策是保守党的。可见问题并不是出在政策上。

奥斯本的密友说要了解其对困扰保守党的问题的洞察力有多强，就要从他经历的失败入手。他谈到自己的经历时说："我生活上没有遇过强敌，但工作中却没有谁像我这样经历如此多的考验。我入党的那一周'再谈基础'政策失败了，我在农业部工作的时候疯牛病来了，为约翰·梅杰 1997 年的大选出力却遇上竞选失败了，接下来的四年都为威廉·海格做事，上届议会期间我一直在一线为竞选出力。"

奥斯本与卡梅伦经历极为相似。俩人都出身富贵之家，奥斯本继承了准男爵爵位和家族的墙纸产业，上过牛津，后都在保守党研究所工作。但是，俩人除了有诸多相似之处，以及外界都知道的俩人素来交好，其实还有很多不同点。虽然卡梅伦被安上了个"诺丁山"的名号，但实际上奥斯本比他更有文化素养，更有城市范儿。他的母亲菲莉西曾担任过大赦国际的事务员，所以奥斯本小时候就在大赦国际一年一度的慈善义卖（贝斯沃特分部）上看管玩具摊。他的父亲则与兄弟共同经营 Osborn&Little 公司，生意极为兴隆。小吉迪恩（即奥斯本，他少年时未经商量就把名字改了）成长的环境中不乏擅长思考的人。父母常与作家、记者和艺术交易商打交道，但其中无一人是保守党员，不过他的母亲给玛格丽特·撒切尔投过一票，理由却很简单，"因为她是女的"。

卡梅伦的小镇拉票与奥斯本截然不同。虽然他认同某些现代派人士所认为的保守党在 2001 年中的感染力有其狭隘性的观点，但他觉得现代派的发展呈现自我放纵与自怨自艾的趋势，对此他非常鄙视。朋友都说他是一个很有修养的保守党员，如果听人说因为他的父母、朋友甚至他自己的为人导致选民不喜欢他，那么他会特别介怀。或许最大的不同点是卡梅伦没有像奥斯本那样，经历梅杰政府倒台的日子或是海格实施现代化政策的日子，海格由于力挺右翼没有将政策贯彻到底。这些伤痛的经历是奥斯本实现"发达"人生的良医，也让他刚进入议会便被视为波尔蒂诺的接班人，他要实施现代化的理念经由助理精心设计，让议员们更能看到他的才能。在接下来的四年中，卡梅伦的地位将逐步向奥斯本靠近,并成为现代派领导人中可能接替奥斯本的人选。

波尔蒂诺败选后,卡梅伦需要确定在最后一轮党内投票中支持哪一位。波尔蒂诺的拥护者投给支持克拉克的可能性很大,但是伊恩·邓肯·史密斯是党内反欧盟派心目中的英雄。虽然萨曼莎想要支持肯·克拉克,但卡梅伦还是选择了史密斯,因为他觉得史密斯胜算更大。卡梅伦绝少进行人身攻击,但这次却对八年前将他打发出财政部的克拉克进行了一番斥责,批判他毁谤对手的做法。"克拉克先生分不清在吧台和在政坛的区别,喜欢把对手称为'嗑药的人'和'刽子手与皮鞭手',每次这样说都让我不寒而栗,"卡梅伦在9月5日的网络专栏中写道,"克拉克管人的方法就是一把抓,这当中有利也有弊。多年前就有一位顾问对我说过:'肯用的一把抓的方法有一个问题,那就是每个人都免不了被沾上点什么东西'。"

保守党在2001年的大选中仅仅获得了一个席位。政坛失势在所难免,不过也有其欣慰之处。这166名保守党议员虽然不能成大势,但正因为人数稀少,所以在反对他党时人均份额更大了。这一判断成为了事实。戴维·卡梅伦轻轻松松获得了后座委员会中的一个好位置,7月即被任命为内政部特别委员会委员,这是下议院中地位最高的三个委员会之一。

照理说,新人上位可以先观察一段,等待时日再出头,可卡梅伦并不这么想,他希望从一开始就有大动作。委员会召开首次会议时,卡梅伦就提出委员会可以着手调查吸食海洛因的问题或"思考如何修改有关大麻的法律"。一个月后,他这样写道:"在毒品问题上,我是一个绝对的自由主义者,我反对以国家的名义禁止任何事情的做法,但是我也非常担心,一旦立法,将会使毒品更加泛滥,试毒之人更多。"他还讲了一个例子,有位少年告诉他,基本上每个六年级的学生都试吸过大麻,借此他进一步发问:"难道现在大麻已经随处可见,就算将其非刑事化或者合法化都不会再增加其消耗量了吗?"

他提出这一问题后,工党内政部长大卫·布朗奇马上作出了回应。由于委员会要求布朗奇对毒品调查发表看法,给出例证,于是布朗奇在会上宣布他在考虑调整大麻的分类级别,将大麻从毒品B级调到C级,声明一出语惊四座。让卡梅伦不解的是,一向以非自由主义者著称的内政大臣居然跑到了他的前面,其他委员也都十分惊讶。卡梅伦迅速作出反应,表示布朗奇的提议还不够深入。将大麻降级当然是"合理的",但收效恐怕"甚微"。他问道"为什么(内政大臣)不直接指出大麻的真正问题所在就是黑市交易,这点和海洛因与可卡因没有区别"。

第二周委员会的调查继续进行,卡梅伦的工作也更加深入了,好像在暗示政府应该考虑大麻批发的合法化。卡梅伦在对内政部毒品策略主任苏·基伦发问时说:"虽然不至于采用极端的方法,但是如果想都不曾想一下的话,那就太悲哀了。"委员会最终没有按卡梅伦的想法行事,但是2002年5月却出台了一份报告,引发了极大的争议。报告中建议将摇头丸从毒品A级降为B级,并尝试建立"注射厅"的做法,瘾君子可以在此注射规定数量的海洛因,而且相对较安全。

　　报告的这番建议让委员会的一位保守党成员无法接受,这名成员叫安琪拉·瓦金森。瓦金森拒不承认报告有效,特别委员会很少见到如此有超越党派精神的情况。不过,卡梅伦却在媒体上为这项大多数人支持的提议说话,言语极富热情。他在《每日邮报》中写道:"毒品在我们当中泛滥,眼看每个人都将成为牺牲品……如果只是一味说教又有何用,告诉年轻人各类毒品没有本质区别,这样的劝告根本不起作用。他们才不会听。将摇头丸和海洛因并列没有任何意义。我们想要让警力集中在破坏性最大的毒品上。每年都有八万余起因私藏大麻而引发的逮捕。若要对疑犯逐个盘查取证,那会耗费无尽的时间,实际上对五分之四的人都只是警告了一下;这样利用警方的时间难道很经济吗?"

　　由于卡梅伦赞成建造"注射厅",还非常支持降低吸食大麻和摇头丸的刑罚级别,因此付出了一定的政治代价。当地的报纸攻击他,有些党内的同僚也站到了对立面。若是一个对职业生涯精心规划、旨在夺取高位的人,恐怕不会让这样的插曲出现。或许因为卡梅伦有了发言的权利,却不认同发言的内容,所以就像得到了恩准一般,对执着的做法大谈特谈。不论从哪个方面来说,心智也好,直觉也好,或者个人感受也好,卡梅伦只想采用具体措施减少这些害人之物,所以他将狭隘的政治利益放在了一边。然而就在四年后,他为此付出了沉重的代价。

　　由于特别委员会的遴选工作极为细致,因此2001年入选委员会的新保守党议员受到了媒体的密切关注,比其他委员会更受瞩目。卡梅伦未进入下议院时便不时传出要闻,所以入选之后立马得到了媒体的青睐。迈克尔·戈夫自然是最早举荐他的人。戈夫推举他进入影子内阁,虽然是非正式的,但至少有媒体证明,这一回身为《泰晤士报》专栏记者的戈夫稍显谨慎了,"议员好似葡萄美酒——普通成色的果实照样能成佳酿。"他在2001年9月1日的专栏中提到托尼·布莱尔与戈登·布朗"都是才能卓著的议员",但是1983年当选议员时，工党那一年的大选却惨遭失败。戈夫在新议员中挑出三位，称其具有"唐宁街的素质"。戴维·卡梅伦位列三位之首（另两位是鲍尔·古德曼与乔治·奥斯本）。戈夫还猜测"诺丁山派"这个绰号跟随卡梅伦至少已有三年，因此卡梅伦可能因这一点遭到批评："虽然（他）从伯克郡来，但（他的）诺丁山名号在某些人眼里显得太过于都市化。"

现在奥斯本与卡梅伦关系更密切了，两人的社交圈子还有一点相交：奥斯本的夫人弗兰西斯在牛津读书时听说过卡梅伦，奥斯本在保守党研究中心时在维特斯通手下做事，后来卡梅伦离开内政部去了卡顿公司，维特斯通接任他的职位。奥斯本在 1997 至 2001 年间担任海格的政治秘书，并顺利当选代表塔顿的议员，卡梅伦则被提名稳稳当上了惠特尼的议员。这样看来，他们俩必然成为 2001 年新人中的冉冉之星。

成为议员之后，奥斯本更加见识了卡梅伦的政治才干。纽约与华盛顿遭遇了 9 月 11 日的袭击后，内政大臣大卫·布朗奇提出了一系列新的反恐法，立法需要首先通过下议院讨论。议员们必须对措施条款逐条辩论，因为所提出的措施争议性很大，堪比历来争议性极大的未经审讯羁留的措施。奥斯本觉得出头的机会来了，于是开始出席媒体较为关注的讨论会。在场的新议员除了他还有一位：戴维·卡梅伦，卡梅伦的想法与他恰巧一致。托尼·布莱尔和戈登·布朗也曾像他俩一样，1983 年时成为新晋议员，在同一个委员会中审理"1984 年工会法案"。2001 年 11 到 12 月间，卡梅伦与奥斯本则一块经历了漫长的"反恐、犯罪与安全法案"的审理期。他们都住在伦敦西，而且隔得很近，所以奥斯本成为了卡梅伦的"司机"。后来奥斯本决定让他的座驾"梅赛德斯 A 级"轿车在家休息，骑车上班，卡梅伦也开始骑车，他正好在竞选的时候就骑过呢。

卡梅伦希望能提升自己的形象，对于自己在这方面付出的努力毫不掩饰，同年 12 月《卫报》上发表了他的专栏文章"上周我大部分的时间都在商讨出镜的问题，为上广播和电视节目做准备，还上了很多节目，没错，媒体就是很喜欢我"。他与媒体打得火热，随时迎接"演播厅闪亮的灯光、演播休息厅和化妆品"的世界，他这般投入，可没准备为自己辩护什么，更没想过搬出什么套话，比如"我努力争取大家的认同"之类。这个专栏也集中展示了他的演说技巧，不过直白得很，政治家们平常根本不会公之于众。这么多年来，卡梅伦一直在为政治家和商业人士的媒体形象出谋划策，现在该是他用经验来说话的时候了。他在为参加邀请政坛人士出席的电台"有问必答"节目准备时写道：

千万不要在上节目前和约翰逊·丁布比一起吃饭的时候喝任何东西；不要太担心演播厅观众穷抓猛打——电视机前的观众才是王道。讲的话一定要在理。

迈克尔·波尔蒂诺曾向我透露过一条高人指点他的原则：在饭桌上对其他与会人士鲁莽一点，强硬一点，他们会激愤不已。然后，在他们大嚷大叫夸夸其谈的时候，你就可以顺水推舟做你的文静小生了。

他在 BBC 电视节目中说自己曾经糊弄过制片人，让人家满以为他会大肆发表右翼言论，结果镜头一对准他，他便改变路数，说话妥帖毫不张扬，"那期节目虽然不说是最好的，但是我充分地表达了自己的想法"。他的"小报策略"就是熟悉电视节目时刻表，还有"多开玩笑"。

除了在毒品问题上卡梅伦打破常规与工党议员联手，打猎也是他与市区的选民们步调不一致的问题，可是保守党若要夺回执政权，这部分选票是必须赢得的。卡梅伦之所以反对禁止携带猎犬捕猎，这与他一贯的自由主义风格相关。不过，除了心理上不认同，他还表示打猎问题让他格外"火大"，平日在议会讨论中温恭有礼的他，在围绕打猎问题展开的一次重要辩论中居然忍不住骂人，他说杰拉德·考夫曼爵士是个"只会炫耀的废物"，而且还让安·威特库姆下不了台，这两位虽然党派不同，但都是支持禁猎的主要人物。据说卡梅伦听到同僚支持禁猎时，对工党议员大声喊道，"你可以去学威特库姆啊！"

其实，卡梅伦对禁猎如此敏感，道理不言自明：马匹与乡村运动是他生活中的重要部分，也是他幼年生活环境的一部分。父母亲都热衷于赛马，父亲更是迷恋赛马运动，还与雷吉·谢菲尔德拥有许多赛马。伊恩·卡梅伦曾于 1977 年带儿子去安特里观看马赛，年仅 11 岁的戴维一直记得名叫"红色朗姆"的赛马完成"运河急转弯"的惊险场面，最后赢取了全国大奖。卡梅伦学骑马的时间比哥哥姐姐稍晚。或许他一开始并没有对打猎充满热情，因为他学打猎的时候受了不少惊吓。他住在迪恩村选区时，邻居恰好是海斯洛普捕猎协会的荣誉秘书，卡梅伦基本都是跟随海斯洛普协会去打猎，他在进行大选时还告诉一家报纸他一辈子只打过大概十来次猎。他有一匹马，养在岳父的景季庄园的马厩里。这匹马名叫巴特，是一匹典型的英式狩猎用马，毛色为深栗色，高约 17 个掌宽（一掌宽，等于 4 英寸，用来量马的高度等），卡梅伦骑起来非常威武。

这匹马或许就是他为了宣传打猎运动，和海斯洛普的人一块出去打猎时骑的那一匹。他在网上的专栏中写道，"我坐上马背，和海斯洛普协会的人出去打猎。那一天实在太惊险了，我之前没有任何思想准备。我的坐骑力大无比，完全不受控制，只能把自己交给它，任它在树林里穿梭。本来我想就在田野这边随便转转，结果回过神来的时候，自己已经到了田野那一头，这都是拜一只狐狸所赐。这狐狸突然窜出来，引得马沿着森林里的小道狂奔了十五分钟，我当时真想一死（这还是轻的）了之。结果，狐狸还是跑了。两个半小时骑下来，我跳下马背时浑身都湿透了，整个人都散架了。可我那匹马连汗都没出一滴。"

这段经历确实"惊险"，可要和卡梅伦最吓人的一次骑马经历相比，那就逊色不少了。2001 年夏天，他和萨曼莎、多姆（多米尼克的简称）以及迪芙·罗尼斯在肯尼亚的马赛马拉骑着马观看野生动物。卡梅伦的马差不多排在队伍最前面，当他们经过一个干河谷时，一头狮子突然出现，一口咬住了排在第十七位的那匹马的腰腿部。马背上的人倒是没事，不过紧跟其后的迪芙·罗尼斯的马受了惊吓，急速后退，把她甩了下来。卡梅伦还没反应过来，胯下的马就惊得跳起来，他调转马头，只见骑在最后的阿根廷裔导游用区区一根小棍就把狮子赶跑了，嘴里还不住骂着什么。

说到英国乡间的运动，卡梅伦比较喜欢射击，近来还迷上了钓竿。他很小就学会了射击，那时候常和兄弟们在匹斯莫尔郊外用气枪打兔子，朋友们夸他的眼法很好。他还和迈克尔·格林一同在诺福克猎狐狸，在侏罗猎鹿。几年前，他还在苏格兰岛上学过怎样用假蝇来钓海鳟。好友说侏罗对于卡梅伦而言是一个重要的所在：在这里他可以暂时放下政界的种种压力。阿斯托尔家族的房子被称为"塔比特小屋"，小屋矗立在一片沙滩上，位置较为偏远，面朝"侏罗之声海峡"。前来旅行的人都说小屋里面温暖而舒适，就像住在一辆漂亮别致的大篷车里，车外不时拂过丝丝微风。安娜贝尔·阿斯托尔的小屋常备美味小点，这些美食都是定期从爱丁堡和伦敦的知名商店中购来的。

卡梅伦每到侏罗，都会做一件事情，那就是晚饭后在海里游一会儿泳，天气因素不在考虑之列。他到其他国家游览时也常会不顾严寒，跳到水中游泳。时任《每日邮报》的查尔斯·摩尔还记得 1999 年 11 月的一个周末，他和卡梅伦到朋友兰道尔·邓鲁斯位于安特里姆镇的格林纳姆城堡参加聚会。摩尔说卡梅伦在周六的晚宴上玩得很开心，"心情好像特别愉悦"。可是到了第二天早上，问题就来了。卡梅伦在烤吐司的时候，因为烟太大把城堡里的火警报警器弄得大响，接着救火车匆匆而至，带着七名消防员前来救火。因为消防员急着救火,所以开着车直接冲破了刚刚修好的安全门,到头来只是虚惊一场。为了"赎罪",卡梅伦当天跳到一条小溪里把自己好好洗了洗。

卡梅伦习惯于这样的生活,因此打猎一类的活动对他似乎有天然感召。不过,若要判断他与生俱来的忠诚意识是否会影响他进行政治决策,最有说服力的莫过于伊拉克事件。

伊恩·邓肯·史密斯是在9月11日恐怖袭击后担任保守党党魁的,从一开始他便力主支持"反恐战争"。托尼·布莱尔的决定是在战争中与乔治·布什"并肩作战",所以让保守党派一时挺为难。邓肯·史密斯对国际恐怖主义的了解在很多议员之上;他最后决定带领保守党在此问题上给予布莱尔绝对的支持。

戴维·卡梅伦当上议员不到四个月的时间,他对于布莱尔的处事方式非常欣赏。由于他是内政部特别委员会的成员,可以参与首相私下召集召开的基本情况特别介绍会,因此这一时期常常能见到首相布莱尔。英国出兵阿富汗前,下议院就此召开了一场辩论会,会上还提出北约的哪些盟国会派兵,不过这番考虑是为了更好地配合出兵,而非招来异议,卡梅伦也参加了这次辩论。今日的保守党员没有谁会觉得布莱尔对阿富汗的政策有误,但是当时保守党却迟迟下不了决心,让人大伤脑筋。下议院的投票非常重要,如果2003年3月开战前夕得不到像戴维·卡梅伦这样的保守党议员的支持,那么布莱尔就没有办法处理自己党内的反对意见。局面就这样僵持着,还有几位保守党员在投反对票,其实冲突的矛盾是深层次的,一时难以调和,保守党这样做反而极大地减少了从这场冲突中获益的可能性。戴维·卡梅伦将冲突的情况多次宣传,可是一直没有定论,不过,他始终支持布莱尔的决定。

2002年4月,离出兵还有七个多月的时间,卡梅伦首次承认这样义无反顾地参战让他觉得有些不安。"虽然我对很多事情态度绝对强硬——包括对阿富汗的态度——但是这一次却有些犹豫了。谁又能回答这个问题:就算萨达姆总统真的握有杀伤性武器,我们出兵的话,他会无路可走,这样一来会不会让他更想使用这些武器呢?"第二年2月,就在发兵之前,卡梅伦又提笔向公众表达了他的想法:

> 萨达姆是个恶魔,这一点无人不晓。国人尽知他对其人民做了多少罪恶滔天之事。不过,人们也想知道出兵是不是符合英国的国家利益。现在掌握的证据无法证明萨达姆与基地组织究竟有无联系,但是基本可

以证明确有大规模杀伤性武器存在。可是,人们依然有疑虑,为何一定要付诸武力先发制人,而不是采取遏制的手段呢。

首相或许无法完全向我们公布从安全部门和其他途径获得的信息,但是如果要开战,就必然有牺牲,所以我们需要多了解一些情况,而且事不宜迟。

几天后,卡梅伦将保守党中持怀疑态度的党员分成了四类:

"'英国利益第一'派,'对出兵海外总有疑虑'的军事派,'以肯·克拉克为代表的美国怀疑论',以及踌躇不定派,我也是当中一个。我们并不反战,如果情势合宜,我们都会支持参战。萨达姆总统和他的所作所为都遭人憎恶。上一次海湾战争的时候,我们都是力主参战的"。

我们这些踌躇不定的人认真地听取了辩论,理出了两个理由。其一,萨达姆总统与恐怖主义组织可能有联系,基地组织也不能排除在外。我们一直耐心等待证据出现,但是至今仍未有消息……其二,我们听到的是萨达姆掌握了大规模杀伤性武器,比如化学弹头和导弹,据说导弹库的规模在持续扩大。我们对此深信不疑,而且能够理解为何伊拉克问题是首要的国际问题。但是我们究竟该拿伊拉克怎么办,这一点很难确定,毕竟大部分的政治家所受的教育都是如何进行遏制而不是开战……

现在我们却得用"先发制人"来代替遏制了。虽然不能肯定,但是我怀疑除非布莱尔能提供让人信服的证据,要么证明英国受到了正面威胁,要么有联合国的决议作为后盾,否则大部分人都不会支持先发制人。从目前的情形看,布莱尔既不得其一,也不得其二。

一个月后,既没有出现新的证据,联合国也没有颁布第二项决议,但是卡梅伦依然投票支持布莱尔出兵。投票前夕他在文章中解释为何带着"勉强、不快和不抱希望的心态"选择支持开战。

卡梅伦对首相鼎力支持,对他的赞扬也溢于言表,"我不得不承认,布莱尔是大将之才。他在议院辩论中的演讲获得了全胜,实在让人叹为观止。我还印了好多份发给写信与我讨论参战的选民呢"。卡梅伦觉得这没有什么不好意思的,后来他还写了一篇文章,预测前外交大臣罗宾·库克可能会复出,库克后来选择从内阁卸任,而不愿在联合国未出台第二项决议时支持开战,这次卡梅伦居然窥见了未来,"这场战争将旷日持久,不得人心,布莱尔的政府也将谢幕。工党将重组人马,选民的意见也将发生变化。保守党则因为支持政府出兵受到影响"。实际上不仅保守党党魁受到影响,其继任者迈克尔·霍尔德甚至后来成为领袖的卡梅伦都没有幸免。

2003年春,伊恩·邓肯·史密斯的领导之位岌岌可危。他试图挽救局面,调和与党内现代派之间的矛盾,前任威廉·海格也这样尝试过。但是,他很快发觉,现代派所要求的是从头到脚的全面改革,而议会与地方的保守党员却顽强抵抗,对改革没有信心,要消弭纷争简直不可能,海格之前也遇到了同样的问题。戴维·卡梅伦曾支持史密斯上台,让史密斯斗败了肯·克拉克,因此,一年后史密斯将卡梅伦调到身边,帮他提高在下议院当中的表现力。卡梅伦是在第二年夏季得到提拔的,2003年11月议会突发"政变",卡梅伦的工作也结束了,但是他说自己依然投了史密斯一票。如此看来,卡梅伦的确忠心不二,不过他和这位任期离他最近的领袖人物之间还有更多故事,说起来还有点复杂。

2002年11月,邓肯·史密斯明显感到自己的位置不稳,于是召集卡梅伦、乔治·奥斯本和鲍里斯·约翰逊商谈。这三位年轻议员主要负责帮他准备"首相"的回答,不过也许邓肯·史密斯也想沾沾三位新星的光。由于史密斯坚持要保守党议员对支持同性恋与非婚夫妇收养小孩的立法预案投反对票,造成他和支持基督教右翼分子的现代派之间的隔阂,而之前后者一直认为史密斯会站在他们那一边,这样一来,危机便出现了。迈克尔·波尔蒂诺与其同僚宣布与党魁意见相左,并投出支持票,与全党的方针对立,于是,危机的焦点集中到了这一群人身上。那一天正巧是11月5日,党内尘嚣四起,报道漫天飞。

尽管卡梅伦一周前刚被请入邓肯·史密斯的"密室",但面对这场让人左右为难的下议院纷争,他无力去支持党魁。所以他并没有投票。一周后,《周日时报》搜索"政变"后还有谁"幸存"时,称卡梅伦可能成为"未来的保守党首相";而身为年轻议员的卡梅伦并不理会这场危机。他在11月15日《卫报》专栏中向读者承认"整整两周的时间,这场领导权的纷争引来了媒体的密切关注,当中诽谤、分裂之事频出",但是他同时非常乐观地说"保守党的自信心更强了"。为领导人工作的时候,他极为谦恭,做事从不拖沓。他的职责和约翰逊不同,由于邓肯·史密斯每周三早上要开始准备"首相",所以他在周三早上的早餐会议时需要准时到场,他极少迟到。简报组的成员发现他看起来总是疲劳不堪。一位同事记得,有天早上听见卡梅伦低声说自己是直接从医院来的,整晚都在陪儿子艾凡,当时艾凡出生不久,被查出患有残疾。事情虽小,却让人不禁想到这位议员年纪不大,却已经要在发展事业的同时兼顾孩子的需求了。卡梅伦印象中还有一个星期三,"清晨天寒地冻的,黑夜还没有散去,他就得去参加一场会议,会议气氛还沉闷得很",他"吃也没吃好,一肚子的怨气"赶到下议院,进去的时候正看到邓肯·史密斯在念他写的稿子。不过在"演说大厅"保守党领导人的办公室坐下来以后,他马上开始尽责,"演说大厅"不偏不倚,正位于恪尽职守的大笨钟之下。

奥斯本和卡梅伦在帮迈克尔·霍尔德工作时就是搭档,如今又可以重新联手了,奥斯本负责幽默处理,卡梅伦则负责锤炼语言。邓肯·史密斯之前的团队说史密斯在讲话时常常"扯远了",因此卡梅伦总要提醒他注意说话简练。卡梅伦年纪轻但是资历不浅,他在保守党研究所工作时为约翰·梅杰做简报,后来还利用工作的机会向布莱尔提出过大量问题。从给出"首相"的第一个问题开始,他便常常在网上专栏中向钻研政治的人以及他的对手解释技术性的问题。

他在文中写道:"问题通常有四类。第一类可以称为'打老婆类',这类问题无法解答,例如:'首相最自豪的是修教堂圆顶花了十亿英镑,还是从 F1 管理公司的老板伯尼·埃克里斯通那里弄到了十亿英镑。'第二类是'戏弄类',看起来好像没多少攻击性和娱乐性,但有时能带来出其不意的回答,让首相猝不及防……第三类是《每日邮报》特选。挑一个中档小报不好处理的问题,稍稍加点工,说不定它就上了头条,这下可以享受成名之乐啦。最后一类是地区性问题。这类问题貌似毫无新意,但它们恰恰是最有奇效的。地区性报纸和全国性报纸不一样,所报道的是议员们具体做了些什么。新闻发布以后可以提出一个小问题,让当地的电视广播媒体都来采访,在当地就一夜成名了"。

在卡梅伦和奥斯本从旁协助下,邓肯·史密斯有了更好的表现。2003 年5 月有一次当地的选举,有人策划在选举前进行一场党内"政变",结果邓肯·史密斯领导的保守党在投票时的表现比预计好,"政变"无从实施,史密斯的位置看来也保住了。7 月时,卡梅伦投票支持保守党保留某一版的"第 28 项"的动议,那年夏天卡梅伦荣登前座议员的席位,成为了议院影子领导人的副手。卡梅伦当时的上司应该是埃里克·福斯,福斯有一位密友名叫大卫·戴维斯,曾竞选过领导人,但是卡梅伦没有支持他,反对伊恩·邓肯·史密斯的势力也是在他的影响下形成的。虽然福斯与卡梅伦并非天生的盟友,但是两人相处得很不错。

每周四的"例行问辩"中有不少可供札记作家发挥的素材。"例行问辩"

和周三的"首相答辩"一样,都是大家可以畅所欲言的论坛。后座议员常借延长议会开会时间进行辩论的由头提出各类议题。与"首相答辩"相比,这一论坛则轻松得多,因此不论是议会领导人还是影子领导人,都可以竞相以高超的语言技巧尽情展示他们的能力和才干。卡梅伦是福斯的副手,当上司与彼得·海恩舌战不止时,他只能在一旁偶尔帮帮手,眼见上司撑着前方的公文箱的姿态,他难免不心生羡慕。不过,幸得命运帮助,他担任影子领导人的第二周,福斯因事未能到场,于是由卡梅伦代替福斯上场。

那天是 7 月 10 日星期四,12 点 31 分时,卡梅伦站起身,坦然将手放在公文箱上,这是人生中的第一次。他本想在首度出场时获得一致好评,但是回忆当时他说实际情形差点失控了。工党代表博尔索弗的议员丹尼斯·史金纳是工党成员膜拜的人物,他"突然抛出几句嘲笑之语",打乱了卡梅伦的阵脚,一时间卡梅伦不知如何应答,"我的嘴巴一张一翕,就像大家见过的锦鲤一样"。他想解释影子领导人今天不在,但又不想说自己是"副的",结果史金纳将这个细节揪住不放,嚷嚷说:"原来你想取而代之!"卡梅伦马上反应过来,进行了一场极为有力的辩驳,让史金纳无话可说,如果邓肯·史密斯读了接下来一周的新闻报道,一定会明白史金纳的感受。昆汀·莱茨在《每日邮报》中提到这是"我见过的最精彩的议会辩论",西蒙·卡尔也在《独立报》上称卡梅伦为"未来领导人之材"。

大家对卡梅伦这般推崇,不过最不吝啬笔墨的莫过于他多年好友兼酒友、驴友布鲁斯·安德森,安德森在第二周的《观察者报》上对他的才能大书特书。安德森据说至少协助过三位后来成为保守党领袖的人,对于 36 岁的卡梅伦,他极尽赞美。安德森是这样写的:"若要政途辉煌,须有持久耐力、心智、德性、常识和公关本领缺一不可。难得有人能如此全面,戴维·卡梅伦或许正是其一,可在日后登上高位。有朝一日,他定会施展一切才华成为最高领导人的候选对象"。

卡梅伦看到这般抬举之言,立刻觉得有所不妥。四天后他告诉当地报纸:"这确是溢美之词,但是很多人得到这样的评价之后,便发现政治生涯到了头"。其实布莱尔此前也有过类似的话。1998 年布莱尔被提拔为影子内阁大臣时说:"我深知政坛历史上像法拉利 P45s 型车一样绚烂一时的人太多了,本有希望成为冉冉巨星,可却化作了天边垂落的流星。"

那年秋天,是伊恩·邓肯·史密斯在位的最后一个秋天。由于二十五名议员致信党鞭大卫·麦克林,根据规则,需要进行投票确定领导人,他在投票中败下阵来。邓肯·史密斯的盟友一直都认为，史密斯是被霍尔德党羽策划的行动推下台的，参与行动的还有以弗朗西斯·莫德为代表的现代派。由于卡梅伦和霍尔德过从甚密（有人向邓肯·史密斯透露卡梅伦每周都和霍尔德还有蕾切尔·维特斯通见面），还和不少现代派人士交好，所以招致怀疑，有人认为邓肯·史密斯的下台与他有关。

在布莱克普尔召开的秋季大会上，保守党的状况再度恶化。大会召开前夕，《周日邮报》发表声明，资深保守党员们担心邓肯·史密斯夫人贝茜的雇佣金出自公款，这样做会打破议员办公室补贴的使用规矩。影子内阁成员在听取邓肯·史密斯发表领导人演讲时，不断地起立又坐下，次数达十七次之多，一向"安静"的史密斯居然放大嗓门说话，可这样做非但没有让人觉得他正气凛然，反倒认为他底气不足，这场演讲实在让保守党的气势跌至谷底。卡梅伦只有一天到场，他在文章中写道，接下来的一年中开会的时间，他得在医院和小儿子呆在一起。他"在帕丁顿的圣玛丽医院（艾凡）病室的床边"看着"国民保健服务系统资助的那台破旧的电视"时，心里一定觉得非常无望，不过他在专栏中依然说"从我这个角度看情况还是很顺利的"。

就在邓肯·史密斯被逼下台时，迈克尔·格林也不幸在卡顿—格拉纳达联合公司的总裁争夺战中失利于查尔斯·阿兰。鲁伯特·迪尔诺特回忆说戴维·卡梅伦是格林旧部中唯一在媒体面前为格林说话的人。当时，卡梅伦在BBC四台的"今日"节目中称赞格林，其忠心护主让迪尔诺特非常钦佩。"与昨日的主席这样亲近，能对一个政客有什么帮助呢？不过，在我看来他确实无所避讳，光明坦荡"。他对安娜贝尔·阿斯托尔也是同样地崇敬。

到了邓肯·史密斯下台的那一天，卡梅伦依然会对他忠心不二吗？那天到来时，他的行动说明了一切。2003年10月29日上午，卡梅伦和奥斯本像往常一样来到邓肯·史密斯的办公室外面，开始每周一次的简报工作。然而，他们的出现或许是唯一没有变的地方。过去的这个周末，由于要求进行领导人投票的议员已经达到了规定的二十五名，所以投票必须进行。邓肯·史密斯好些天一直保持沉默，压力非常大。麦克林很诚恳地告诉他，眼下他已经失去了党员的信任。不用说也知道，他的对手希望他能干脆一点告别领导之位。投票是秘密进行的，但结果一旦确定便不可更改。一经投票，很多暗中生事的人会露出真面目，就是因为这样，即使他身边一些最贴心的助手苦苦哀求他放弃，他也决意战斗到底。

明知此时坚持工作根本于事无补，卡梅伦和奥斯本还是像往常一样为邓肯·史密斯做准备。就在准备的过程中,有人找史密斯,所以史密斯走开了一会儿,平常也是如此。邓肯·史密斯刚离开房,卡梅伦就对奥斯本说他觉得史密斯这样做太"不冷静"了,对他对保守党都没有益处。结果奥斯本告诉他领导人决定不放弃权利,投票如期进行,卡梅伦听到此话,说他得和邓肯·史密斯"好好说说"。他找到邓肯·史密斯,把门关紧,然后求他再考虑一下,一旦投票必然惨败,不要去受这份羞辱。史密斯后来告诉友人卡梅伦当时讲他应当卸任,但是如果进行投票,自己这一票一定投给他。卡梅伦的盟友们都问他,就那么个小职位,干吗要找领导人诉衷肠。他们觉得卡梅伦或许不仅仅是因为同情邓肯·史密斯的境遇而已。

这一次的"首相答辩",史密斯居然比往常表现得出色多了,答辩后,卡梅伦和一位朋友在下议院吸烟室里聊天。朋友是保守党议员,他还记得当天下午就在楼上进行投票了,说到该怎么投时两人都怅惘了,"上楼投票前我和他都坐在吸烟室里,不知道怎么做才好,只是呆坐着,心里不住地想,要下决定真难。他绝对没有参与对付史密斯,他对这场风波一点好感也没有"。

最后时刻,卡梅伦投了邓肯·史密斯一票(奥斯本投的反对票)。结果是75 票支持,90 票反对,票数没有预计中那么大的差距。可是,既然卡梅伦觉得史密斯应该卸任,他又何必投他一票呢?有朋友说,其中一部分原因是他所在的选区联合会的领导早已放言,出了伍德沃德那件事以后,如果代表惠特尼的议员再生叛离之事,他们绝不姑息,卡梅伦可能有所顾忌。还有可能既然史密斯败局已定,此时此刻,不妨给这匹失势之驹一些慰藉吧。

父爱如山

　　艾凡·卡梅伦出生于 2002 年 4 月 8 日,那天是星期一,他是在伦敦市的夏洛特皇后医院诞生的。本来他可以很顺利地降生,但因为胎位不正,所以临到最后一分钟决定剖腹产。刚生下来的时候他看起来那么健康。大家都高兴得不得了,可是没想到就在同一时间在毗邻的汉默史密斯医院,戴维·卡梅伦的教父蒂姆·拉斯伯恩,正在接受癌症检查。拉斯伯恩不仅是戴维·卡梅伦的教父,还是伊恩·卡梅伦的校友,他对伊恩的生活和事业上都有过无穷的帮助和提点。他来医院看望了萨曼莎,但是几周后便去世了。卡梅伦后来对朋友说"他离世之时,也是我的儿子初生之时,当中似乎有某种寓意。儿子的到来也显得更加意义深刻,让人动容"。

　　虽然初为父母,卡梅伦夫妇很快发现了问题。在夏洛特皇后医院时,孩子总是间歇性地抽搐。不过,一般情况下他都很能睡,萨曼莎也在尝试给他喂奶。出院后母子回到了景季庄园,卫生访视员会定期上门探访产妇的情况,一切都挺正常。不过,快到一周的时候,艾凡的睡眠时间不曾减少,体重却开始减轻。有时,他的小手会突然张开,好像是无意识的,这样的动作会一连出现好几次。大卫和萨曼莎第一次有孩子,无从作比较,再加上卫生访视员给他们传授经验,要他们安心,第一周周末多米尼克和迪芙·罗尼斯来家里时,夫妻还开心地把孩子抱给客人看。

　　可是,进入第二周时,抽搐越来越明显。安娜贝尔·阿斯托尔非常担心,于是不顾自己生日庆祝,开车送女儿和外孙去家庭医生那里检查。医生诊断孩子有肾功能障碍,并告诉他们送孩子到牛津约翰·拉德克里夫医院的事故与急救科看看。在检查过程中孩子首度出现明显病症,情况已经不容忽视。戴维·卡梅伦赶来医院,得知小宝宝在接下来的 48 小时内要进行抽血、脑部扫描和腰椎穿刺,夫妻俩非常心痛。所有检查进行完毕,有一项结果最能判断孩子的问题,那就是脑电图,图中的波浪形显示的是大脑发出的电信号。孩子的脑电图中有癫痫病人常见的高波幅"尖波",但是紧接的活动却非常微弱。

为了确诊,孩子又进行了一次脑电图,儿科医生迈克·派克请夫妻俩到隔壁的房间谈话。他知道对卡梅伦夫妇来说这无异于噩耗,因此特地在他们身旁备了一盒"舒洁"纸巾。他告诉夫妇俩情况极为严重,孩子的病症显示"结果很不乐观,有重度残疾"。他说艾凡可能"生活有很大障碍"。卡梅伦一时无法接受诊断结果,问道:"你说的生活有很大障碍,是指他学习有困难,还是他连基本的生活都无法自理?"派克简短地回答:"恐怕他无法自理。"

几天后,艾凡的诊断结果出来了:大田原综合症。根据英国神经紊乱与中风研究所(NINDS)提出的定义:"属于神经性紊乱,表现为痉挛……发病原因通常是新陈代谢紊乱或脑组织结构损伤,不过在多起病例中无法确定具体的单项或多项原因"。大多数婴儿部分脑半球或整个脑半球发育不全严重。患儿的脑电图的特征是有高波幅尖波出现,之后波幅趋于平缓。这一症状就是医学上所称的"爆发抑制"。英国神经紊乱与中风研究所指出"控制痉挛的常用药物是镇痫药,但是效果一般不理想……大田原综合症是逐步恶化的,痉挛发生频率将逐渐加大,伴有生理与心理发育迟缓。有的患儿会在婴儿期内死亡;有的患儿能够存活,但有重度残疾"。卡梅伦虽无法确定艾凡的状况,但是坚持孩子一定要尽早受洗。

卡梅伦说过,听到这个消息时自己"好像被火车撞了一样"。一位朋友说这段时期对于夫妻俩来说"异常严酷和艰难"。从情感上来说,他们需要接纳迎来第一个孩子的极度喜悦和摆在面前的状况之间的差距。卡梅伦说,"希望和现实的鸿沟如此之大,让人极度悲伤,很长一段时间你都会非常抑郁。"

很多实际的问题接踵而至,最为紧迫的莫过于如何最有效地控制孩子的状况。艾凡在伦敦的大奥蒙德街医院和玛丽皇后医院做了进一步的检查,医生采用鸡尾酒疗法,尝试了多种药物。大卫与萨曼莎轮流在医院陪伴孩子,身为残疾儿的父母,现实生活的打击如此残酷。卡梅伦说遭遇这场打击之后,他开始清醒过来,"开车从医院回家的路上,我不住地想,'我们一定要挺过去。如果我们做得不够,没能照顾好他,那我们就枉为父母了'"。

一开始卡梅伦夫妇亲自照顾孩子,没有申请当地政府的社会服务部门援助。整整一年的时间,两人基本靠自己撑着,只是白天有一位特护护士帮帮手。艾凡三个半月大的时候,萨曼莎回去工作,一周两天上班,五个月时她两周工作九天。做到这一点很不容易。一方面她想要每分每秒陪在艾凡身边,照顾他,一刻不见便伤心不已,另一方面,她的事业不容怠慢,她从来都没有想过放弃工作。

　　卡梅伦也在悉心照顾着孩子。夏天的时候，记者们有一次发现卡梅伦在政府办公的地方给孩子喂奶，由于不知孩子的病情，只当这是保守党性质有变，拿来做文章。年轻的卡梅伦还带着艾凡参加卡顿的会议，当时他还是卡顿的顾问。但之前的同事还是觉察出了问题。有位同事记得在爱德维娜·佩因的订婚聚会上，卡梅伦好像"变了一个人……不像以前那般玩闹了"。一位职位较高的同事说："他到哪都带着孩子，孩子放在篮里，每场会议都不落下。"卡梅伦以前挺"傲气"，"现在好像中和了许多"。贾尔斯·安德里说艾凡的残疾让卡梅伦更"谦逊"了。卡梅伦自己也承认这一点，"儿子身残会让你接触到生活中更多的东西。你大部分的时间都在医院里度过，会遇到很多与你状况相似的父母和家庭。世界仿佛一下变大了"。

　　艾凡在大奥蒙德街医院肾病监护室治疗时，血压会突然升高，遇到这种情况卡梅伦只好马上往医院赶。经过这些事情，卡梅伦觉得去医院探病是一种很不寻常的经历。一位朋友说，他看到医院里的很多孩子做透析长达数月，被病痛这般折磨，却还异常坚强。我想他意识到了还有很多人都遇到了同样的情况。有一次，他通宵都呆在医院里，凌晨四点的时候，他还在给其他的小朋友读'杰克和吉尔'的故事，第二天一早又得赶回议院，工作还是得继续啊。身为议员的卡梅伦也感受到了残疾儿童的父母承载的巨大压力。朋友说，"有一点他们自始至终都坚持得很好，那就是家庭不能倒，无论如何两人都要撑住。夫妻俩紧密不分，而且决心无论发生何事，都要快快乐乐地生活下去。我觉得在那段日子中，他们相伴相依，彼此温暖着"。

　　萨曼莎最要感谢的是她的"半个姐妹"：（阿斯托尔家族的）芙罗拉和（谢菲尔德家族的）爱丽丝给他们的帮助。为他们带来关爱的还有很多人，艾凡的情况也开始好转了。蕾切尔·维特斯通是艾凡的教母，她不仅给予了夫妻俩很多支持，还向朋友们传达孩子的病情，毕竟大家对这件事都感到非常惊讶，一时间不知该说些什么，做些什么。一位朋友说"她比我们强悍多了，常常自己跑去了解，弄清楚状况，然后再告诉我们"。

　　卡梅伦夫妇既有维特斯通和其他亲友的关心和襄助，又有一位新朋友带来的慰藉，说到夫妇俩所经历的一切，这位新朋友最感同身受。他就是《独立报》的副总编伊恩·比勒尔，在艾凡出生前，邀请过卡梅伦一块吃午饭，商量工作上的事情。两个人相识后，又因为个人的关系保持着联系，常在一起吃中饭。艾凡被查出患有残疾时，伊恩和夫人琳奈特·比勒尔所生的第二个孩子才八个月大，名叫艾奥娜,不幸患有严重的癫痫。她看不见东西,不能走路,也说不出话,需要全天候的照顾,而且每日抽搐不已。卡梅伦和比勒尔吃饭时总是先聊聊政事,然后便深入地探讨残疾和父母如何照顾的话题。比勒尔会把他的看护经验传授给卡梅伦,还会说到日后的艰辛,两人渐渐成为了密友,后来比勒尔也与萨曼莎成为了好友。比勒尔说,"你会慢慢地认识到,这就是你的小孩,虽然不是你所希望的那样,但是你会学着去爱他。这种爱是特别的,更是强烈的"。

艾凡1岁生日的时候,卡梅伦夫妇还没有申请过国家资助的援助,卡梅伦的父母和萨曼莎的父亲一直在经济上支持着他们。夫妻俩忍着心中的痛苦照料着孩子,自己的工作也不能放下。卡梅伦在议会和惠特尼选区的工作依然很繁重,可旁人几乎看不出他家里的状况。不过,他说最难以承受的就是眼睁睁地看着儿子受折磨,"癫痫病人发病时,旁人根本束手无策。他不停地叫,让你看得揪心,他痛你只能跟着痛。这是让我最难过的了。"

2003年春季,英国即将向伊拉克出兵,家事国事都让卡梅伦忧心忡忡。比勒尔说道:"那个时候,他们俩已经极度疲劳,承受的压力也异常沉重,毕竟一直亲力亲为,我感到两人快撑不住了。"这时,夫妻俩做了三项重要的决定。第一是改变艾凡的进食方式,向胃部直接导入食物。第二,寻求社会服务机构的援助。比勒尔进一步说,"只有你真正进入了残疾人的世界,才会逐渐意识到其实身边会有人帮助你,虽然这些帮助不能解决所有问题,也不会每时每刻都出现"。

而第三项是,萨曼莎决定寻找心理咨询。她长时间以来陪伴艾凡左右,睡眠严重不足,再者她总是不停地跟丈夫说艾凡,说她有多担心多焦虑,这样让丈夫的压力更大。于是,她找到英国国民保健服务系统的家庭心理咨询师,进行了为期六周的咨询。她一共去了三四次,在那里她可以对人倾诉,而且对方有专业的咨询经验,对她的经历非常理解。夫妇俩按自己的想法做了,有了社会保健服务机构提供的"喘息服务",采用了新的喂养孩子的方式,他们的生活终于可以安稳一些了。

然而,夫妻俩一直犹豫着要不要再生孩子。会不会有基因问题,再出现这种情况?大田原综合症是与癫痫相关的所有类似癫痫病症中的一种,是对这种病症的习惯性表达,但是并非绝对准确。可是人们却一直不清楚大田原综合症的病因,虽然艾凡出生时有点异常,但是医生认为胎位不正并不会引发病症。萨曼莎说,这样说来并不是因为出生时的问题,而是"上帝的旨意",这让她觉得有些许宽慰,不然她会一直歉疚不已。可是,医生还是无法断定患病原因。医生告诉他们,如果与基因有关,那么再出现这一问题的可能性是25%;

如果不是的话,那么几率是千分之一。但是,他们咨询基因专家时,得到的回答是可能性为二十分之一。一位朋友回忆,"他们听说有一对夫妇的第二个孩子依然患病时非常焦虑",这说明与基因确实有关。

不过,卡梅伦乐观的个性起了作用:他们决定试一试。艾凡1岁生日过后的几周,夫妇俩的情绪低落到极点,这时却传来了好消息。萨曼莎怀孕了。整个孕期,担心是必然的,但是孕检结果一直很正常。2004年1月19日,南希·卡梅伦诞生了,是一个无比健康的宝宝,这说明夫妻俩的决定是完全正确的。萨曼莎终于松了一口气,一直以来她心头的压力比丈夫更重。"生下南希后她整个人都变了,"一位朋友如是说,"萨姆(萨曼莎的简称)又像以前那样乐呵呵的,笑个不停,不过心底的痛楚是永远都不会彻底消失的。南希的到来几乎让她差不多恢复过来。戴维确实保住了这一切,他的决定让情况好转了。他的确是个很坚强的人"。

2003年秋,卡梅伦开始公开地说起家里的事。他在当地报纸上发表了一篇文章,文中写道,"那些绝大部分依靠自己来抵御难关的家庭,得到的帮助往往最少"。卡梅伦虽然年轻,但确已开始运用政治才能,协助残疾儿童的父母打赢"包容"政策的战争了,"包容"政策是关于让残疾儿童在普通学校接受教育的政策。2004年5月时,艾凡所在的伦敦"切恩日间护理中心"也面临危机,在为保护这所护理中心不被取缔所进行的活动中,卡梅伦谈起了艾凡,他说的方式更直接了。他在《每日邮报》上的文章是这样讲的:

> (艾凡的)癫痫非常可怕,一次发病长达一个钟头,他整个小身体都扭得变了形,常常因痛苦难忍而尖厉地喊叫。伴随癫痫的是脑部瘫痪,艾凡的情况很严重,他想动动不了,坐不起身,也抓不住东西或者旁人。他既不能爬,也不能走,还不能说话,这些事他永远做不了。艾凡只有2岁,他是我的儿子。我写这些不是为了博取同情。我和妻子萨曼莎已经得到了太多人的同情。我是想说一个故事,这个故事表明我们的国家有问题需要解决。

卡梅伦解释道,父母们想为残疾的孩子寻找一种教育方式时,管理机构往往有很多程序要走,而且资源短缺,根本不起作用。"就连我这样,大学毕业,英语是母语,有三年议会工作经历,处理过各类选区的案件,我都觉得让儿子进一所合适的学校是一场不可能赢的战役。"卡梅伦的文章中有一段特别感人:"艾凡唯一有意识的举动就是抬一下眉毛,笑一下。他微笑时有点歪着嘴,然后会发出轻轻的声音,那一会儿所有人都开心得不得了。他总是会让我特别快乐,特别为他自豪。"

　　但是这一切艾凡是不知道的,在卡梅伦写下这些话时,艾凡连微笑的能力也在逐渐丧失。第一年的时候,父母觉得他其实懂怎样交流。他们慢慢发现一些微小的信号。细小的动作,伸伸腿或者咂咂嘴的意思好像是"要吃东西了"。最明显的动作就是微笑。有时艾凡听到父母走进房间的声音就会笑起来。没有痉挛和扭动身体的时候,艾凡会很安静地躺着,这表明父母的照顾是很到位的。这样的沟通渠道虽然很窄,但依然重要无比,通过这些方式,他们了解到艾凡喜欢动物(他们会带艾凡去附近的农场,比如匹斯莫尔或者迪恩的农场),喜欢风吹在脸蛋上的感觉(所以他们常常用特制的婴儿车推着艾凡出去走走),还喜欢一位邻居家的泳池水温总是刚刚好。

　　可是现在,这样的微笑越来越少。过了三个月,艾凡2岁了,微笑也渐渐停止了。开始是每天只笑四到五次,后来就再也见不着了。比勒尔说:"我有一次问大卫他觉得艾凡有没有享受生活,我知道这很说得清楚。他顿了一下,然后看着我说,'没有,我觉得他生活得很艰难'。这也是他们最在意的。看到孩子一直受罪真是难受至极。他们所关心的并不是孩子上不了名牌大学,或者无法成就事业,他们一直思考的是如何让孩子好好生活。"有人问卡梅伦如果让孩子离去,"是不是会更人道一些"。他回答道:"很难说,我们其实经常谈,说如果哪天孩子突然发病,特别严重,怎么办?"然后,他便不再说话。

　　比勒尔还说:"讲到如何'理解'这当中的哲理,我倒认为不需刻意而为。有人确实做过这样的努力,结果影响了彼此的关系和宗教意识,有人的宗教意识更强,有人则不然。卡梅伦的宗教意识一开始便不是他生活的动力来源。"卡梅伦说自己是"'深受怀疑主义和个人疑虑影响'的经典英国国教徒",不过,艾凡的降临让人很难想象卡梅伦会受到怎样深刻的影响。一位密友被问到他觉得卡梅伦的世界观有没有因为艾凡的到来而发生变化,这位密友答道:"他之前就信上帝,之后也没有改变,不过他对上帝很不满。"2006年末记者问起此事,卡梅伦是这样说的:"上帝仁慈吗?很多事的发展都不符合逻辑。如果事事都按逻辑发展,那我会更相信宗教的力量。我还会为这些人祈祷。事实往往是这样的,第一个人说'其中必有好事降临',你听着会激动不已,可有时好事却是像这样,伴随着可怕的事而来。"

　　他常带着艾凡和家人一起上教堂做礼拜。艾凡就坐在膝头,和爸爸还有其他的小朋友在一块,显得很开心。卡梅伦说"我喜欢和他在一起,感觉尤其亲密"。有人每周都看到他们上教堂,说父子俩在一起非常温馨。贾尔斯·安德里在 2005 年时回忆，自己就在他们近旁，看到夫妻俩对孩子疼爱有加，他说"那画面太震撼了，就像做梦一般，艾凡就在他们膝上安坐着。艾凡个子不小，可还像个小宝宝一样乖乖地坐着。他们的眼里只有无尽的爱意，对艾凡的一举一动都特别怜爱，让人动容。我真想把所有的词都用上来。他们觉得每天都是一份馈赠。这种爱是实实在在的，可以触碰得到的。这与普通孩子的父母不一样，艾凡什么都不会做，只有他身边那种天使般的光环能够证明这是个可爱的孩子，他的小脸那么美丽——眼睛大大的，眸子颜色很深，眉毛粗粗的，头发又黑又浓密。小脸蛋怎么看都好看，真是'好可爱'。他就像一个大天使，你会被他所有的优点吸引。他们俩真的非常爱他。这怎能让人不感动呢？"

比勒尔还说，孩子是这样，大人只能想办法，不然就只有屈服。想办法应对的话，生活便会渐渐常规化起来，可是这些常规让人觉得奇怪，也不是平常人家所认为的常规。安德里在 2005 年时说道："你只要听听照顾艾凡一周的时间都要做些什么，就会觉得难以置信了。要做的事多到数不清，而且细致得不得了，实在让人惊讶"。如果夫妻俩要和家人外出，得给艾凡备一辆行李车，放上所有的"装备"，因为什么都要"特制的"，还要带着他的小陡坡。卡梅伦说"重度癫痫的表现是很不定的"。曼多·华生医生是艾凡的儿科咨询医生，他指出对艾凡这样的病人"最重要的是让病情稳定。我们尽力控制病人的痉挛，用物理治疗和输氧的方式治疗胸部感染，还治疗残障，帮助他们吃东西，让他们生活得舒服，这样他们才能基本有完整的、有品质的生活。我们多希望能让这些孩子在每一天当中，过得更充实、更愉悦。你总是需要在让孩子入院治疗和做一些很为难的事情之间寻找平衡点，做为难的事无非是为了让他感觉好一点，对于家人来说，寻找平衡本身就是很难受的，要不就会说：'这样虽然有用，但是得在医院住很多天，所以还是不要采用这种方式了。'找到平衡点很重要"。

每天早晨七点过后，妈妈或者爸爸会把艾凡从地下室接上来，有时也会由晚上照顾他的保姆送上楼。爸爸会给他抹面霜，刷牙，梳头发，穿衣服，然后把他放到轮椅上，准备去上学。接着爸爸卡梅伦用轮椅推他出去，送到救护车旁，亲亲他，看医护人员带他去切恩中心。这是艾凡小时候的生活。在切恩中心，艾凡能够在特别设计的环境中度过，他能受到很好的保护，还有理疗师给他进行言语治疗和音乐治疗，泳池是特制的，一名全陪护士负责照料他的生活，直到他被送回家为止。有时遇到他抽搐不止的情况，救护车会赶来施救，帮他镇静下来。这样的生活一直延续到 2007 年，卡梅伦虽然多方游说，但切恩中心还是关门了。后来，他们送艾凡去了一家特殊学校，这所学校位于汉默史密斯，名为杰克提泽德。刚入学时，与艾凡同班的是患有自闭症的孩子，艾凡身体脆弱无比，其他孩子却极为多动，艾凡无法好好上学。再后来，换了一名新老师，让艾凡得到了更多帮助和爱护。他和五六名孩子同班，这些孩子有的坐轮椅，基本上都要靠导流管喂食，老师可以与他们进行一对一的交流。

照顾艾凡花费甚巨，祖父母一直在资助这个小家，萨曼莎在斯迈森公司被收购以后也得到了很大一笔钱。但是，每当医疗需求发生变化，比如艾凡体重变了，或者症状改变了，就得为他重新配药，之前的二十一剂药物不能再用，新配的药也必须反复试用才可以。可是，即使治疗得当，他每晚依然会惊醒过来，不可自抑地尖叫，或者脸色突然发红，身体开始抽搐。萨曼莎如果有事要外出，会非常割舍不下。艾凡的确需要有人一刻不离地陪伴左右，所以家里有人全天陪着他，晚上有专门的仪器给他喂食。

卡梅伦家自然常有很多人穿行其间，护理员、提供"喘息服务"的护士，还有很多其他的人。（第三个孩子阿瑟·埃尔文，现在大家都叫他埃尔文了，于2006年2月加入了这个人员密集的大家庭。）卡梅伦夫妇俩把他们的房子做了部分新装修，这所房子是爱德华时代建的，是一栋联排别墅，可是媒体所关注主要是他们如何保持环境的质量。他们拆除了屋后延伸出去的房间，将地下室重新设计作为艾凡的房间（安装了滑轮和升降装置，可以帮助艾凡起身），还安排了一间保姆房，一间活动室，以及为艾凡设计的电梯，方便带艾凡上下楼。

比勒尔在2006年时说道："我知道萨姆一直为艾凡提心吊胆，没有哪分钟不在想着他。她告诉我她脑海里总是在想：他这会儿疼吗？开心吗？保姆照顾得好吗？孩子患有残疾的时候，你的生活会有很多阴影存在。父母两人都是在大家庭长大的，习惯了晚上或者周末邀请朋友过来吃饭，他们希望能继续这样的生活，为了自己好，也为艾凡好。大家都知道他们有多忙，精力耗费有多大，但是见他们依然如此好客，都感到不可思议。他们曾告诉朋友，有时屋里就剩下他们两人时，会相互对望着，露出难以置信的表情，好像在说'这是真的吗？'"

卡梅伦夫妇和朋友们常常会讨论究竟向外界透露多少艾凡的情况。包括保守党议员在内的很多人都说，卡梅伦夫妇俩常常谈起，有人甚至还批评他们拿自己的遭遇来赚取政治资本。查尔斯·摩尔在文章中写道如果养育残疾子女可以帮助政治家赢选票，那岂不让人"发指"。卡梅伦对这一切的回应在2008年的圣诞卡片中就可以看出，圣诞卡相片里他盯着大儿子看，眼神坚定得很。不管别人怎么质疑他的这份直白，身为保守党领袖的卡梅伦只会淡淡地说一句："艾凡是我生命的一部分"。朋友们猜想，如果他始终拒绝谈儿子或者谈跟残疾有关的事情,他会不会依然受到这么多批评。还有人说,对他而言家庭重如山,或许他有一天会退出政坛,其他人则觉得艾凡的影响让他更勇敢,更敢于笑对人生。多姆·罗尼斯在卡梅伦成为领导人后不久说:"一方面来讲,他们永远都不会忘却伤痛,但在另一方面,这件事会成为支撑生命的钢筋,给予了他表达的能力,让他可以说出'这是我的职责',也可以联想到人生中还有许多更为重要的事情,危难之时,保持微笑,才能勇往直前。"比勒尔对此表示赞同:"我认为是这样理解的,我也跟他谈过,最糟的情况无非是他得不到其他党员支持,或者在竞选中惨败。对于其他政治家而言,这就是一种灾难,大卫遇到这样的情况也会很沮丧。但是当他经历了一些事情之后,他行走于政坛时会有不同于普通政治家的新视角。"

盖尔斯·安德里说过,艾凡赋予了卡梅伦"一种发自内心的同情心,使他会去关心那些生活并不如意的人们。夫妇俩在医院的时间极为漫长,就像过了几千几万年。如果想要拿艾凡的事做文章,素材简直多得用不完。你说也是错,不说也是错。如果换了他人身处大卫的位置,要表现出这样的耐心与悉心,或许会很不自然,可是大卫夫妇义无反顾地做到了一点。我们知道的其实只是很少的一部分,大卫会默默地忍耐着等待着,但是他的个性却发生了很大的改变。之前或许有人觉得来自伊顿的他太潮、心眼小、让人讨厌,这一点其实已经不复存在了"。

早在艾凡出生几周时,卡梅伦一家就已经知道儿子可能会过早夭折。卡梅伦不敢设想以后会怎么样,他只思考过一次关于孩子长大成人的问题,那天他去了一个住家护理点,目睹了好几位重度残疾的年轻人的生活,那个场面让他潸然泪下。"我忍不住(去想),他到了18岁会是什么状况。我们尽力为他营造一个美好的生活,他好像也确实从中获得了什么……(可是)残忍一点说,很多极度残疾的孩子都不会长大。他们很容易胸部感染,尤其在冬天,基本上一直在往医院送。"

有一年,仅仅半年的时间里,艾凡被送去医院的次数多达十六次,每次都要呆到第二天。他6岁生日过后才两天,卡梅伦就火速把他送进了医院,还因此取消了去威尔士的行程。还有一次,他突发严重抽搐,臀部不慎骨折。患重度癫痫的孩子危险不断,因为抽搐可能失控,一不小心还会有生命危险。这类突发的死亡常常在夜晚发生。伊恩·比勒尔说得非常直接,"每天早上下楼,你都不能确定看到孩子的时候,他是不是还活着,或者是不是没在床上"。艾凡的病情或许在持续恶化,无法逆转,笑容的减少可能还不是唯一的信号。2006年初,他已经很乏力,抬不起头,甚至握不住一根手指头。2008年末,艾凡的情况仿佛有了重大的突破,让卡梅伦几乎不敢相信,新配方药物居然重新开启了艾凡的微笑。

2009 年 2 月 24 日星期二,卡梅伦照例与记者们一块吃午饭。生活在平稳地继续着,就像行于河上的平底船,那段时间,艾凡的情况也基本较为稳定。卡梅伦还说那天会早点回家,和孩子们一块做煎饼当茶点。到了晚上,艾凡开始发病了。凌晨 5 点时,艾凡抽搐得非常厉害,根本控制不下来。救护车赶来了,把他送到帕丁顿的圣玛丽医院,当时是凌晨 5 点 45 分。医护人员尽全力抢救,整个抢救过程长达 45 分钟,但是就在那天早晨的 6 点 30 分,宣告艾凡死亡,那一天正是“圣灰星期三”。萨曼莎和大卫返回家时,摄影记者已经在外面等候了。第二天各大报纸的头版都是夫妻俩伤心欲绝的照片,不过,新闻媒体这一次很克制,应夫妻俩的要求,周日的报刊没有再刊登这些照片,其中有一张让人尤其心痛,照片中卡梅伦推着婴儿车,而车已经空荡荡的了。

艾凡的死震惊了英国政坛。突然之间,平日里的敌意和针锋相对让人有些尴尬,一切都变得无关紧要了。戈登·布朗建议将当次的首相答辩时间取消,他的女儿珍妮弗因为早产,过早地离世。首相说“孩子的离去是父母的损失,没有哪个父母能承受得住”。

三天之后,保守党宣布了卡梅伦的感谢信,对大家的慰问表示谢意,信中写道:

> 我们知道艾凡不能长命百岁,但是没想过在他如此年幼的时候就会失去他,而且是如此突然。他的离去是我们生命的缺憾,无法用言语来形容。今后的日子,无论夜里躺在床上,还是泡着澡,吃着饭,一切都将不一样。想到他不会再受痛苦折磨,离世时只有瞬间的挣扎,而现在已经到了一个更好的地方,只有想到这些,我们心间才会有所慰藉。可是,我们惦念他惦念得紧。

> 我们第一次知道艾凡的病情有多严重时,我想的是照顾他要付出很多,会很辛苦,但是经过我们的照顾,他会好起来。现在回想往事,却有了不同的感受。真正辛苦的只有他一个人,而我们——萨姆、我还有埃尔文——却从中得到了那么多,能够拥有这样一个特别而美丽的小男孩,能有机会去爱他,我们所获得的超越了我想象的。

第二周周二,葬礼于查林顿的圣尼可拉斯教堂举行,仅有至亲的家人和朋友参加。葬礼过后,大卫与萨曼莎为儿子进行了入土仪式。前来祭奠的人都遵守约定,无人着黑衫。

备战竞选

　　虽然有人怀疑卡梅伦参与了逼伊恩·邓肯·史密斯下台的叛变行动,但其实卡梅伦并不是迈克尔·霍尔德行动组里的成员。的确,卡梅伦是从 2001 年当选的保守党议员兼好友格雷格·巴克那里得知,邓肯·史密斯刚刚认输,有人便召开了一场会议,可他不在受邀之列。霍尔德请了里安·福克斯任行动负责人,奥利弗·莱特温和奥利弗·希尔德受他调遣。霍尔德还请了内政部接替卡梅伦的蕾切尔·维特斯通。今日再谈此事,霍尔德坚持说他根本没有让卡梅伦参与 2003 年 10 月 29 日的活动准备,因为"不存在什么竞选行动"。他说,是有个"先遣组","不过戴维不在组里"。

　　霍尔德在维特斯通身上找到了他可以完全信任的感觉,而且维特斯通能够始终如一地代表他做事。内政部的新闻部主管记得维特斯通的特点是,"霍尔德任何时候叫她,她都会放下手头的事,一切依照霍尔德的意思去办,就算通宵加班也没有怨言"。无论是霍尔德与德里克·刘易斯激烈斗争时,还是他和安·维德科姆进行殊死较量时,维特斯通都紧随其右。据说,霍尔德对维特斯通说过,除非她继续留在他身边做事,否则他不参加竞选。

　　尽管议会保守党出于保存自我的需要,让一位不合众意的领导人下了台,但是事情结束后,这样的需要依然没得到满足。眼下所需的是团结一致。面对心意已决的霍尔德,大卫·戴维斯得决定是否要和他较量一番。他知道,照议员和普通选民的情绪来看,如果再进行一次比拼来一决高下,恐怕受指责的会是他。他也在思量着,如果就此罢手,可能会得到所有人的赞许,那么他就能名正言顺地继承官位,可是如果下一届大选保守党输了,又该如何是好呢?

　　霍尔德的首场演讲是在郡政厅里的"上奇大堂"进行的,从议院所在地往泰晤士河对岸看就是郡政厅的位置。"上奇大堂"装潢呈现代风格,让人感觉非常舒适。首场演讲相当于他的"提名演讲"。讲稿是弗朗西斯·莫德和尼可拉斯·波尔斯在波尔斯的政府办公室里一夜熬出来的,霍尔德几乎没有任何改动。(在忠于伊恩·邓肯·史密斯的参差不齐的议员队伍看来,莫德的参与足够证明霍尔德确实有密谋。)此时,霍尔德,这位即将成为保守党领导人的右翼党派人士再一次承诺,要使保守党变得更现代,他说:"保守党没有哪个方面不能进行现代化发展。"他还宣布:"只要政府的做法是正确的,那我们会毫不犹豫地支持,绝不会因为是反对党而反对一切。"这些话与卡梅伦现在的理念不谋而合。

安德鲁·库伯听到这一席话,就像听到了动人的乐曲一般,他曾是保守党记者,后来专心主持民意调查,因为对保守党竞选魅力不再的局面分析得当而成为现代派"大师"。除了他,还有现代派最推崇的智库"政策交流"主管波尔斯,以及在邓肯·史密斯手上卸任的保守党前座议员尼克·吉布,都早已敦促实施"新政"了,他们认为这样才能将保守党从短期的利益中解放出来,放眼长远目标。可是,霍尔德真的那么相信现代派的"灵丹妙药"吗? 2005 年竞选时,他就像威廉·海格和邓肯·史密斯一样,不再耍嘴皮子功夫。今日问他,他的回答是"我当领导人的时候,可能一直对现代派(章程)改变我党的观念的要求存有疑虑。我这个人,就算认同了一种理念,也不见得就会付诸实施。我总会有多方面的考虑,而不是一门心思地去贯彻实施。我所坚持的是一些细节的东西,因为在我看来,如果太过极端,这些细节往往会毁掉全局"。

卡梅伦很快成了保守党副主席,他又是怎么看的呢? 他当时是如何看待"新政"的? 有证据表明他也不无顾虑,例如他不赞同库伯的观点,他认为保守党反对为建立慈善医院立法不是没有道理,为建立慈善医院立法分明是保守党支持的向公共服务下放权力的做法。

2003 年 5 月 12 日,库伯、卡梅伦、奥斯本和波尔斯一起用餐之后,库伯在电邮中向他们陈述了自己的想法。这封邮件明显可以看出他的战略思考,卡梅伦之前是反对的,不过仅仅两年之后便表示支持了。邮件部分内容如下:

> 除非让人民感到我们是发自内心地想让公共服务朝着最理想的方向发展,让人民得到最好的服务,不然我们绝不会有任何动作;如果我们只知道一味地重述人民想听的好话,而实际上却毫无说服力,那么我们根本没有资格行动。只有让人民愿意相信我们真心实意,相信大家的价值观是一致的,我们才能以改革家的坚定意志来开展工作,对我们所支持的公共服务(乔治·奥斯本将公共服务合理定位为未来保守党议程的核心部分)进行改进。

卡梅伦看到邮件之后，首先回答的是"我不同意关于慈善医院的事情……那项法案根本就不成立"。后来经不起库伯的猛烈回击，卡梅伦又只好说："我还是不那么同意，但这个问题值得深思一下……"

波尔斯是一个"同志"，他觉得卡梅伦之所以抵触现代派的理念，完全是出于对小团体的忠诚，因为保守党待他不薄，所以他心存好感。"戴维·卡梅伦从刚加入保守党开始，就一直受到很好的待遇，在很年轻的时候便得到了最佳的发展机会。所以要他从心底承认保守党存在问题，这不是一下子就能做到的事。可是，问题真真切切地存在……不仅仅在于竞选不上这些方面，而是确有让人很不舒服、很反感的问题。卡梅伦经过了很长时间的思考，恐怕就算这次竞选（2005年）过后，他也会一直思考着"。

波尔斯回忆："多年来有关于第28项的具体问题一直有'诸多'争议。我记得萨曼莎'受到的攻击'更大，反应也更激烈。戴维与托尼·布莱尔最根本的区别……在于戴维是一个彻底的、纯粹的保守党员。他从小就受着这方面的影响，自己又很喜欢，完全被它包围着，一直身处其中。要形容他俩的不同，有一个比喻很恰当——布莱尔是从工党这栋大厦的外部往上攀爬的，最后成功登顶，而戴维却完全不同，他是在大厦内部，踩着楼梯一级一级地往上爬的，所以如果保守党的大厦要进行翻天覆地的变化，他接受起来会很难。乔治·奥斯本就比他觉醒得早"。

一位资深的保守党员说将卡梅伦与迈克尔·波尔蒂诺做了一番比较，卡梅伦是"渐渐地"开始支持现代化章程的，而迈克尔·波尔蒂诺是突然转变的。"我想至少在旁人看来，戴维的认识之旅耗时更长。这种情况下，他没有迈克尔那么有名反倒是一件好事。迈克尔的旅程显得很突兀，就像前一分钟你还听他激动地说什么勇者无敌，下一分钟他就完全变了一个人，让人看不懂也接受不了。这当中或许就有问题。而戴维的旅程则更循序渐进，旅程这个词用在他身上更合适，他的世界观当中有很多方面既是自由的，也是保守的，他对毒品问题的态度就是一个例子"。

迈克尔·霍尔德一开始担任领导人，便与他的贴身顾问在伊拉克问题上产生了分歧。武器科学家大卫·凯利在2003年夏天的逝世，以及赫顿勋爵的调查，都让布莱尔政府暴露了一大堆问题，让人很尴尬，这些问题当中最显眼的莫过于政府究竟是如何向三月份出兵伊拉克的方向引导的。有诉状称政府为了博取民众支持参战的热情，对萨达姆·侯赛因握有大规模杀伤性武器的情报添油加醋，赫顿勋爵对此案进行了细致的审理。随着时间一周周过去，美、英士兵搜寻伊拉克独裁者的大规模杀伤性武器（提出这一说法的文件被后人视为"臭名昭著"）始终毫无进展，之前控诉的政治意味更加浓重了。BBC记者安德鲁·吉里根透露"那份文件是被渲染加工过的"，这一消息的可靠性引起了争论，整个政府机构和数百名记者都在等着看事态发展，就在此时，凯利博士成了悲剧人物。

霍尔德当上领导人之后，伊拉克问题和布莱尔的信誉正交织在一起。显然，一个政治机会到来了，霍尔德绝不会放走这个机会。刚当上领导人，他便要弄清楚布莱尔的"那份文件"对外公布时，保守党都向布莱尔提出过什么问题。邓肯·史密斯之前曾经规定此事既往不咎，但他还是一查到底，最后听到回答时，他简直怒不可遏。在场的人回忆，"他气得要发疯。我从没见过他气成那样"。"赫顿调查报告"给了保守党弥补在伊拉克问题上的过失的机会。这次调查的很多材料对政府不利，因此媒体预测赫顿勋爵递交裁决书之后，至少会有一位内阁大臣卸任。有人甚至确信裁定的结果是布莱尔本人要受到谴责。

霍尔德对卡梅伦工作的细致入微和勤奋努力很有印象，于是秘密让卡梅伦开始准备一份简报，这份简报将在"赫顿调查报告"发表之日公布于众。卡梅伦收集的证据文件多达数千页，这些证据都是关于赫顿的调查的。做此事的目的是帮助保守党整理一份属于自己的文件，帮助霍尔德把政府戳得更痛。迈克尔·戈夫告诉友人，他觉得这样的做法并不妥。赫顿勋爵既有可能给布莱尔政府当头一棒，也有可能什么都不做。如果是前者，那么根本不需要保守党出手，而如果是后者，那么纵然保守党有另一个版本，也起不了多少作用。可是，霍尔德这样做，结果也有可能令人非常惊诧，机会并不是没有，所以，他没有采纳戈夫的建议。

卡梅伦的一些同僚得知霍尔德秘密招募卡梅伦之后心中不爽，不到几天功夫，报纸上便出现了描绘卡梅伦的新任务的文章。有人在文中说卡梅伦定是认为赫顿这件事是个契机，可以借此火一把："他就是政府的一个普通办事员，赫顿这件事正好可以让他出名。"说得委婉一点，可能卡梅伦之前看到了伊拉克行动的隐患，但是既然党内绝大部分的人都支持政府，他也只好决定紧跟托尼·布莱尔的步伐，现在将功补过的机会来了。的确，与他一同对调查的证据进行分析的人，只对他的文字功夫和做事的投入有所称赞而已。一位助手说："他对那项任务投入了很大精力。"

萨曼莎此时正怀着他们的第二个孩子，而艾凡在 2003 年的圣诞节则不能独享爸爸的关爱,因为爸爸要读一百多人的证词,包括吉里根、布莱尔、阿拉斯泰尔·坎贝尔、杰夫·胡恩以及凯文·泰比特爵士(国防部常任大臣)等人的证词。卡梅伦说起此事挺懊悔:"我就是为数不多的书呆子中的一个,把调查所用的绝大部分的听证会记录和证据都看完了。虽然不敢说整个圣诞节都在看材料,但是胡恩啊、泰比特啊什么的,还是抢在了我的家人、朋友、电视节目和购物活动的前面"。

保守党的"简编"(显然是刻意回避了"文件"这个词)就在赫顿勋爵递交报告几周前公布,得到了各方面的好评。卡梅伦和他的工作团队成功让媒体相信布莱尔是有过失的,卡梅伦他们自己对此也早已确定。一位团队成员说:"从来就没有讨论过(赫顿勋爵)有没有可能粉饰真相,在会上可能提过一两次,不过并没有人拿着当回事。"霍尔德一门心思认为赫顿肯定会谴责布莱尔政府,所以他提出要让首相下台。

2004年1月19日,南茜·卡梅伦平安降生,但是卡梅伦根本没有时间和孩子呆在一起,因为"赫顿调查报告"的发表日期已经近在眼前了。1月27日他与霍尔德的媒体秘书盖伊·布莱克一起主持了"赫顿预备组"的每日例会。依照传统做法,政府要在报告公布之前为反对党安排阅读报告的时间,一般是公布之前几个小时。这次安排的时间是1月28日星期三早上6点,这种安排有个称法,叫做"闭门阅读"。因为第二天很早就要起床,卡梅伦头一天晚上就呆在霍尔德在皮米里科的家中。当晚气氛凝重得很,晚饭过后,《太阳报》的第一版就发行了,读起来好像正是即将公布的报告的内容。报道的意思用一句话来讲,就是法官(赫德勋爵,译者注)站在政府一边,和BBC对立。危机当前,霍尔德却依然镇定自若,说他要睡觉去了,留下卡梅伦一个人担惊受怕。

第二天的"闭门阅读"证明了《太阳报》放出的消息是真的。对于保守党来说,这和受灾没什么分别。霍尔德和卡梅伦走出内阁办公室,回到下议院保守党领导人办公室,两人脸色惨白。霍尔德明白,再过几个钟头,就是下议院的辩论了,这场辩论是他要求举行的,到时候布莱尔肯定是一副心满意足的表情。辩论开始前保守党的主要负责人召开了一场紧急会议,实际上大家从未认真考虑过要不要驳回赫顿的结论,这一点让在座的一位负责人倍感惊讶。卡梅伦则帮助领导人将报告中的信息进行总结加工。霍尔德在下议院刚讲出第一句话——他说保守党和他本人都接受赫顿的结论——便被工党的嘲笑之声淹没了。卡梅伦已经尽力而为,可是赫顿报告里的责备之言少之又少,语气还非常委婉,他竭尽全力想把这些责备化为愤懑,但是让霍尔德说出来反倒显得胆大妄为、心胸狭窄。保守党本想拿赫顿说事,却惨遭失败,这对于卡梅伦打击不小。那一周上"新闻之夜"的节目时他非常不自在,还想为保守党打个圆场,却被主持人杰里米·帕克斯曼一句话镇住了,帕克斯曼说"你在叨叨些什么啊?"

卡梅伦一直对赫顿这件事存有心结,甚至后来一提到伊拉克事件便轻松不起来。同事们发现他很快站到戈夫、维特斯通还有奥斯本那一边去了,这几位都认为霍尔德不要再利用战争不得人心这一点来增加保守党的优势了,不过,就算他们反对霍尔德攻击布莱尔的痛处,这样的想法也只是一厢情愿:他们相信首相的做法是正当的,今后也会正确地走下去。有人还记得,卡梅伦虽然反对霍尔德的想法,但是没有充分"表达"出来。他之所以反对是出于政治考虑:霍尔德如果忽而说支持参战,忽而又公开声明不支持参战,到头来只会招来蔑视。卡梅伦一下子左右为难:他现在是在敦促自己的党支持一项他从前极为怀疑的政策。以前的他是群鹰中一只温顺的小鸽子,而现在却成了鸽笼里的一只鹰。

身为保守党领导人,霍尔德之前最希望赫顿能给他一个明确的理由,让他能够终结保守党对布莱尔政策的支持。然而,1月份公布的报告让他的希望彻底破灭,他接受的第一个事实就是,用来遮掩保守党突变的保护伞已经消失了。在那之后,他还得控制住外交政策的走向,不让政策显得过于强硬。例如,霍尔德曾经否决了一篇外交政策的讲稿,有人读过稿子,说"有些求战的意味"。其他人则看过霍尔德将要发表的演讲词,说"跟号召轰炸伊朗没什么两样"。

一年的时间就这样熬过,霍尔德越来越觉得他应该瞄准布莱尔最弱的地方发动攻击。他在7月份时接受了《周日时报》的采访,在采访中他说如果之前就了解情况,他是不会投票支持参战的。他郑重解释下议院此前的动议"的确强调了大规模杀伤性武器的存在……但是,今日如果再投票,我一定会投票支持另一种决议",正如霍尔德所想,这一消息一经传出,立刻引发轰动,这下全天下都知道他放弃自己之前的主张了。可是,他内部圈子里的很多人听闻此事极为愤慨,一位知情人说"卡梅伦、维特斯通等人差点气昏了头。伊拉克的这件事让卡梅伦怒气冲天,一个劲地对别人说:'怎么能这么做。'"明眼人一眼就能在卡梅伦发表在当地报纸的专栏文章里看出他和领导人之间出现了分歧:"有些人会说,如果早知道大规模杀伤性武器这些情报站不住脚,就不会支持参战了。也有些人即使现在知道了这一切,也依然觉得应当和盟友美国站在一起,支持联合国决议,铲除萨达姆。"

在为年度保守党大会撰写领导人演讲词的时候,霍尔德与卡梅伦又产生了分歧。卡梅伦有丰富的特别顾问经验,起草过无数的演讲稿,在最后一刻终于说服了霍尔德,将他原本准备的硝烟味极重的谴责的话改成了比较中性的表达。霍尔德的团队反对他利用伊拉克问题来增加政治筹码,这便是一个例证,像这样的情况还有不少,这让霍尔德只能隐藏自己真实的想法。10月中旬,伊拉克调查小组公布了调查报告,结论是伊拉克没有大规模杀伤性武器,这无疑给下一周的"首相答辩"提供了攻击的目标。不过,霍尔德看上去完全无意挑起问题,他跟往常一样,还在和奥斯本与卡梅伦商量事宜呢。然而,"首相答辩"一开始,他便撤下准备好的稿子,直接对准布莱尔,要求他为"曲解所获得的情报信息"道歉。他说,"你为什么就不能说一声对不起呢?"

其实,2004年初霍尔德收到过一份备忘录,后来这份备忘录还在其他高层人物中传阅,备忘录中可以明显地看出霍尔德内部圈子的人并非都同意卡梅伦的立场。这份备忘录的起草人是盖伊·布莱克,他在一开头就写道:"有个议题是我们坚决不同意讨论的(这种坚决其实是不对的),那就是伊拉克的问题;但回避是无济于事的。"布莱克独具慧眼,早在保守党研究部时就发现卡梅伦身上有很强的政治潜能,布莱克表示自己相信"伊拉克极有可能成为竞选中的一个关键性因素,但是我们却毫无戒备,在筹备这么大的竞选时完全将其弃置一边。同事们各持己见(可能顾问当中也是众说纷纭),但是竞选的时候哪里还有时间去调和不同的观点,没竞选的时候就该定好调子不是吗?"

霍尔德也同意这个议题"极为重要,需要探讨",所以在11月下旬召集了身旁资历最老的顾问们开会研讨。可是,卡梅伦不改初衷,坚持认为伊拉克问题会让民众"误判"保守党的竞选理念,所以必须抛开。卡梅伦的观点得到大部分人的认同,因此保守党在第二年的竞选中没有对伊拉克问题大书特书,结果竞选一过,有些人觉得损失大了。如今的霍尔德会诚恳地表示此事是一大错漏,如果当初能在布莱尔对伊拉克问题一筹莫展时加上一笔就好了。"我很后悔当时的做法,悔得不行啊。那时候,我们当然应该一再表明立场,要把萨达姆·侯赛因赶下台,怎么能够完全不做计划呢[后来不是很明白了吗]? 解散伊拉克军队的做法有些不智了。布莱尔原本也可以劝美国不要解散伊拉克部队啊,所以他也有责任。如果能这样做的话,后来就不会出现形势逆转,也不会发生讨论转向的情况。其实,迈克尔·安克拉姆曾一再要求对伊拉克问题制定计划,他当影子外交大臣时我还不是领导人呢。所以,这些反思并不是事后诸葛亮。就应当稳住阵地,把这面鼓响当当地敲下去,我啊——错得太不应该了。"

赫顿调查报告一事让卡梅伦的政治生涯走入低谷,霍尔德接下来给他派了一个活儿。2004 年,他被任命为"地方政府金融与市政税发言官",此前,他担任过乔治·奥斯本的经济事务发言官,尽管时间并不长。这样一来,他还得费神跟当地的报纸说明他会"继续在霍尔德先生的问辩时间团队中帮忙"。眼看地区性的竞选在六月就将落下帷幕,这样做虽然不能在资历中增添几抹亮色,给以后竞选领导人做准备,但其中的政治意义或许也不可小觑。

霍尔德的竞选结果也很难料,他的领导位子接下来也没那么好坐了,原因之一,可能是他推出的一系列与"明智之选"口号相关的政策并没有得到广泛关注。不仅如此,之前他竭力要求政府为欧盟制宪一事举行公投,首相布莱尔却迟迟不表态,临到最后才同意,让他的这张王牌大大失效。问题就跟着来了:布莱尔的做法不仅挪走了霍尔德在各地进行选举活动的"垫脚石",还把保守党推到了完全不支持公投的"英国独立党"的面前,看保守党如何被摧残。现如今,工党和保守党政策并轨,独立党的支持率都回升了。

此时,反对英国加入欧盟的活动领袖也被派来劝霍尔德不要彻底改变旧政策去对抗威胁,卡梅伦私下里也和这些领袖谈过。霍尔德的想法是,提议举行新一轮公投,制造局面,从头开始商议英国的成员国身份问题;然后颁布新政,建议英国从欧盟撤出,将其原有的义务勾销,其中包括保守党最反对的渔夫政策;之后再开展竞选,"重入"欧盟。卡梅伦和维特斯通听到霍尔德的想法时十分惊诧,遂召来开展反对单一货币的企业家开会。商议之后向霍尔德解释,"不支持"活动的人士大都会反对他构想的公投,千万别想着这种公投有多受欢迎。霍尔德只好舍弃了原有的计划。

在 6 月 11 日举行的地方性竞选活动中,保守党情况不佳,独立党的回温多少有些影响。为了让结果好看点,保守党使出一贯的诡辩之术,但是有是有没有进展,明眼人一看便知。霍尔德也不如从前那般乐观积极了。选区的民众开始议论,保守党内看来会发生变化,这都连续三次败下阵来了。人们一致认为,大卫·戴维斯很可能接替霍尔德,为此霍尔德小圈子里不少人郁闷极了,因为霍尔德曾对他们立誓,说即使败选也会继续斗争。现在看来,可能就在举行欧洲制宪公投之后,霍尔德就得为新人让步,让别人去打 2009—2010 年度的竞选之战。那会是谁呢?

2004 年夏,戴维·卡梅伦越来越有当接班人的迹象,这一变化居然有两个由头。第一个早在 2002 年的夏天就开始显形了,这要从卡梅伦接受一次周末邀请会说起。邀请他的是议员同僚格雷格·巴克,请他去萨瑟斯家中度周末。巴克是 2001 届入职的议员,在入职前,也像卡梅伦一样做过公关。两人在下议院首度会面时,巴克就一眼看出卡梅伦具有"市场潜力",一年之后巴克更确信卡梅伦会是未来之选,尽管当时巴克还是大卫·威乐茨的"门生"、贝克斯山和巴特尔区的议员。"这种感觉是慢慢累积的,保守党换代的时候到了。我们需要一个适合上镜、有魅力又时尚的领导人,不是那种脾气大又备受折磨的波尔蒂诺型,而是那种随和自若的不纠结型。卡梅伦好像挺对路的。"

巴克决定,要告诉卡梅伦,自己认为他可以考虑参加领导人竞选,而且估算保守党领袖邓肯·史密斯接下来的竞选很有可能胜不了。"我请卡梅伦第二年夏天来我的选区,当时我已经感到他会有不俗的表现了。记得我俩好像一起开车出去,我还给他安排了一场晚宴,介绍他认识正好在我选区里的《邮报》编辑查尔斯·摩尔。"餐后巴克跟卡梅伦谈了这件事儿:"我还记得客人都走了以后,我跟他谈了谈,那天我俩留到很晚。我怎么想的也跟他说了。当时我们都是伊恩·邓肯·史密斯的部下,估摸着下次竞选时撞到一块你争我斗是在所难免的。卡梅伦听了我的话之后,并没有马上表态,只说他挺想当影子大臣。可见他当时没什么野心,他说自己还没怎么考虑过,不过也没讲我想得'太早'。用他的话来讲是'我的计划不是这样的'。"

第二年的夏天,也就是 2003 年的时候,巴克邀请同僚大卫·拉夫利来巴特尔的家中做客。拉夫利在党鞭办公室工作,旁人都知道他对戴维斯忠心不二。巴克和他聊着聊着,开始争论起谁会赢得竞选来,争得意兴盎然。不一会儿两人就将所有保守党议员可能得到的票数列出表来,满满当当,一个不落。开始列的时候纯属好玩,没想到越排巴克越觉得卡梅伦应该参选。"我记得我俩坐在花园的凳子上,一边看议会党名单一边删。扫完了所有的票数后,我们俩几乎同时得出结论,那个场面太有戏剧性了。虽然分析不能完全得出结果,但是把票数逐个看过以后,我觉得我的想法是完全可行的。"

一边是巴克的谋算,另一边则是卡梅伦忙着招兵买马。卡梅伦把老朋友迈克尔·戈夫招来做竞选前期的重要工作。戈夫才能卓著,靠自己奋斗在《泰晤士报》开辟专栏之后大受欢迎。卡梅伦在伊恩的选区家中举行的午宴上,呈辞恳切,劝戈夫弃笔从政,入下议院谋事。戈夫着实动了心,有在场的卡梅伦多年好友、《经济学人》资深记者克里斯托弗·洛克伍德为证。戈夫说:"在劝我参与竞选一事的问题上,戴维是最积极的……我动摇的那一刻他肯定觉察到了。"

另一位关键人物是斯蒂夫·希尔顿,一个远离了这个圈子的人。保守党在野时间长,希尔顿没有一直留在党内,而是把热情投到了全球资本主义这一块,生意做得很不错,还建立了自己的公司,名字很实在,就叫"好生意公司"（Good Business）。公司还推出同名书,向人们展示"可靠的"资本主义如何把品牌用来提升社会成果与产品的,这家公司就是一个典范。希尔顿因为主持了多桩成功案例,成为了小企业踏上大公司发展之路的金桥,他提出的主张内容清晰,实施起来又有效,崇拜他的人很多。后来他逐渐看到市场的作用发生变化,政府的政策却没有跟上,于是,2001年竞选时他改投绿党,从保守党阵营中分离。霍尔德开始领导时,他有想法回归,其实之前他的老东家上奇公司的莫里斯·上奇成为霍尔德的党内主席时,他就答应过做上奇的特别顾问,每周拿一天出来为上奇工作。想到自己也将成为议员,他激动不已,马上在候选人名单上签了名。只可惜后来的选举会议让他打消了念头,因为他和很多人一样,都被戈夫逼退到了代表萨利希斯的保守党的安全席位上,无法施展拳脚。

这些看似彼此无关的元素,在2004年暮春时汇聚到了一起,属于卡梅伦的领导团队逐渐成形。5月,戈夫在有名的梅菲尔餐厅宴请宾客,据他说来年的大选结果不可料,为此早做计划是应该的。在宴会上他请来了与自己资历相当的、保守党内排在前列的干将,卡梅伦、波尔斯、希尔顿、奥斯伯恩显然都在列。宴会的主题是"21世纪保守主义"的要点都有哪些,至于领导之事并没有怎么提,不过一位到场宾客说并不是没提,只是提得"很有技巧"罢了。

接下来的一年当中,饭局不断,宾客名单也变来变去,不变的是核心人物总是卡梅伦、戈夫和奥斯伯恩几个。后来聚会的地点换到了北肯星顿芬斯托克路的卡梅伦家中。回过头来看,如果说卡梅伦那会儿可能在为选举之后的领导人竞选做心理准备,好像又不完全是,因为他在家里开展活动本来就很正常,他一直是朋友圈子的带头人,其他核心成员还有希尔顿和戈夫。奥斯伯恩自己也组了一个圈子,成员有库伯、芬克尔斯坦等,年纪稍轻、更现代,所以没怎么为2005年大选做太多准备。巴克常来芬斯托克路参加聚会,他觉得这些讨论有点乱,好像产生不了什么成果。不过,多次讨论下来,领导人选和总部成员逐渐显形。

卡梅伦当时和布莱尔没法比,可他们的"内阁"还挺相似。布莱尔有市场营销大师一名,菲利普·古尔德,记者一名,阿拉斯泰尔·坎贝尔,以及和他同时入职的另一颗政坛新星，戈登·布朗。卡梅伦也有市场营销大师一名，希尔顿，记者一名，戈夫，以及和他同时入职的新星，奥斯伯恩。只是他这位保守党的"彼得·曼德尔森"式的人物，定位仍是个谜。

卡梅伦和身边的朋友该怎么筹划在2005年大选前接替霍尔德，怎样做才不至于触及敏感问题？维特斯通以前挺过卡梅伦，当时霍尔德的助手们还不太高兴，可是现在霍尔德圈子里许多人都已经成了卡梅伦的后台或者私人顾问团的人——而维特斯通居然是个例外。

外界一直不知道霍尔德门下众位年轻"副官"之间关系密切，直到小组的一位边缘成员对保守党内有批年限久久不到的议员表达不满之意，才让外界发现个中关系。《每日邮报》评论编辑乔治·特雷夫加恩在七月下旬发表评论，称有十四名议员被催下课，为新人让路。他把大卫·戴维斯的亲密盟友、出了名的好斗的德雷克·康威也算进了这群"赖着不出院"的人里，这下麻烦大了，康威可不是一个随便对付的人，更别说立马退休了，他可是邓肯·史密斯的死敌。康威发动了全面反击，所有他认为参与表态的人无一幸免。他说，"我们对这帮人有个称号，叫'诺丁山派'，他们就会在伦敦的小资餐厅里玩些情调，以为他们做的事我们都看得顺眼似的。"其实在诺丁山区很难找到那种小餐厅，所以康威所说的这群人没法去小餐厅里坐着，但是这都不重要了。康威的描绘里只要有一点料，就抹不掉了。

第二天各路报纸都出来了，又是特写又是配图，讲的是伦敦西区驻扎着一大群隐姓埋名的工作人员、年轻议员和记者。最形象的一篇报道要数《卫报》记者尼古拉斯·瓦特写的了，卡梅伦和维特斯通被刻画成小组的"关键性人物"，而霍尔德的演讲稿撰稿人乔治·布里奇斯（当时是保守党研究部的所长，现在已是卡梅伦的政治官了）、埃德·维泽和迈克尔·戈夫则被说成是资历更浅的助手。瓦特对希尔顿的说法倒是很准，"小组内部圈子成员"，不知他从哪里弄来了希尔顿的一番话："一味假装（没有这回事）没意义。我们本来就是伙伴，常常一块度假，这都很多年了。1992年大选时我们都在保守党中心办公室，一起为大选做准备工作。我们之间的友谊就是这么来的。"希尔顿还说道："我们从最初的纯粹玩伴发展到后来的政治伙伴，共同经历的时间很长。所谓'聪明机灵的小家伙'这些说法都掩盖了一个事实，我们其实已经是老手了。我直接参与保守党竞选策略制定工作都快十五年了。"

媒体突然开始注意这个密不透风的小圈子时，正好也是这圈朋友差点散伙的时候。原因是卡梅伦的妻子和卡梅伦关系最好的女性朋友斗了起来，两件事碰到一起，实在太巧了。瓦特发表的文章再像寓言，内容再详实，也免不了漏掉一个细节，那就是希尔顿和维特斯通并不仅仅是朋友那么简单。两人的关系原委是怎样，连知心朋友都不知道，只是有朋友认为两人是伴侣关系，分分合合差不多十年了。报道出来的时候两人还在一块。不过就在 2004 年 8 月 17 日早晨，一家报纸刊出日志，透露维特斯通和卡梅伦的岳父威廉·阿斯托尔有染，此文一出，两人的关系变得非常紧张。

文章登在《每日邮报》上，作者是理查德·凯，文中这样写道："有件事今天可以公之于众了，保守党领袖迈克尔·霍尔德的政治秘书、所谓'诺丁山派'聪明年轻的保守党员圈子中的蜂后型人物——蕾切尔·维特斯通，她的道路上出现了一段耐人寻味的浪漫之春。维特斯通是博耐顿女校毕业，长着一头淡褐色的头发。她是霍尔德先生的两位最资深的特别顾问中的一个，据我所知，她和一位人脉深广、已婚年长的保守党大人物是亲密的朋友。"凯接着大书这位"大人物"的身份："在维特斯通小姐任政治顾问时，曾提携过一个人——那就是戴维·卡梅伦，现年 37 岁，代表牛津郡惠特尼的保守党议员，两个孩子的父亲，家庭幸福（她和卡梅伦没有浪漫关系）。有伊顿教育背景的卡梅伦……是阿斯托尔子爵的继女的夫婿。阿斯托尔子爵，52 岁，前任执政党议员首领，上议院反对党发言人。"

那天，霍尔德还在法国度假，维特斯通照例在政府办公室那个大套间里工作。她不想隐瞒，于是马上打电话给好友卡梅伦，承认了和埃斯托尔的关系。卡梅伦听闻，火气立马就上来了，要知道这篇文章会给他的岳母造成多大的侮辱，让他朋友希尔顿多么难堪。打完电话，维特斯通噙着泪跑出了办公室。据朋友说，"戴维情绪激动，说了些气话，末了还讲再也不愿跟她说话了。"卡梅伦那会儿在想真得断了这把陈年的老交情不可。

后来卡梅伦还是和维特斯通说话了——每天的工作还是误不得，而且维特斯通毕竟是迈克尔·霍尔德最资深的政治顾问。希尔顿想方设法让维特斯通和好友卡梅伦的关系稍稍缓和了一些，可是那时萨曼莎的母亲和威廉·阿斯托尔还在一起，萨曼莎觉得深信不疑的密友居然背叛了自己，关系破裂无法弥合。卡梅伦夫妇的朋友说："萨姆（萨曼莎的简称）说在蕾切尔跟史蒂夫结婚之前，蕾切尔不许跨过她家的门槛。"

前文提到的那篇关于"赖着不出院"的议员的文章发表时，引起了很大的反响，卡梅伦深受其扰，这年夏天他升职的消息一出，反应更激烈了。由于地方选举结果不利，霍尔德将大卫·威利茨手中的政策协调权交给了卡梅伦这位年仅 37 岁的政治新人。于是,威利茨成了年初时传达保守党有关公共服务选择的信息不利的替罪羊。卡梅伦接手这项工作,使霍尔德的领导回复平衡,后来证明他确实做得很到位,与此同时,他还将大量纯属"现代派"风格的言辞与愿望弃之不用了。

据一位曾是霍尔德顾问团的内部人士说,卡梅伦这时上任的原因是霍尔德已经对威利茨的工作失去耐心了,因为威利茨一直想"从最基础的开始做","霍尔德需要马上能开展工作的人,至于 21 世纪的保守主义源头是哪,根本没时间重新思考。这时要做的是组建一支抗打击能力强的团队,打好竞选这一仗。"这位内部人士还说,"到秋天的时候,大家好像觉得如果仍然大谈健康啊教育啊,还有一些宏观的重组规划的问题不太妥当了,因为让人觉得这都是很空的东西,跟实际情况无关。"

霍尔德和党内主席上奇的关系也越来越紧张,这一情况内部人士看在眼里,只是外界不太清楚。上奇为霍尔德构思的形象有如充满远见的梦想家一般,充分调动选民的想象力,让他们看到一个低税收国家的景象;而霍尔德只想给选民实实在在的解决方案,消除他们日常生活里的困扰,解答他们的问题。据霍尔德团队里的一名成员回忆:"迈克尔(霍尔德的名字)越来越觉得上奇的构想不适合他,一是听起来显得不真实,二是这会儿还谈梦想已经来不及了。他只想顺顺当当地进入竞选环节告诉选民们,我是一个重在行动的人,和同姓的约翰·霍尔德[澳大利亚总理]一样都是行动派,所以不要来跟我说什么梦想,我这里有的都是切实可行的东西"。

说到这位同姓氏的连续赢得四次竞选的澳大利亚总理,他的助手是竞选战略家与市场研究专家林顿·克罗斯比。霍尔德请来了克罗斯比助战,他告诉克罗斯比自己的想法是举行极小型的竞选活动,主题是犯罪与移民,突出其简单、易懂、落到实处的优点,与布莱尔的壮志豪言对照鲜明。卡梅伦也是霍尔德的备选方案之一,如果克罗斯比拒绝霍尔德的要求,霍尔德也会解聘上奇,让代表惠特尼的年轻议员卡梅伦来把握竞选的方向。

随着时间的推移,保守党内的气氛愈加紧张。夏末的一天,在位于维多利亚的保守党总部新址,这种紧张的情绪终于爆发。那天,希尔顿发回了关于中心小组研究的报告。希尔顿在报告中告诉上奇,怎样组合减税方案不是选民最关心的问题,选民最关心的是减税之后公共服务是否依然完备。希尔顿的发现与上奇的分析完全相左,上奇认为低税收是保守党吸引公众魅力的核心所在。希尔顿的朋友们都说,这是希尔顿的一次顿悟。曾经眼睁睁看着保守党内的现代派和传统派的冲突摩擦断送了海格和邓肯·史密斯的领导生涯，希尔顿如今坚定地站在了现代派这边。他在给上奇的报告中表达了两方面的决心，他与上奇由此决裂。作为广告界大亨的上奇曾有一个很有名的说法，没有人能像史蒂夫·希尔顿那样让他觉得自己依然充满活力。而与保守党老主顾这边的关系，一场骂架之后，上奇最终也不得不切断缘分。虽然他无权终止与保守党的合同，他还是给希尔顿发了一封邮件，告知他不可再以"上奇的特别顾问"的名号自居。

9月，卡梅伦进入影子内阁，并开始在当地报纸专栏发表文章，试着推行霍尔德的新理念。他在文章一开始便写道"今日最大的问题是人们普遍愤世，感到理想幻灭"。然后他指出布莱尔政府应当为这些破坏政治环境的情绪负责。"在政界，口头讲一向没分量。如果只张嘴来说几句什么会努力实现的话，结果可能比不说更糟……民众越把听到的话和过着的日子相比，就越感到愤怒，越觉得理想幻灭。"

这年秋天，卡梅伦在保守党的大会上、电视上、广播间里，一次次地重复着这个理念。他在党内的重要地位也日渐明显，会议周的时候还上了BBC1台的"问辩时间"节目来传达这一新理念。他说首度亮相有些"紧张"，不过收效很好。会议开得很成功，接下来的周末是他38岁生日，庆祝会一场接一场，只是在位于芬斯托克路的家被盗了，挺扫兴的。小偷开走了他的摩托车和家里的小车。事发之后，他半开玩笑地说："世道变了，要在十年前，我那辆'斯柯达'肯定还留在外面。现在他们居然就直接开走了。"

过了一个月，他正式负责保守党竞选宣言的撰写工作，这又引发了好一阵评论。一位未署名的保守党前座议员告诉《每日邮报》："霍尔德提拔亲信的做法早就让很多人不满了，因为提拔的人从来没有深入严酷的论辩场，没受过任何历练和考验。"而最让戴维斯的盟友们烦心的是有人在报纸上宣称霍尔德已"下旨"让卡梅伦做继承人。这篇报道的内容似乎很详实，但据霍尔德说，他没有下达命令给部门里任何人，让卡梅伦做继承人。"将他视为我的接班人是后来的事情，当时我还没有这个想法。我更没有在《每日邮报》上授权发布这个消息。当你是反对党的领导人时，会有几千几万件事情要你处理，每时每刻都有人在写你在想些什么。面对这些人，你不能想发火就发火，你也不能每次都出招。不过这也不是那么了不得的事情。我得知蕾切尔·维特斯通利用我来宣扬大卫的话时也没有多大火。"可见，霍尔德对继承人的看法并不想宣传的那样明朗。

上一年的圣诞节,卡梅伦一家人是在一堆堆亨顿调查的证据文件中度过的;这一年文件堆换成了文件夹,封皮上写着"税收"和"健康"的字样,文件夹要么散放在地板上,要么就被拿到卡梅伦在下议院的办公室里排放着。这项工作做起来没个尽头。卡梅伦的办公室在一条长长的走廊边,这条走廊的别名是"黄色潜水艇",因为房间的窗子都做成了舱口的设计。卡梅伦在墙上贴了一张纸,纸上写着"这样做对民众好吗? 通俗易懂吗? 会有效吗?"的字样。圣诞节一过,高夫也过来帮忙,这时高夫还不是议员,但已经坐到了安全席位。两人分了工,一边做一边互发邮件交流各种版本。高夫说,"真像做领导人的笔杆子或者剧作家一样,得想办法将领导人的思考全部融到一起。在我们操作时已有重要指示,工党注重的是细节铺陈,所以我们需要尽量精简文字,确定几个价值观问题,拿出几条重要的政策即可。"卡梅伦在那年 12 月 30 日的《每日邮报》上发表评论文章,说他已经把以前的唱片都翻尽了,就为了寻找灵感。他还援引玛格丽特·撒切尔夫人 1979 年宣言里的开头段落来向保守党团队致敬:"我认为政治的灵魂并非政治理论,而是民众和民众所向往的生活方式"。

卡梅伦所做的是将保守党的政策进行瘦身,比如把五句承诺性的话总成十个词,这样的做法让某些人很不痛快。有人说他悄悄地把环境政策拉到了边缘的位置。有内部人士透露:"克罗斯比和卡梅伦不肯让提姆·叶欧(当时的环境发言人)把环保问题放进口号里,因为环保问题和保守党的五句承诺不好搭。叶欧气坏了,还说不干了"。

实情没有这么简单。叶欧希望保守党在 2005 年宣言里宣布一项汽车税大改革。他给卡梅伦看了如何根据排量大小征收汽车税的详细计划。特别吃油的运动型多功能车交得多一些,小型的效能更高的车则少一些。保守党正好对这类总量不变(因为税款总额是不变的)又环保的政策很支持。但是影子大臣奥利弗·莱特温却很不喜欢叶欧的计划,因为这可能让农民和富有阶层受到冲击,而农民和富有阶层恰恰是保守党的主要拥护人群。同时,克罗斯比也认为环境问题不是主要问题。卡梅伦呢,既没有直接砍掉叶欧的政策,也没有在莱特温面前为他多说好话。

保守党宣布政策后,卡梅伦申请少参加一些宣传访问活动,留出时间来经营他自己的席位。这项请求遭到了党内一些中坚分子的嘲讽。霍尔德身边有的人颇有怨气,觉得卡梅伦刚发布完宣言,就想离领导人远一些。还有人认为卡梅伦和前座的同僚意见不一致的时候,好像自由度比他们还大一些。圣诞来临之前，身处影子内阁的他在身份证议案二读时宣布弃权，因为他一直反对这项措施。他还在三月末的 ITV1 台的"约翰逊·丁波比"节目上露面，表达了对保守党的毒品政策的不同看法。他说其实这个问题有些"不好把握"，因为他在大麻立法归类问题上持不鼓励的态度。

最让诋毁卡梅伦的人气愤的是，报纸上说卡梅伦与奥斯本对保守党的宣传主题"犯罪与外来移民"很"不爽"。外来移民是竞选活动中的重要主题，但是老将克罗斯比却不以为然，只敦促霍尔德紧抓与选民有关系的主题，不要顾忌工党的"霍尔德在打种族牌"的激愤言论。

卡梅伦怎么看 2005 年大选时保守党对外来移民问题的处理方式呢？对外公开发言时他的措辞很小心，所依附的准则是外来移民在近些年中任何一次大选时都不是议题，但自从工党管理"不善"以来，移民成为了一项必谈的问题。他表示，这项问题关系到英国人民，因此并非"种族"问题，而且管理新移民与民族友好关系本是相辅相成的。不过，在竞选文案中他没怎么用这个问题做文章，主要的竞选辞里只用了不到五十个词来讲述移民问题，大部分的篇幅都用来谈国际化发展的重要性。卡梅伦私下里很担心保守党如果过多地谈移民问题，那么像《卫报》和《独立报》这些有左倾意识的无党派报纸会有怎样的反应。关注他的人说，比起奥斯本，卡梅伦对评论更敏感。在这一点上卡梅伦很有"诺丁山派"成员的行事特点："我们将尽力推行这项举措，我自己可没这么做过，不过做做也无妨"。

黑潭市 2005 年大选

夜幕降临,在福克斯通选区家中,霍尔德的夫人桑德拉和蕾切尔·维特斯通在一块看着电视。桑德拉躺在沙发上,维特斯通则盖着羽绒被,懒洋洋地躺在地板上。霍尔德没有和她们一块等着看 2005 年大选的首轮结果,而是早早上床睡觉了。这么做或许是明智的,当晚工党再次获得全面胜利。与上届大选相比,66% 这个数字也许有所下降,但与保守党在 1992 年由约翰·梅杰获得的票数却还多出 45%。霍尔德 5 月 6 日即赶回了伦敦。虽然结果不尽如人意,但霍尔德并不觉得太遗憾,毕竟邓肯·史密斯的事情之后,他没有立刻坐上领导人之位,所以不能尽快将保守党拉回正轨,这次的大选,保守党算是接受洗礼,也收复了一些失地。从这点上看,结果并不算失败。竞选所采用的战术虽不说惊艳,但能将这样的全国性活动控制到最小的范围中,把重点放在犯罪与移民问题上,并辅以对边缘席位的精确定位,避免了保守党在竞选中全面溃败。

现在,霍尔德该保护他旗下的二号人物了。霍尔德首先在位于伦敦维多利亚大街的保守党总部对所有工作人员表示感谢,然后联系弗朗西斯·莫德,请莫德出任保守党主席之位。这一次,霍尔德没有征求任何高级顾问的意见。莫德是现代派的领军人物,霍尔德请他来明显有阻拦大卫·戴维斯接手的意思。霍尔德深感如果戴维斯坐镇,那么保守党在竞选中会默默无闻。

自霍尔德担任领导人起,就一直与戴维斯不睦。戴维斯的助手称霍尔德曾要戴维斯在多佛"迎候"2004 年 5 月新入欧盟的所谓"八国"的首批移民,但戴维斯拒绝了这一请求。之后,戴维斯以影子内政大臣的身份,在党内组织反对身份证活动(卡梅伦也曾参与其中)。保守党大选活动启幕后,戴维斯发现保守党将补充四万警力的吹嘘之言是以整整一年的移民预算做底的;这一发现让他觉得霍尔德根本在诓骗他,于是不管夜深与否,马上打电话向霍尔德泄愤。两人的情绪都十分激动,最后其中一人摔了话筒,一场骂战就此中断。原本霍尔德还觉得 2003 年 11 月时戴维斯未曾站在对立方反对自己,对戴维斯心存好感,结果 2005 年 5 月来临时,这种好感彻底消失了。

新晋的现代派议员好像都不知道霍尔德会请来莫德,其实跟霍尔德最密切的大卫·麦克林早已泄露天机。有位新任议员一直支持卡梅伦,他记得大选之后曾接到麦克林的来电。党鞭麦克林说了几句祝语欢迎新人,然后说"其实有人在想可能还不到新生代出现的时候。"这位新任议员觉得麦克林的话已经很明白了。

霍尔德的做法,其实是在调整换班的节奏,整个安排环环相扣,任命莫德是其第一步。接下来要做的是打响这场赛跑的发令枪,并控制赛程的长短和比赛的规则。他在帕特尼区宣布了一项决定,让人颇为惊讶——或许因为受到了刚在此获得选举全面胜利的保守党年轻女议员的影响——他说自己已经六十有三,参加下一轮大选"年纪不合适",所以即将退位。说到这时他又补充道,他要等到实现了改进领导人遴选规则的初衷后才完全退位。他原本还打算公布退位的具体日期,但因为其夫人和维特斯通在前去帕特尼区的车上给了他一定压力,这才让他不得不同意暂不明确日期。

就在一天前,维特斯通还接到奥斯本的来电,叫她在保守党败选后拦住霍尔德,让他不要马上卸任。虽然很难实现这一点,但起码维特斯通推延了霍尔德的卸任期。维特斯通很清楚如果卡梅伦或者奥斯本想要参与竞选,都会需要足够的时间来积攒实力。卡梅伦和奥斯本大致预测过大选后的情况,但是没有直接涉及领导权的问题。有人揣测他们俩希望霍尔德失利,这样就能名正言顺地接替霍尔德。其实,他们所想的恰恰是霍尔德表现越好,越对他们有利,因为这样他们才有更多时间累积资本。

霍尔德将提前卸任,照理来说继任者应该是年长又有身份的现代派人士。大选后的第一个星期六,一个叫大卫·威利茨的议员情绪很激动,叮嘱一名议员注意奥利弗·莱特温,他说莱特温正在劝卡梅伦与奥斯本支持安德鲁·兰斯利。说起这个兰斯利,的确能满足现代派候选人的要求。兰斯利是公务员出身,最初担任诺曼·特比特的私人秘书,后来当上了保守党研究部的所长,并于 1997 年通过竞选进入议员队伍。他在 2001 年指挥大选之后,成为了敦促举行候选人代表竞选的主要力量。他与卡梅伦有一点相似,那就是两人同为右翼的现代派,但也有一点不同,那就是没有和迈克尔·波尔蒂诺搭上关系,因此没有受到什么影响。

莱特温看起来和蔼可亲,玩起政治来却如刀锋一般凌厉,之前戴维斯决定不参加 2003 年竞选时,莱特温还保证说会"全力支持"他继承霍尔德的位子。一转眼莱特温却支持起兰斯利来,其深层原因是他要帮卡梅伦赢得一席之位。据一位议员所述,威利茨说过:"我很担忧,我怕奥利弗·莱特温会把卡梅伦、乔治·奥斯本这几个年轻人集拢来,再找一位现代派候选人来对付大卫·戴维斯的宣传活动"。第二天的时候威利茨在位于贝斯沃特的家中和奥斯本碰面,想尽办法阻止年轻的这一帮人变成支持兰斯利的力量。两人达成了一致,决定暂不声明支持任何人,莱特温再和卡梅伦与奥斯本见面时,也没有怎么谈到要为保守党研究部的老所长兰斯利筹办活动的事。这位议员说:"奥利弗·莱特温开个会的功夫,兰斯利的事就好像已经忘了。"

自从大选后的那个周末以来,卡梅伦一直在为候选资格努力,从竞争中突围,所以他是不是在认真考虑兰斯利这件事,还真说不准。而霍尔德在竞选后的反戴维斯行动中的第三步就是将领导班子重新洗牌。虽然他不可能直接辞退影子内政大臣,但还是可以提拔几个有实力在领导人竞选当中斗败影子内政大臣的人。他最初的想法是将分量最重的职位,也就是影子财政大臣一职,交给卡梅伦。可是,卡梅伦居然竭尽全力将这个职位挡回去。

为什么卡梅伦更想获得与教育问题有关的资历,而非财政大臣这种更有威望的资历呢?他对特护孩子的教育问题很感兴趣不假,但拒绝接受影子财政大臣这件事上还有其他原因,其中首先是他想避免与戈登·布朗直接对抗。布朗在八年间已经送走了六位影子财政大臣,当前的经济也没有任何不稳的迹象,所以这个职位没有多少政治契机可言。可能卡梅伦还发现他的境况与布朗在约翰·史密斯任领导人时的境况很相似。他既在布朗出任影子财政大臣当过特别顾问,也在布莱尔出任影子内政大臣时当过特别顾问,布莱尔是怎样一步步追赶布朗,成为 1992—1994 年间工党排名第一的现代派政治家的,他看得很明白。当时布朗是地位显赫的影子财政大臣,而布莱尔管理的内政事务为工党传统的弱项。布莱尔的传记作者约翰·伦图尔有言:"戈登·布朗晋升影子财政大臣……是预料中的事,也是他心之所向,但却不是推动他的力量。"

自从一年前卡梅伦与奥斯本在国内媒体上亮相,报纸一直称他俩为"保守党的布莱尔和布朗"。不过,究竟谁是布莱尔,谁是布朗呢?卡梅伦感到做这种比较很危险。他比奥斯本年纪稍大,更有经验,他完全能够想象到如果他无法调和各方关于税收问题的争执,布朗极有可能把他列为公共事务之敌,这样历史又将重演。而教育问题则能够给他提供积攒现代派资历的平台——这一点和布莱尔的情况相似——如果能从弱项着手,反倒有解救他党派的机会。

他的老上司霍尔德承认自己没有弄懂卡梅伦的态度,霍尔德说:"我之所以没把影子财政大臣的职务交给戴维,是因为听说他更想当影子教育大臣,对此我很讶异。我不明白为何他不想有更高的职位。"卡梅伦是在霍尔德的任期中大显身手、飞速发展的。虽然他不是霍尔德的初始班子成员(可能是因为考虑到卡梅伦的家庭状况,所以没有让他承担过重的任务),但是也帮助过新任的领导人为亨顿调查做准备,监察过一次政策审议过程,被提拔进入影子内阁,还撰写过保守党2005年的竞选宣言。其中,或许最重要的是霍尔德从未更正过外界关于卡梅伦将是接班人的传言。直到大选接近尾声时,霍尔德才深感卡梅伦或许不是阻拦戴维斯的最佳人选。他告诉身边的资深助理说,自己认为奥斯本比卡梅伦更适合当接班人。他对卡梅伦这位特别顾问批评竞选时以移民问题为重点一事很恼火,后来听维特斯通说卡梅伦不想当影子财政大臣,火就更大了。而奥斯本的情况则完全相反——虽然媒体另有说法——奥斯本对移民问题没表现得那么敏感,他还说移民牌是保守党打得最好的牌之一。

5月8日星期天,奥斯本接到了蕾切尔·维特斯通的电话,在此之前奥斯本已经和威利茨达成一致不支持兰斯利了。维特斯通告诉奥斯本,霍尔德想让他担任影子财政大臣——随附条件一项,用维特斯通当时的话来说:"乔治(奥斯本的名字),他想要你加入竞选行列。"奥斯本听到这个消息的第一反应是非常震惊,他根本无法相信,随之而来的还有不安。他只有三十三岁,连影子内阁都还没进,原以为在大选后重新洗牌时他最多被安排做影子内政大臣,结果他却成了要同时和戈登·布朗与大卫·戴维斯较劲的人。

接下来的十二个小时就要做决定,他打了两个电话给政界的好友。两个朋友都给了同样的建议:接受这个职位,但不承诺参加竞选。第二天,也就是5月9日星期一,霍尔德请奥斯本做出选择——选项分别是影子财政大臣和影子内政大臣的聘书——让霍尔德欣慰的是奥斯本没有选择更轻松的那份,然后霍尔德这个爽快人又催着奥斯本参加竞选。奥斯本说他并不排除参加竞选的可能,但是这并非他所想。

卡梅伦当时知道霍尔德放弃他而选择奥斯本这件事吗?从他获悉奥斯本同意接手影子财政大臣的反应来看,他应该是不知道的。霍尔德进行队伍洗牌的那个早上,他和维特斯通一起在下议院的一个房间里等着消息。等了很久才看到麦克林走进来宣布:"乔治答应了,"卡梅伦向空中挥了一拳,特开心。

就在当天早上,他还接到了大学旧友安德鲁·费尔德曼的电话,这时的费尔德曼接管了家族纺织公司香萝姆(Jayroma)公司。费尔德曼开口便问:"你参加竞选吗?"据费尔德曼说,这样问是有理由的。地毯界名人、保守党资助人哈里斯爵士表示如果卡梅伦考虑参加竞选,就想和卡梅伦见个面。接到这通电话时,卡梅伦正准备和父亲碰面在怀特酒吧庆祝一番,他告诉费尔德曼自己还没有决定。过了一阵,他给费尔德曼电话说他想和哈里斯见见。他们的会面约在哈里斯在伊顿广场的别墅中,哈里斯算是保守党的伙伴了,他跟卡梅伦说保守党就靠卡梅伦了。听到这话,卡梅伦略有迟疑。他回答说自己经验不够,像参加议会辩论还只有过几次而已。会面后,哈里斯却对卡梅伦参加竞选一事更有信心了。

在外界眼中,卡梅伦回避了所有关于这份挑战的对话。大选过后他告诉当地的新闻媒体:"这件事还没有出现在我的视野里。我觉得迈克尔·霍尔德工作出色,我想要他继续担任领导人。"私下里,连和特别亲密的朋友交谈时,他都显得非常犹豫不决。迈克尔·高夫记得大选后约一周,和卡梅伦还有朋友塔尼娅·金德斯利在苏荷的一家酒店里喝酒,卡梅伦"一直揣得很紧"。那些天高夫给在柏林度假的希尔顿打电话,告诉他伦敦的最新进展,他认为卡梅伦应该参加竞选。卡梅伦其实已经和父母还有兄弟姐妹谈过,家人都给予了全力支持。后来,他还说在犹豫之时,萨曼莎也劝他参加。"每个早上醒来心情都不一样,但是我的妻子萨曼莎对我说:'假如你现在做不了,今后也不见得能做,倒不如现在放手一搏。'"他说自己是在迪恩的花园里跑步时作出决定的。"我还记得当时我在园子里走着,一边和萨姆(萨曼莎名字的简称)说着话,心里想着'试试吧'"!萨曼莎明白了他的心意,也与他一同奋斗。那时的萨曼莎仍然在斯迈森努力地工作(她的朋友知道不要总是去打扰她)。

一年前的10月,卡梅伦曾参加了一个访谈,在访谈中他被问到在向镜子里看时,是不是会看到未来的首相望着自己。这个问题让他有些纠结。"在政治圈里,所有人的心里都有着利己与利他两种情绪的混合。我觉得总体而言,这样的混合是良性的、健康的,如果把我们刻画出来,那么每个人都梦想着得到党内最居高无上的权力,成为在朝的政党。我觉得我们醒来的第一件事不会是想着:'假如我是首相就好了。'想要承担那样一份责任的人,必然有某种特质。"他还被问到这样的答案是不是意味着他不会参加竞选,角逐那份最高高在上的职业。这个问题把他难住了。"不。我的回答是会,也是不会。我认为我不属于哪类说的就是做的,做的就是说的人。我还真不是。每次看到布莱尔、撒切尔还有梅杰的时候，我都在想他们肩上有那么重大的责任，我就觉得肯定得要怎么样才会……这不是件普通的事。"

现在机会就在脚下，他决定为此一搏。唯一的障碍就是奥斯本。他向影子财政大臣迈进的这一大步让所有人都大吃了一惊。一夜之间，大家最关心的领导人候选人变成了他。奥斯本承认"为竞选的事考虑了好几天"。重新洗牌后过了两个星期他才宣布自己不参加竞选，这绝不仅仅是让霍尔德看到自己确实没有马上放弃。另外年轻的奥斯本也在为竞选多方征求意见，他问过林顿·克罗斯比的意见，克罗斯比坦率地告诉他他年纪还太轻了。他可能也问过威廉·海格。迈克尔·高夫说："乔治一当上影子财政大臣，就在考虑竞选的事了。我想卡梅伦和乔治之间有一种默契，那就是如果一人参加竞选，另一个就不会参加。我觉得乔治考虑了一下，很快就觉得，从很多方面来看戴维都更适合。乔治任命一天之内就有人在说'可能会是乔治呢。'但是在乔治和大卫两人心里，只有一人能上，这个人应当是戴维。"

朋友们说奥斯本和卡梅伦那段时间通了很多次电话，但是谈话的细节未向外人告知。两人都非常清楚布莱尔与布朗因为各种不经协调便妥协造成了很多分歧，所以一再否认他们会达成"格尼塔式的一致"（格尼塔，Granita，一种意大利的粗制冰糕，在此喻指不进行沟通就达成一致，看似一致其实潜伏着问题——译者注）。两人安排好了一件事，如果卡梅伦参加竞选，奥斯本不参加，奥斯本同意做卡梅伦的竞选主管。看得出，奥斯本并没有要卡梅伦许下相应的承诺。一位朋友说卡梅伦对竞选领导人这个挑战有更多"心理准备"。可以想见，大选后的那几天中，年轻的奥斯本肯定设想过在未来的下议院辩论中，女王演讲过后，就要和布朗下议院辩论，第一次和布朗交锋压力该有多大。

终于在 5 月 19 日星期三那天，经过十天的反复考虑和意见征求，奥斯本做出了决定。为了给各类猜测一个确切的说法，他给《每日邮报》的记者托比·赫姆打了个电话宣布自己的决定，这个电话没有打给卡梅伦，其中颇具意味。他告诉赫姆："媒体一直在猜我接下来会怎么做，现在我想说清楚，我不会当候选人。当影子财政大臣本来就已经责任重大了，不但要和戈登·布朗抗衡，还要制定经济政策扩大保守党的影响面。"然后，奥斯本才告诉卡梅伦，这时卡梅伦的回答是自己还没有完全下定决心，但一再表示如果参加竞选，一定要奥斯本来当自己的竞选主管。看得出奥斯本确实有了一个定论，这个定论和克罗斯比还有其他人说的一样，那就是自己年纪还太轻了。不过，年轻这个不利因素是可以自我修复的：如果戴维斯在 2005 年大选中获胜，那么奥斯本肯定能在下一轮竞选中占据有利位置。

　　奥斯本的事情一经确定,卡梅伦下一步得要面对可能在接下来的竞选活动中最大的软肋,那就是他的贵族背景。他真如自己所言"上流社会的背景成为了前进的阻力吗"? 阶层问题或许会在他竞选领导人的过程中一直缠绕着他,这和老伊顿人道格拉斯·赫德在1990年打败了约翰·梅杰的状况有几分相似。卡梅伦和赫德一样,面对的对手不是出身尊贵,成长过程中既没有保姆忙前忙后,也没有各式游泳池和大把都会的朋友。戴维斯是母亲独立抚养长大,小时候的房子是归地方管。他做过贸易,还服役于防卫本土的特种航空队。年轻的时候在白金汉宫附近做事,其实是在皇家庆祝大厅里擦桌子,不比在史密斯广场和内阁大臣们欢笑言谈。

　　卡梅伦只能把背景的问题扛上肩,接受各种采访,他知道采访中必定被问到觉不觉得自己太"上流社会"这个问题。他在回答时转守为攻。"我所理解的政治环境是不论背景如何,未来的贡献才是关键。我觉得每个人都是如此,不论来自于社会的哪个部分,不论肤色、年龄和种族,我希望老伊顿人也有同样的待遇,"这番话是他在竞选后十天说的,当中他将老伊顿人刻画成另一派少数群体,等着受到现代保守党的"彩虹联盟"的欢迎,这一做法没有多少说服力,连他的一些朋友都觉得不满意。

　　尼可拉斯·波尔斯还记得2004年10月在迪恩的卡梅伦家住的情形。一天晚饭后波尔斯告诉在座朋友卡梅伦和戴维斯其实都出身特权,不利于领导本党。结果可以想见,在场的人都非常反对。这场争论一直持续到夜里,当然气氛很好。看来阶层问题已经不再是朋友的智力游戏了,而是成为了真正的竞选活动中必然存在的问题,波尔斯对卡梅伦的背景可能影响现代派的竞选理念一事颇为忧虑。他在写给《标准晚报》的文章中说道:"尤其是当其个人历史正体现了一个既现代又没有阶层区别的英国时,很可能党内右翼人士,更适合用来劝诫更多传统的保守党人进行彻底的革新。"这件事上阶层的问题其实不像他们所担心的那么严重。最严重的或许是卡梅伦的背景让波尔斯这样有可能支持他的人离他而去,而卡梅伦恰恰最需要他们。

　　整个五月和六月当中,卡梅伦都忙于处理公务,避开关于竞选领导人意向的问题,这样做反倒让外界对他参加竞选的猜测更多了。5月24日他发表了首篇下议院关于新议会的演讲,演讲中他特地提到了布莱尔:"我有一点和首相的想法是一致的——英国现在没有比教育更重要的问题了。"用《金融时报》的原文来说,他"亮明了立场,以保守党现代派的正牌代言人的身份唤起了托尼·布莱尔口号中的精神,'教育、教育、再教育'"。卡梅伦在媒体报道中身价见涨,但他所进行的竞选活动却表现平平——6月他在办公室里开秘密会议时更让人这么觉得。后来他开玩笑说刚开始时他的竞选团队可以都塞进的士后排。其实,刚开始时支持他的议会人士一辆小巴就能装下了。

虽然分到了更为宽敞的保得利大厦办公,作为白金汉宫的一个小的附属部分,但还有不少空间去容纳更多宣布效忠的议员。现有的是十四位议员:雨果·斯维尔、安德鲁·罗巴森、迈克尔·高夫、鲍里斯·约翰逊、理查德·贝尼昂、彼得·鲁夫、奥利弗·莱特温、雨果·罗伯特森、格雷格·巴克、约翰·巴特福尔、尼可拉斯·索姆斯、埃德·维泽、乔治·奥斯本和彼得·维格斯。只要看一眼这份名单就能发现卡梅伦在议会的核心成员都有着贵族血统。其中四位就上过伊顿公学。纽波利议员理查德·贝尼昂上过的学校和造就卡梅伦的学校也属同一性质。贝尼昂家族与芒特家族一样都是世代居于一郡的望族,培养出的议员可以排成长列。卡梅伦的父母是贝尼昂的选民,他的祖辈也是贝尼昂的前辈。威廉·乔治·芒特在1885年成为纽波利的议员,十五年后接班的是威廉·阿瑟·芒特,其他坐过这个席位的家族还有赫德家族、克里夫顿·布朗家族以及阿斯托尔家族。

卡梅伦把英国贵族的精英分子汇聚一堂后,却遭遇了大家的怀疑,这无异于上层阶级给了他一次冲击。这次会开得一点儿也不成功。在场有人说卡梅伦"特别沉默"。他当时说,自己特别感谢大家都能到场,但是他还在考虑要不要参加竞选。其中有些人,比如威格斯,是签了戴维斯的候选文件过来的,冒的风险自然很大,可是这会却不是大家想象的誓师大会。

会后,罗伯森这样出身平民的少数派,要求单独约见卡梅伦。罗伯森议员是行伍出身(也是特种航空队的老兵),他告诉卡梅伦这样召集部队简直是彻底的失败。如果卡梅伦想看到的是部队效忠,那就应该站在最前面来领导。卡梅伦让斯维尔"观测数据",也就是保持已宣布效忠和可能会效忠的支持人数,再想办法把后者转化成前者。东德文郡议员是伊顿校友,他没有告诉卡梅伦支持人数有多么少,担心会打击卡梅伦的自信。"格雷格·巴克和我那时总不让戴维知道真相——当时已经到6月了。还是那十四个人,看起来再过数年都突破不了。"

威利茨、兰斯利和叶欧的经验都比卡梅伦丰富,维护现代派的理念也由来已久。这很有可能是他们最后一次冲击领导人之位——这个说法在议员中基本取得了一致,只是在民众中稍有异议;而卡梅伦还可以再酝酿一阵子,持这个观点的是安德鲁·米切尔，言语中很带着某种居高临下的态度："有人最近给了我几瓶 2000 年的拉杜堡。我想把它们放酒窖里存几年再拿出来喝，我看有几位年纪比较小的领导人候选人也像这么回事。"

可是有一位"窖藏"多时的已经可以开瓶了——其实之前已经开过两次了——那就是肯尼斯·克拉克。2003 年克拉克拒绝和霍尔德抗争时说过："我有的习惯不好，但我不准备放弃，可要当保守党领导人竞选中的二号人物，我还真不想做。"有的瘾是很难戒的。卡梅伦受邀到克拉克在下议院的办公室一聚——其实离他的办公室只有几扇门之遥——聊些私事。卡梅伦的一位朋友回忆道："肯（克拉克名字的简称）很大方地邀请戴维当他的竞选伙伴。"这项邀请卡梅伦几乎没怎么犹豫便回绝了。

卡梅伦在议会的力量虽然薄弱，但他通过制造大量的媒体效应吸引了不少支持者。六月中旬，他的团队让他成为了仅次于戴维斯的最受欢迎的候选人，（按同额赌注来看）赔率是 5∶1（克拉克是 10∶1）。卡梅伦吸金能力也很强。他的大学同窗安德鲁·费尔德曼已经开始代表卡梅伦与可能支持他的人拉近关系了。斯维尔说高夫在竞选活动开始的时段就在"发表各类演说，运用各种战术"，而奥利弗·莱特温的作用也很"关键"（斯维尔说，奥斯本"变得更积极"，"尤其在党内会议以后"）。在高夫和莱特温的协助下，卡梅伦精心撰写了一篇讲稿，希望将现代派和传统派保守党的工作计划融会其中，并将此作为他竞选"预售活动"的开场。正式的竞选活动得到那年秋天才能开始，所以这时要做的是努力将形势往预期目标引，预计到议会暑期阶段结束时，卡梅伦应该成为了戴维斯的主要威胁源头。

然而他选择的主题，即家庭主题，有的观众很不感兴趣。这篇讲稿是在 6 月底对波尔斯的智库"政策交易所"发表的。据说，一位年轻聪颖的智库成员事后说卡梅伦的表现太让人失望了，因此对卡梅伦颇有些轻蔑，"看到他我就想起了韦利·怀特罗，体重轻，底盘重。"演讲结束后，费尔德曼从希尔顿那里也得到了确认，整场卡梅伦的竞选活动都不会产生轰动效应了。诺曼·拉蒙特也表示"非常惊讶"，他的这位前任特别顾问居然会出来竞选他的党派的领导人。"我跟迈克尔·格林说我觉得他不应该参加。在我看来，这既不符合他最大的利益，赢的机会也很渺茫。"第二个月，一位"戴维斯族"成员在议会厅里和一小群"卡梅伦帮"擦肩而过，他看着这小群人，心里不自觉地涌上来某种"恨意"，因为他明白这位候选人的议会支持人数已经升到两位数了。这个估算实在准确得近乎残忍。七月底议员们解散休暑假时，卡梅伦的竞选活动还没是能吸引到一位新议员。

像高夫这样忠诚的助理都开始焦虑,担心卡梅伦留给人的印象是不求竞选胜利,而是占到好位,为今后的竞选做铺垫。假如高夫听到了后一周卡梅伦家饭桌上的讨论,他的担忧更会加重。卡梅伦为了备战充电,在7月的最后一周把全家带到侏罗度假,还邀了斯维尔与夫人萨莎一同前往。斯维尔说"我们谈了很多,大卫还是没有做出最后选择",不过他也说,至少在他看来:"大卫从一开始就会参加竞选,这是再清楚不过的事实"。

卡梅伦从侏罗返回之后,马上在位于皮卡迪利的罗伯特·弗莱明办公楼里召开了会议。罗伯特·弗莱明是一家商业银行,负责为他的竞选活动出资。卡梅伦召集了希尔顿、费尔德曼、莱特温、奥斯本、高夫和维泽来讨论竞选的口号和核心主题。希尔顿一向活泼,这天一直在白板前走动,把关于社会责任的理念标了又标。莱特温则力推让卡梅伦承诺"使英国更文明"的口号。轮到费尔德曼,只能提醒老朋友卡梅伦把提了几千次的东西再提一遍。不过这样做也是很必要的,他说"我感觉到如果他所说的和他的为人不一致,或者与他的个性不相符,那说出来的时候就不会让人信服"。

终于一条口号诞生了,卡梅伦可以满怀信心地角逐党内领导人之位,再竞选国家领导人之位,这条口号叫做"富有现代感与同情心的保守主义"。口号提出时在场的人都很反对,因为会让人联想到乔治·W.布什参加总统竞选时的口号,当中也以同情心做了不少文章。但一番讨论过后,大家确定卡梅伦和布什很不一样,后者讲的同情心,实在的内容不多。卡梅伦是在假设成为领导人之后将怎么做,将用怎样的行动和语言帮助保守党赢得大选。他证明自己可以赢得大选的胜利,因此前面的领导人竞选也不在话下,这样能将他从绞尽脑汁制定各式各样的吸引议员的口号、关于对党和国家忠诚的口号中抽身出来。

8月间,卡梅伦发表了很多演讲,他的工作计划逐渐显露出与他人的不同之处。此时,戴维斯还沉浸在赞许声中,之前他对7月7日伦敦发生的恐怖主义爆炸事件反应得当,采取的方法表现出"有尊严的沉默"(巴克的话);而卡梅伦则在夏季的几个月中竭尽全力利用媒体宣传来填补空间。他的演讲收效不错,涵盖了社会企业、宪政改革、外交政策、社区关系以及更普遍的关于改善生活质量的主题。到月末时他已经能够直接用"卡梅伦宣言"来称呼了。"卡梅伦宣言"的大主题就是"有现代感和同情心的保守主义"。他在德文郡的一场演说中预想任期第一年的工作时说:"有现代感和同情心的保守主义指的是我们能意识到人类生活除了挣钱与花钱之外，还有更多的东西。"

　　尽管评论普遍叫好——茵迪娅·奈特（英国著名记者与作家）说卡梅伦是第一位她会投票支持的保守党人——卡梅伦却费了很大力气让竞选活动继续。8 月末，他向保守党内的大人物和报业大亨们发起了"魅力攻势"，想通过这番努力压低克拉克的势力带来的威胁。卡梅伦安排了一场与赫赛廷爵士的私人会面，虽同为贵族出身，赫塞廷爵士却拒绝支持他，这一回绝的内情很快就被泄露出来。一位传记作者偷看到了赫塞廷爵士的日记簿，发现他和乔纳森·哈姆斯沃斯有约，哈姆斯沃斯是《每日邮报》和《周日邮报》的老板，要知道《每日邮报》必然是支持克拉克的，都已经决定把克拉克关于欧洲的观点放一边了，这件事可以看出赫塞廷爵士的考虑带有很大的试验性成分。到 9 月初，虽然卡梅伦在演讲上获得了极大的好评，但竞选活动却问题重重。

　　9 月第一个周末的《周日时报》发布了保守党议员大调查，调查显示卡梅伦获得的议会支持少得可怜。在一百个被争取过的议员中，《周日时报》只找到了九个支持卡梅伦，而说到坚定维护他的人还不到这个数。最糟糕的是，利亚姆·福克斯这位撒切尔派右翼的宠儿，就在一天前极其高调地插进了竞选队伍，支持他的议员多一点（虽然只多一个，但也很重要）。《周日时报》还引用影子内阁现代派阿兰·邓肯的话，邓肯的意思是劝卡梅伦退出竞选，"这场竞争比到最后就看克拉克对戴维斯了，我觉得卡梅伦现在可以离场了"。

　　如果读这份报纸的人在安德鲁·米切尔家中就更有意思了，米切尔将成为戴维斯的竞选活动主管，他正在家中款待两位让人意想不到的客人：一位是卡梅伦贴上标签的"他"的竞选活动主管乔治·奥斯本，另一位是卡梅伦的"计数员"雨果·斯维尔。这两位决定接受米切尔的社交邀请时（夫人们也在内）的确没做其他考虑，但卡梅伦依然觉得此事很可疑，他身边的一些铁杆伙伴也这么看。有人把这场在米切尔位于诺丁汉郡的华宅中举办的聚会称为"乔治的'特兰西瓦尼亚'之夜"（特兰西瓦尼亚，Transylvania，历史上曾为匈牙利王国的领土，在土耳其攻占布达佩斯之后，成为匈牙利贵族的避难所，抗拒土耳其文化的入侵。此处指在这场聚会上，乔治·奥斯本像匈牙利贵族抵挡土耳其文化一样，抵御米切尔的"文化入侵"——译者按）。奥斯本和斯维尔两人都在周末收到了很多短信，询问他们是不是准备"跳上别人的船"。米切尔的确非常努力地争取奥斯本来戴维斯营。（奥斯本在聚会上看了看米切尔的来宾签名簿，对于同为竞选活动主管的奥斯本来说，读读这个实在大开眼界。）

这起事件中的重要人物称奥斯本确实没有把握卡梅伦一定会赢。"乔治是动摇了吗?"可他在党内会议中明明更坚定了。乔治是个彻头彻尾的政治家——他心里可能会想,'其实我也能参加竞选,'如果他还年长几岁兴许真会去参加。"又有人说奥斯本这时"淡淡的沮丧情绪"是因为卡梅伦没有对竞选表现出足够的诚意。卡梅伦身上有种典型的英国人的个性,对那种野心勃勃地进行自我推销的做法比较反感,可是这也影响了士气,连他最亲密的朋友都这么觉得。"我觉得戴维应该用自己可以成为年轻的道格拉斯·赫德,保守党在他的领导下会很安全等印象来赢得竞选。假如[他想努力]用'我比大卫·戴维斯好点儿,比肯·克拉克年轻点这种印象'来取得胜利,那肯定行不通。"

　　就在卡梅伦的竞选团队觉得形势已经坏到头的时候,戴维斯居然得到了威利茨的亲笔背书,威利茨退出竞选转而支持戴维斯。巴克说接下来的两周"气氛凝重得很","我们当时的媒体表现已经不可能再好了,问题是……这一状况又会改变多少议员的选择。"到了这时候,卡梅伦又度假去了,留下队伍去面对克拉克和福克斯的威胁。"我们在七八月份中已经周旋过几次了……所以真没有多少余力反击了。我当时心情郁闷之极。"形势越来越糟,眼看真有退出竞选、与戴维斯达成和解的可能。卡梅伦回来时,却马上拒绝了这种做法(有心人注意到,卡梅伦让所有人明白,戴维斯对卡梅伦退出竞选即有回报的承诺是不可信的)。

　　为了彻底地消除这种不安的情绪,卡梅伦于9月中旬在家中设宴招待他的核心班子。他问大家怎样做才能让竞选活动回到正轨上来。奥斯本直接告诉他必须得加快进度,表现出要做出彻底改变的姿态,气势要更强一些。摆在眼前的路不多了,卡梅伦决定放手一搏,为正式竞选的开始办一场高调的启动会。他告诉费尔德曼花费可能在两万英镑,一下打乱了他这位大学同窗之前精心制作的活动经费预案。

　　9月,议员们陆续返回了白金汉宫,迎接他们的是更不容易对付的议会运作法。暂时还不清楚领导人竞选会不会按海格的系统来,在海格的系统下,根据议会政党逐渐累积的选票,渐渐分出两位候选人的阵营,然后再让选民进行选择。另一种系统是霍尔德提议的,议员有最终决定权,这样可以避免必须以成员投票的方式来出台议会指令的情况,之前因为没有出台议会指令,伊恩·邓肯·史密斯遭遇了前进中的阻碍,后来怎么收场的依然不得而知。不论采用哪个系统,至少想要胜出的候选人得排到议员中的第二顺位才行。

　　"记录人数"的任务转到了安德鲁·罗伯森的手上。斯维尔很谦虚地承认，做这项工作需要更有经验的人。"我以前没有做过登记，进政界也才四年。要我走到那些资历老又会要计谋的［议员］跟前搭个讪说'最近怎么样啊？'还真有点难度。"争取议员的支持不是一件容易的事，尤其是卡梅伦还拒绝和各个议员和解或者去适应小团体的意志，他告诉支持他的人，"如果你是靠拼接想法迎合党内的态度来赢得竞选的，那么你会永远失去做一个成功领袖的主动和自由。"

斯维尔在做了一番比较之后说，"戴维斯营是一种进行政治竞选的经典模式。既有威慑力，也有约束力：这些我们都没有。在我看来，戴维确实可以把手按在胸前说，他没法对任何人作出任何承诺。我们的竞选活动是开放式的，很友好，不是那种仅限内部成员的。我觉得这一点非常重要。"另一位议员盟友也赞同这种说法："整个领导人竞选过程很有意思的是戴维头脑非常、非常清醒，我从来没见他生气或者突然发火。他也有情绪低落不怎么说话的时候，但是你从没看到过他训斥别人或者发脾气的样子，而大卫·戴维斯是出了名的容易发飙。"

虽然有人敬佩卡梅伦的做法，但是他平日的举动和采取的战术对那些最没有经验的保守党议员来说基本无效。戴维斯的助手发现很容易劝动一大帮新晋的议员，只要告诉他们谁是赢家就行了。为了对抗这种做法，卡梅伦和夫人邀请了好几拨新议员来参加芬斯托克路的聚会，借此把他们赢过来，但是红酒也好，意大利卤汁面也罢，都没能赢得多少人"皈依"。2001年的这一群新议员好像对卡梅伦有成见——认为他太过于关注资历深的议员，而对这些年龄相仿、才干没他突出的人则比较冷淡甚至鄙视。和他比起来，支持戴维斯的群体逐渐扩展——已经到了每周播报的地步——形成了不可阻挡之势。

与此同时，克拉克则在想尽办法把卡梅伦逐出竞赛，他想象中的竞争是他与戴维斯这两匹骏马之间的角逐。他说："我们的步调还是很缓慢，我不知道我们两人谁会更吸引戴维·卡梅伦，如果最后他决定还是和我们中的一个联手或者和其他候选人联手的话。"另外，克拉克的一位支持者约翰·伯考说："在现代社会，读伊顿、打猎、射击、在怀特这种高端餐厅用餐已经不起作用了，因为你要吸引的是几百万过日子的普通人。"但是，卡梅伦最担心的是福克斯。卡梅伦对在三方斗争中赢得议员的投票很有信心，这三方是戴维斯、克拉克和他，但是首先得要形成三足鼎立的局面才行。福克斯和他在同一群议员里找盟友，这群议员在戴维斯和克拉克看来都不怎么有吸引力。福克斯不顾情势如何，挤到了第四位——冒着被挤掉的风险——这还是第一轮投票。马尔科姆·里夫金德爵士则决定以两届议会任期的经历竞选领导人,这到底不算太自负,因此他也来凑个数。

9月底,五位候选人正式宣布参加竞选。克拉克没有举行正式的启动活动,不过他向自己的团队发出指令"胜利的时间到了"。福克斯也没有正式启动,但他下定决心,宣誓将保守党从欧洲议会中的属于温和右翼派的、联盟性质的欧洲议会(EPP)团中拉出来。卡梅伦发现保住右翼势力比较危险,于是决定打破他"不立誓"的规矩,以妥协的姿态来和欧盟怀疑派中的右翼人士对接;这或许能够抵消福克斯对有些保守党议员的吸引力,不过——他自己也预见到——这种"凑合"会演变成他以后当领导人时候的烦恼。

同时,希尔顿也在把精力全部投到规划9月29日卡梅伦竞选的正式启动活动上——这个日子也是戴维斯启动的日子。开始的时候,戴维斯阵营总不断地去扰乱卡梅伦的节奏,想让他在那天启动不了,但是卡梅伦不屈不挠,因为他掐准了只要能激发媒体的兴趣,这样的对抗就会对他有利。机会不是等到的——对候选人尤其如此。卡梅伦忙着提升自己的风度和谈吐时,希尔顿则要保证启动会的场地、背景、音乐和灯光一切到位,这些都关系到竞选的成败。目前,竞选活动的策划地是在保守党总部附近的格雷科特广场的一间小办公室里,两位卡梅伦在保守党研究部的老同事,埃德·立威廉和卡特琳娜·佛尔,也被请过来帮忙。为了负责卡梅伦的媒体运作这一块、专门从保守党总部辞职的乔治·尤斯蒂斯让这支专业团队更显青春。

启动日到来了,卡梅伦早上就赶到位于怀特霍尔的皇家联合军种研究院总部,这里是启动式的现场。他心里有些紧张。尤斯蒂斯的手机平日没事时就总响个不停,这会儿总打乱卡梅伦彩排的节奏——卡梅伦烦得快受不了了。别看卡梅伦玩起政治来很冷静——事到跟前还是沉不住的。根据他的判断,虽然有风险,但还是值得一试,所以不能再躲着了。他把自己的竞选命运都压在这次启动会上了,后来,又在上面加了一味看运气的佐料,他决定脱稿。这项决定是在竞选操练前一天下的。卡梅伦没有任何征兆地就决定放弃讲稿,即席演说,碰到再预料不到的问题,比如"今天的保守党出了什么问题?"也一样给答案。一问一答是他最喜欢的交流模式。他说,为什么要马上给答案呢,先看看有什么问题也行啊。这比照着写好的稿子读要真实很多,但风险也更大。

记者们都从一早结束的戴维斯的启动会上赶了过来,招待他们的有草莓思木西饮品和巧克力方蛋糕。坐定以后,他们环顾四周,白色的布景和环形的房间，每一处都能听到音乐——"悦音袅袅，琴声动人"，这是安·特勒内曼在《泰晤士报》里的描绘，"假如还有白色小手帕和紫色薰衣草眼贴膜送上，我都不会惊讶"。这和早上大卫·戴维斯的启动会太不一样了，之前的启动会在大乔治街的土木工程师学会举行，房间里只见过时的橡木板装饰。戴维斯的竞选理念中可能讲到了"现代的保守党人"，但那只是口头说说，这里才是"真"现代。

开场是奥斯本请出自己的"好朋友戴维"。之前对卡梅伦自信不够的担忧很快消散了，卡梅伦对自己的表现拿捏适度，又不乏趣味。现场问到怎么看戴维斯"成为现代派"的口号，卡梅伦说其实只有自己才能将必要的改革进行到底。"我们党的选择应该是大家眼中真正笃信这一点的人对吗？不管前路如何艰辛，不管几年后媒体怎样发难说特色不足，都会真正努力坚持的人，那些打击真的算打击吗？"这些话很新颖，其中的意味更新颖。卡梅伦的演讲中大段大段的都是即兴演说，主题虽然早经精心准备，但能这样表达出来也很不容易。他的一段话后来被频繁引用，讲的他对自己资历尚浅的理解，"我的信念是，只要你脑中有对策，胸中有热力，只要你看到我党需要用行动来改革，那你就应当勇敢去做。这就是我的动力来源。"

奥斯本就坐在萨曼莎·卡梅伦身旁，他被深深地打动了——也倍感惊讶——他这位候选人表现得太出众了。时间已经很晚，但卡梅伦在最需要表现的时刻尽显魅力与魄力。这一场是正式启动，一周后的大会演讲让更多的人记住了卡梅伦，那是他竞选的转折点。启动会将自信带给了团队成员们，带给了认真聆听的记者们，也带给了其他的保守党议员们——卡梅伦将会"以变致胜"——加上这条更有气势的口号，之前的"更富现代感和同情心的保守主义"体现得更全面了。

看到竞选活动终于突破重重疑虑顺利启动了，卡梅伦和希尔顿可以一头钻进芬斯托克路的家，研究接下来的候选人大会的讲稿了。现在他们已经把势头带了起来，接下来的演讲是卡梅伦超越那些颇得选民青睐的候选人的时候了。看到过希尔顿和卡梅伦的合作过程的人说："他们做事的时候，并不是史蒂夫（希尔顿的名字）写了稿，戴维就说'我就按你的讲'。史蒂夫是将戴维想说的话诠释出来。说是写稿，他们其实是帮对方完成想说的话……各种想法在两人之间跳跃着。"

这次年会——在黑潭市举行——是霍尔德送给卡梅伦这位"戴维斯的拦路虎"候选人的最后一份礼物。他只用了很短的时间来说明自己的离职，这场大会基本在做选美做的事情,评判候选人的优劣主要看他们的演讲。戴维斯不善于在大会上表现,霍尔德很清楚这一点。一到黑潭市,卡梅伦和希尔顿就分头行动。希尔顿住进了会议主场承办酒店"帝国酒店"的房间,卡梅伦则呆在附近的一家稍便宜但也更安静的酒店。

卡梅伦知道,三天后他就要做一场意义重大的演讲了——但是演讲之前,他的妻子一定要把他的出场服打造一番。萨曼莎已经拉他去见过一位设计师,他实在不想出去,但是拗不过他的妻子和秘书卡洛琳·巴尔肯的要求。最后选定的是一套新西装,由时尚大师提莫西·埃弗里斯特设计,戈登·布朗的西服也是由他打造。卡梅伦一向对昂贵的服饰或豪车不太感兴趣,还常跟朋友们念叨"没有哪套西装值四位数"。所以萨曼莎只好在演讲的头一天晚上独自去黑潭市的马莎店淘货。她买了一双新鞋和一组领带,其中有一条淡果绿色领带成为了丈夫日后的"幸运领带"。

卡梅伦从周日开始到周三一直在忙大会的事情,参加所有重要的接待会,周三就要进行演讲了。有一小会儿清闲时,他就会到希尔顿的房间,这个房间在帝国酒店大楼的最深处,他会把鞋子甩掉,躺在床上,让自己合会儿眼。但这种环境中很难睡个觉。希尔顿的房间不大,窗口正看到酒店的大厨房;房间里堆满了东西,电炉一直开着,没人知道怎么关得上。任何时候去,都有十好几个团组成员在房间里,要么站着要么在地板上坐着。

希尔顿这时坐在书桌边,对着一台电脑和一台高级打印机,制作文档,发布指令。他有一个受人称赞的想法,那就是每日都出一封卡梅伦竞选活动的新闻简报,发放给全酒店的客人。这项任务操作简单,但却是很有智慧的营销手段,能让党内一大群地位显赫的大人物看到。希尔顿还采用了美国的政治宣传手法,向代表们发出好几百个"我 ♥DC(卡梅伦全名的首字母缩写)"的徽章,越显得年轻、好看,效果越棒。戴维斯团队的噱头——在海报上让一群胸部特别丰满的女人穿着 T 恤,上面印着"这就是我的 DD(戴维斯全名的首字母缩写,双关语,也指女性内衣的 D 杯——译者按)!"——相形之下,则显得低俗又过时。

10 月 4 日星期三上午,戴维·卡梅伦站上了黑潭市冬苑的主舞台,开始了他的演说:"我们身上都笼罩着三次连续大选失败的阴霾。"讲稿中传达的主旨与启动式上基本一致:保守党人需要"彻底"的改变,而不是"华而不实的换装"。卡梅伦后来说他讲稿开端的想法得益于和记者马修·帕里斯的一次偶然会面。帕里斯说,"你要明白的是人们对保守党历史的崇敬,还有之前的领导人所做过的贡献。"因此,卡梅伦没有过多地批判党内的自满情绪,而是重提了保守党的业绩、自由之原则、对拥有抱负和爱国情操的推崇。演讲中段再次提到将教育作为保守党的工作重心,抨击戈登·布朗阻碍发展进步,并强调达尔富尔在外交政策中,应比传统的保守党喜欢关注的直布罗陀更重要。

接近尾声时,演讲的轰动效应爆发了,卡梅伦逐步靠近了他的有利位置,"新的一代正在把握世界,为我们的未来创造财富与机会。我们就是领导这一代的人。"他的语调时高时低,让人想起布莱尔公开讲话时一顿一挫的样子,卡梅伦继续说道:"改进我党,提升我国。这是个不平凡的旅程。我希望你们和我一起前行。"最后他高呼道"富有现代感和同情心的保守主义"是"时代之选、我党之选,更是我国之选。如果我们能从现在开始直至下一届选举,投入每一份热情、活力和能量来奋斗,那么我们必将所向披靡"。

大厅中掌声雷动,欢腾之声延续好几分钟,萨曼莎也站到了台上。卡梅伦弯下腰轻轻拍了拍她隆起的腹部,让摄影师们拍到了经典的"下一代"的画面。卡梅伦在她耳边轻轻说了点什么,有几家报纸猜测是让萨曼莎感动的"我爱你"。萨曼莎的一位朋友第二天也说卡梅伦的举动太动人了,萨曼莎听闻佯装生气:"他可没说'我爱你'。他说的是'我出的汗是不是太多了?'我告诉他,没错!"现场的热烈气氛完全真实,不过也得益于希尔顿和助手们巧妙的助推。只用了一点现场组织的技巧,卡梅伦团队就劝服了会议的主办方留出前几排的座位。很自然支持卡梅伦的人把这块地方都占满了,也让摄影镜头格外好看。最先出来的几份报道——一般都是最重要的,能为关于某个事件的后续报道规模定型——对卡梅伦非常有利。

表现如此出众,虽有小计,但也终究是出众的。这场秀,卡梅伦已经准备很久了。之前他在赢得维特尼席位的那场演讲中,放弃讲台直接演说。早在十二年前,诺曼·拉蒙特因为依赖提示板导致演讲一塌糊涂,前车之鉴让卡梅伦以后都会将讲稿熟背下来——这次演讲的精神是在与史蒂夫·希尔顿、乔治·奥斯本、丹尼·芬克斯坦还有其他人在伦敦吃午饭时酝酿出来的。可是,脱稿也让他担惊受怕了一回:他讲到一半时突然忘了一句词,那会儿把他吓坏了,不过他还是很快圆了过去,观众也没有发现。

他的演讲很成功,不过克拉克、戴维斯和福克斯的也很有看点。(里夫金德在周一为这场"选美"开了场,他的演讲听起来很吸引人,其实并不新颖,用词也太过花哨。)前财政大臣克拉克是当天下午的焦点。他的演讲让人觉得这可能是他最后一次了。"我们在寻找一位领导人,一位将被公众视为成长中的首相的人，"他说到这拉长了调子，他是竞选中的老将了，两次角逐领导人之位时都没能胜出，"噢，你真让我等待多时了。"克拉克的话很聪明地引发了保守党普通党员们的愧疚之心，2003年时曾把他放在一边，选了邓肯·史密斯。

卡梅伦此时还在不屈不挠地争取几家大报纸的主管们。他在演讲前和"邮报集团"的几位资深记者和经理吃晚饭时有点失言了，他说他把自己视为"布莱尔的继承人"。这句话很有可能是一旁的奥斯本给他的灵感，话的本意是把布莱尔视作从撒切尔到卡梅伦的保守党延续过程中的存在部分，现在卡梅伦要把"托尼·布莱尔"手中的衣钵夺回来了。但是，这种想法也太玄了。据说，当时《每日邮报》的编辑马丁·纽兰兹说了一句，"戴维啊，我出了这间房绝对不会把你这话再说一遍。"但是，也有人出去以后把这话说了一遍又一遍。虽然不管卡梅伦在公众场合或者私下里说了什么，他总会被拿来和布莱尔相比，但是正如纽兰兹担忧的那样，这句话的杀伤性极大，因为其中暗含崇拜之情，而对象是十年来把保守党打得一败涂地的人。后来和"新闻国际公司"的编辑们吃饭时，几位候选人照例需要在每轮上菜时轮流发言，这顿饭吃下来，卡梅伦的境况并没有改善。可以明显看出《太阳报》青睐的候选人是福克斯，而不是卡梅伦。

不过，也有好消息从格雷格·巴克那传回了希尔顿房间的"大本营"，那天，巴克正好坐在酒店走廊里，就见戴维斯和几位助手走过去，当时卡梅伦刚做完那场精彩的演讲，接下来就是戴维斯了。巴克听见戴维斯一边叹气一边说，"天哪，我哪有时间啊，我的演讲还没开始准备啊。"这可能也是戴维斯虚张声势，不过媒体对他演讲的反应确实非常糟糕。现在有人说他当日演讲的内容和现场的表现其实都挺出色的。其实，那天他的表现就是很普通，不比平时差，也不比平时好。有些地方可能略胜过卡梅伦。不过，媒体还是帮了卡梅伦一把。这次出手的是阿兰·邓肯，之前他给过建议说卡梅伦可以"走开"，把地方腾给戴维斯和克拉克了。但是，邓肯听完演讲以后马上告诉记者，他本来想要宣布支持戴维斯的，但是现在准备支持卡梅伦了。有了这样的插曲，第二天报纸上的头条非"戴维斯日，不是进攻日，而是被攻日"莫属了。

除了关于戴维斯演讲的后续分析，还有几条新闻记录了卡梅伦当天等来的事。记者安德鲁·罗恩斯利问卡梅伦大学时有没有吸过毒。卡梅伦回答他说："我的大学生活和别人的没什么两样。"罗恩斯利听闻马上问："那也就是说你吸过？""现在我的职业是政治家，不像那时还在读大学，那时候做的一些事，现在不需要拿来说。"卡梅伦当时话里有否定的意思——现在依然是否定——但有些模棱两可。为什么他不用政治家都用的那一套拒绝回答的说辞来对待吸毒问题呢？朋友们说因为卡梅伦估计伊顿的大麻事件会在竞选中被翻出来。也有可能，他觉得拒绝回答毒品问题的态度会让人觉得躲躲闪闪的，所以用了另一种更显诚意的方式来否定对方的问题。如果有人相信卡梅伦是为可能搬出学校的纪律记录做准备，那么这样的回答也是更有道理的。

最讽刺的当然是不管好几拨记者怎样费尽心思去调查，他们期待的故事都没有出现。接下来的一周，卡梅伦让媒体发出一片叫苦声。支持他的人看到了他怎样坚持自己最初的态度，即使他的话里似乎透露出他可能不止吸过大麻，可能还碰过可卡因。但他在电视采访上再一次表明了自己的态度："我从政之前做过很多事情，很多是不应该做的。其实谁都一样。"关于卡梅伦用过什么毒品、在哪里用过等等的段子马上传开了，诺丁丘大门站附近的酒吧和俱乐部里传得更火。有一个住在伦敦西区的人把手机程序都改了，有可卡因贩子给他打电话的时候，他就会在朋友面前炫耀，手机屏幕上显示的来电竟是"戴维·卡梅伦"。

不过《每日邮报》当时仍然站在克拉克这边，立场颇为坚定，还每日敲打卡梅伦要他"坦白"自己的毒品史。这个时候，其他几位候选人，戴维斯、克拉克和福克斯，还纷纷发表声明，表示自己从来没有碰过毒品。周四，这股风潮开始转向。卡梅伦又被问到有没有吸过毒。这一次，他不再用"过去的事无须再提"的态度来向媒体的这种"搜查"妥协。"从政以前我可以有自己的生活，犯过错，做过不该做的事——我们都是人，都会犯错，会迷失，"卡梅伦在 BBC1台的"问辩时间"里如是说："我想如果你想让机器人来处理政治，那它们从来就不会犯错，可是真有这样一天就糟了，媒体不应该把人往这个方向推。"他的回答获得了观众的一致好评。卡梅伦也感到公众和自己一样，对强势又无视私人空间的媒体非常反感。

第二天《标准晚报》登出了一则非常惹眼的新闻，卡梅伦的一位"很亲的亲戚"在南非接受过戒毒治疗。卡梅伦马上出来说话："我家有亲人曾经深受毒品之害。不过，他们已经度过了那段时期，现在康复了，我很为他们骄傲。"

《每日邮报》都开始缓和，或许是因为察觉它与公众的看法有些对立了。第二天，卡梅伦在《每日邮报》的头条上有了一处喘息的地方，题为"我对毒品的真实想法"。文中写道，"我知道，有人觉得因为我的年龄、生活背景的关系，我对毒品可能不排斥。其实这与真相是完全背离的。毒品能造成多么可怕的影响，我是见过的。"说出这些话，卡梅伦也将毒品问题完全抛开了。

10 月 18 日下午将进行首轮投票,罗伯森都快招架不住如洪潮一般涌来签名支持卡梅伦的议员了。霍尔德设计的选举规则没有被采纳,所以竞选根据海格的模型来进行,议员选出两位候选人,然后是公投。大部分保守党议员在保守党大会召开前已经举行过小组会议,商议投票给哪一位候选人。现在很多人都是背着小组的压力来支持这位新涌现的候选人的。有压力只因为大部分的人都不愿屈从于小组意志,而是心甘情愿来支持的。政治圈里有条规则,支持胜者最简单最妥当的做法是等待胜者出现再支持。(因此,根据宣布效忠的月份,就能看出为什么卡梅伦的支持者们应被列为"真心拥护的人"。)

罗伯森这会儿仍然特别努力,因为他邀功心切。卡梅伦的胜算很大,所以罗伯森觉得新任领导人身边的党鞭一职必定非自己莫属。他把议会规程都进行了大幅的修改,使程序更加合理有序,而且在其他人动摇的时候也一直力挺卡梅伦。但是,卡梅伦暗中表示想选现任的副党鞭帕特里克·麦克洛林。这是个谨慎的想法——矿工出身的麦克洛林在议会党中广受欢迎和敬重。这项可能实施的任命——由一份周日小报曝出大概——实为高明的举措,能够安抚议员,让他们看到卡梅伦不是搞小团体的人。当然,对于罗伯森这位忠诚的同僚来说有些接受不了,也再次让卡梅伦打破了他"不承诺"的规则。卡梅伦的决定下得并不容易,他考虑了三天才决心这么做。他确定麦克洛林能够将取胜的机会放到最大。

最先倒下的是克拉克。他只得到了 38 张选票,排在前面的是福克斯 42 张,卡梅伦 56 张以及戴维斯 62 张。戴维斯在投票中虽然位列第一,但是并不能保证一劳永逸。第二轮投票后,上至议会,下至民众,都确认卡梅伦才是最受推崇的领导人候选人。他赢得了九十位议员的支持,戴维斯得到了五十七位。福克斯在黑潭市的表现极为出众,媒体支持的力度很很大,最后支持他的议员有五十一位,但也只能遗憾出局。

假若霍尔德的方法被采纳,让议员来做最终决定,那么卡梅伦早已胜利加冕了。可惜他的提议在 9 月末的时候还是败了下去。于是戴维斯和卡梅伦得面对第二轮选举,这一次由党内的普通议员来选。这场投票的胜者,将在六周后宣布,也就是保守党下届的领导人。利亚姆·福克斯的支持者当中有人怀疑卡梅伦派了一些人到戴维斯营里去投票,把福克斯赶出了第二名的位子。他们猜对了卡梅伦的担心,卡梅伦怕在首轮选举中与福克斯交手,比与戴维斯交手还要怕。卡梅伦与两位最资深的助理谈过要不要投票给福克斯,但最后决定,这样投票反对自己,"心理上无法接受"。

就在全国范围的竞选即将开始时,早些时候关于毒品的争论再次来袭。卡梅伦现在是领跑竞选的人,所有的眼睛都盯着下周日的报纸看。他们会在这位眼睛蓝蓝的年轻保守党员身上搜到什么"毒品问题"呢?头条新闻是"保守党领头人:可乐和皮条客",《周日镜报》上登载了自称是熟人的珍妮弗·谢克尔顿的话,她说看见过一位"保守党领头人"吸可卡因。但是文章里说的人不是卡梅伦——而是奥斯本。这则头条新闻旁还附了一张卡梅伦的竞选主管搂着谢克尔顿的照片。他们面前的桌子上有一堆形似粉末的东西。奥斯本否认吸毒,但他说这个女人叫娜塔莉·罗,是一名妓女,说她曾经和自己的一位朋友恋爱,当时那位朋友吸毒成瘾了。

其实,奥斯本几个月以前就怀疑谢克尔顿想用这个料来换钱。竞选之前,他破天荒地接到她好几通电话——他估计这些电话是为了向报纸证明他们俩认识。不过,他事先知道这件事会发生,但这和他决定不和卡梅伦对着来没有关系。从头到尾——因为他本人不是候选人——这场风波都没有对他或者卡梅伦造成多大影响,卡梅伦被问到过去有没有碰到毒品时依然持否认的态度。

卡梅伦选择了在市中心启动他在全国范围内的竞选宣传,其含义是让市中心焕发新颜,作为保守党革新的一大特色。一周后,他发表了一篇环境为主题的重要演说。虽然那年夏季他已经关涉环保问题,但直到十月他才宣布新政策。这是"新型政治"的一个经典例子。他说,气候变化太重要了,不能再像球一样被踢来踢去,现在该成立一个独立机构,就像管理利率的机构一样,将减少多少碳排放才合法确定下来。

可戴维斯还没到出局的时候。他的比分又超过了卡梅伦,那是在 11 月 3 日两人在 BBC1 台的"问辩时间"上短兵相接的时候。这次,迈克尔·高夫得为他的候选人卡梅伦的表现负责。在上节目前演练时,高夫扮戴维斯。他把戴维斯演得来势汹汹,恶意尽显。但是在场上戴维斯回答第一个问题时就慢条斯理,想尽力维持辩论会的文明,接下来也表现得又温和又有礼,至少回答前几个问题时都是如此。卡梅伦在场上十分激动,想尽办法抓住戴维斯的新节奏,但却没能抓住观众。上场前,形象顾问安东尼·戈登·雷诺克斯还建议他站得比以前更靠后一些,这个站法约翰·克里在 2004 年美国总统竞选里用过,但是并不管用。镜头上的卡梅伦非但不放松,还很奇怪。

卡梅伦至少在一周前就看到,和戴维斯这样不相上下地斗下去很不安全。虽然外界赌他的胜算很大,但他现在是跑在最前面的人——戴维斯不会有任何损失。现在需要加上一则"保险条款":一则对他有利的头条新闻,把辩论之后所有关于他表现失利的报道全部掩盖掉。快到十月底时,巴克告诉卡梅伦他这张好牌出现了——威利茨准备弃戴维斯转投他。威利茨背书支持戴维斯之后就后悔了。现在离黑潭市大会已经过了三周,他在巴克面前写了一封退出戴维斯营为卡梅伦背书的信。可就在他要递出这封信时,他又迟疑了。他对巴克说,自己应该当面向戴维斯解释。见了戴维斯之后他更不知所措了,因为戴维斯把他出走的后果都明白地说给了他听。最后,他还是觉得背叛戴维斯会让他失去更多旁人的信任,还是忍受一下给戴维斯背书这件傻事吧。

与此同时,乔治·奥斯本看到了威利茨犹豫不决,想把他转投的事情透给报纸,给他推一把。但是想法一出,立刻被莱特温喝住了。卡梅伦也觉得不快,坚决地表明了态度:威利茨给他办公室打电话解释的时候,他拒绝接电话。事后他和一个支持戴维斯的人说威利茨"骑在柏林墙上下不来"。"他把手臂伸到这边来,腿还在那边。"威利茨一变再变的事情很快传遍了白金汉宫,他越想避免名誉受损,偏偏影响越大。其他人都看到和卡梅伦兜圈子不是好玩的。

11月9日,戴维斯好像把卡梅伦一下甩到了后面。保守党员的一项调查显示有一半的人支持戴维斯,37%的人支持卡梅伦。但是,这次调查似乎并不权威,后来的多项调查都准确显示卡梅伦会以二比一取胜。利亚姆·福克斯在上月出局以来一直没有出手,在11月13日时宣布为卡梅伦背书。这必然将给卡梅伦带来大量选票,保证他取得胜利。

当然,空气当中有着些许自信的味道。领导人大选前一周,卡梅伦身边比较有谋略的一位助手找到了弗兰克·菲尔德。菲尔德是一位备受敬仰、思想较传统的工党议员,但与其他议员有些疏远。卡梅伦的助手菲尔德愿不愿意主持一场新政策论坛,他可以启用多名专家调查议会的政策,只是调查的结果需对所有政党公开。如果卡梅伦能赢,那么卡梅伦将在受命演说中宣布对菲尔德的任命。菲尔德的回答是这个职位与他工党议员的身份不符,于是,这项看似为他量身打造的计划只好搁置。

胜利还不是板上钉钉的事情,杰里米·帕克斯曼的采访还在前面等着。卡梅伦有很多次上电视的经历,而且在他之前戴维斯与帕克斯曼交手时非常狼狈,所以他坚持要带自己的化妆团队和灯光师,他还坚持要在诺丁汉演播室录制。他后来公布了自己的想法"我给BBC打电话说我不想表现得像大卫·戴维斯一样"。

帕克斯曼想尽办法用打擦边球的方法来发问,第一个问题就想打乱卡梅伦的阵脚。"你知道'粉红小猫'是什么吗?"卡梅伦想这可能是伊比沙(西班牙海岛,欧洲著名的"潮人之地")上的一家夜总会,他没去过,就不必紧张了,但他还是回答说他不知道。帕克斯曼又问道"那'滑滑的奶嘴'呢?"卡梅伦开始领会到了问题的套路,回答说是一种饮料。帕克斯曼接着说,这是俄比恩经营的系列酒吧里装在大罐子里的一种饮料,而卡梅伦是酒吧的董事会成员。因为卡梅伦和经营酒吧的公司有关联,就批评卡梅伦怂恿未成人饮酒和纵酒,卡梅伦可不会求饶。不过卡梅伦一开始毫不掩饰情绪,后来灵活应对帕克斯曼对学费问题的攻击还挺精彩的。

他后来说其实第一轮反击他准备过掉,但当时他的讲话被打断好几次,不反击不行了。卡梅伦说"杰里米,这些访谈都大同小异。你走进来坐下以后,就要把他们当成半个骗子半个伪君子,几句话打发他们的问题就行了。"有一会儿卡梅伦讲了几分钟,准备讲正题时,卡梅伦的反应让帕克斯曼怔住了,这次是因为卡梅伦又被打断了,卡梅伦只好说"杰里米,这不纯粹搞笑吗!我们这么着吧。我现在讲两句话,然后轮到你来打断我。"看过了形形色色的政客们的表现,卡梅伦已经打定主意要转守为攻,对准他们的"折磨大王"。这次节目刚播出,他的电话就震动起来,两条信息进来了。查灵顿爵士——这个有过一些公关经验的人——马上给他发来了贺信,尼可拉斯·索姆斯也发信来道贺,说帕克斯曼肯定"觉得卡梅伦不好对付"。对卡梅伦而言,自从亨顿报告那次他被访谈节目主持人批评"过于叨叨",这算报了一箭之仇。

2005 年 12 月 6 日,在伦敦的皇家艺术学院,保守党后座议员 1922 委员会主席、领导人竞选监察人迈克尔·斯派瑟爵士公布了结果。大卫·戴维斯获得了 64 398 张选票,戴维·卡梅伦吸引了 134 446 张选票。卡梅伦以超过二比一的比例胜出。

早些时候,在下议院的休息室里,卡梅伦给他的受命演说加以最后润色。这一小会儿的安静,让他回想起从当上后座议员以来这四年半不平凡的旅程。在这过程中他看到过三位领导人的失败。每一位都承诺要带来革新。每一位都走过了他们的历程,却以失败告终。在他做过的第一篇竞选演说中,他曾明确表示不会像之前的人一样。"我开始竞选时就说过我要以革新来取胜。现在我赢得了竞选,我们将会以改变示人了。"

他首先要改变的事是"保守党内女性议员过少"的问题。第二件是保守党对市中心问题的态度;第三件,他说他将让"玩木偶戏一样的政治"画上句号。然后他带着观众们想象了一下英国所面对的挑战:首先的是经济竞争力,然后是公共事务的改革,再后是"生活质量",这包括安全的街巷、房屋所有权和气候变化。

他在结尾的时候提到"最后这项挑战……存在于所有他人的心中"。一时间这段话被解读为对撒切尔主义的攻击。其实,这不是原本的意思。这段抓住的是卡梅伦,还有希尔顿最想实现的东西:

> 全社会行动起来才能确保社会公平和强大。我想要放开志愿组织和社会企业的手脚,去处理那些与我们社会面临的困境相关的问题,毒品滥用、家庭破裂、公共空间不完善、家庭环境的混乱以及高犯罪率。我们有能力处理这些问题,我们也有能力修缮这个出了问题的社会。社会是社会,和国家有很多不一样。

演讲完毕,他的胜利真正来到了。他来皇家学院时是打的,离开时是在在野党领导人的座驾上。当卡梅伦、萨曼莎和希尔顿乘坐着特里——一直为霍尔德政府服务的司机——开的车从皮卡迪利广场驶过,他们终于相信这一切都是真的。

诺曼肖南楼

担任在野党领导人以后,戴维·卡梅伦最紧要的任务就是让选民们相信,保守党这一次真的有所改变。当他立誓要提供全面的免费医疗和教育时,的确有一种不同往日的象征意味。但他也有"小国"的理念,想要减少国家承受的要求,让个人为自己的福利负责。和之前的保守党领导人相比,他也相信规劝好过立法,权力下放好过集权。他在说服选民,告诉他们保守党已经发生改变的同时也一再让保守党员放心:党的实质没有变。这两种说法似乎完全相反,但是过了很久,他才遇到麻烦。

他的"蜜月期"或许算很长的了——十六个月以后才碰到大问题——其实,"蜜月"也不是没有烦恼。威廉·海格总有良策,他告诉卡梅伦,要保证无事,内部人员必须团结。他的核心班子成员有史蒂夫·希尔顿、奥利弗·莱特温、迈克尔·高夫和乔治·奥斯本。希尔顿与奥斯本依然在他身侧,高夫和莱特温则化作外围成员——至少在外界眼中是如此。他的工作班子,包括影子内阁,需要将"四人组"稍作隐藏。迈克尔·霍尔德的团队中斗败的对手们要么委任新职,要么保留旧职。大卫·戴维斯依然是影子内政大臣,海格在一番劝慰后回归,从利亚姆·福克斯手中接过影子外交大臣一职,福克斯则接到了国防大臣的委任状。大卫·威利茨的事情既往不咎,接任卡梅伦的影子教育大臣一职。

卡梅伦在分配影子内阁的职务时似乎很大方,但在搭建内部小组时,他只选了自己最信任的人。他选的"参谋长"是埃德·立威廉,两人在伊顿时就认识了。不过两人都说真正相熟其实是从 1992 年大选开始的。立威廉也在保守党研究部工作过,他还是卡梅伦与约翰·梅杰之间的联系人,当时梅杰还在竞选首相。大选之后,立威廉在香港担任克里斯·巴顿的顾问,后来在波黑为帕迪·艾什顿(前自由民主党领导人)工作(艾什顿在波黑担任联合国高级代表)。巴顿是立威廉在保守党研究部的老上司,对立威廉评价极高。立威廉总是戴着一副眼镜,很清爽地出现在画面居中的地方,而他的上司则带着略显讽刺的微笑,淡淡地浮现在阴影里。卡梅伦还选了梅杰时代的伊顿老将:乔治·布里奇斯,卡梅伦1997年在卡顿工作时,布里奇斯是他的接班人。布里奇斯不仅与政界领导人有关联——他的祖父当过丘吉尔的私人秘书——还是对现代计划提出质疑的代表人物。他的双重特点使他成为希尔顿反传统式怪癖的有力衬托。卡梅伦的门将依然是凯瑟琳·佛尔,她是政界领导人的后裔,也是卡梅伦在保守党研究部的另一位老同事。

　　卡梅伦在私人办公室问题上做的最重要的决定与人员无关,与方位有关,说得更确切一些,跟彼此的方位有关。卡梅伦与奥斯本以前经常聊到托尼·布莱尔和戈登·布朗怎样做就可以避免分歧的出现。新上任的卡梅伦曾为财政大臣服务,而他的副手则为首相工作过,两人都明白这种关系的紧张是制度生成的,而不仅仅是因政治或人际关系而起。他们的办法是,在一个办公室套间里工作。这个办公室套间在诺曼肖南楼的二楼,这是下议院的楼群中功能较为全面的楼座。在野的保守党领导团体的核心就位于卡梅伦的办公室与奥斯本的办公室之间的那间房,立威廉和奥斯本的"参谋长"马修·汉考克就在此办公。立威廉的这种敞开式布置使沟通更方便,也减少了产生不和、混乱和误解的情况。卡梅伦每天最重要的那场会议———一般在下午3:30——就是和奥斯本和立威廉碰头商议。

　　办公室还在安排中,卡梅伦就与下议院有了第一次较量。他说自己没法享受成功当选的喜悦,因为刚刚当选就得为首次"首相问辩"做准备。奥斯本和海格是他的助手。海格建议他喝一杯甜度很高的茶饮,让喉部甜润,也能够保证能量。卡梅伦不爱含糖分的茶,喝了一杯后觉得很不舒服。其实他的担心有些多余:在"首相问辩"时他直指布莱尔,称布莱尔时日不多了。他调侃布莱尔说"你曾经是国家的未来,但那毕竟只是'曾经'而已"。这句话是团队的创意,为的是引出"换代之必然"这个主题。

　　作为新任领导人,卡梅伦抓住了一个理想的时机,来表达自己对实施"新型政治"的决心。布莱尔此时面对的是下议院的溃败,因为工党的后座议员对于削弱地方性政务委员会对学校的控制力非常反感。布莱尔在公共事务改革问题上持温和态度,得到大部分人的支持,卡梅伦支持布莱尔的立场,与左翼势力相对。(两年前,布莱尔遭遇下议院不满于医院拥有更多自主权的状况时,卡梅伦很反对这类用价值观压倒机会主义的作秀。)虽然在政府有正确举动时表明支持态度对赢得选民非常有益,但是这样做不能凸显卡梅伦的执政个性。毕竟大家期待的是他的变，而不是一味的延续。但是太早强调责任的问题也可能显得太犀利，会让人联想到保守党历史上的"对抗单身母亲"和"钻福利空子的人"等事件，而且对于年轻的政治领袖来说也显得过于沉重。用政治专家的话来说，卡梅伦要获得"能被听到"这个许可，然后才能真正地宣传他的政治主题。他需要一辆能将"改变"开往人们心中的"车"——这种车居然是以两个轮子的形态出现的。

若说哪个议题是卡梅伦任在野党领导人第一年的标志性议题，那应该是环境问题。他可以很有信心地说，要应对气候变化，需要以保守党关于个人责任与效率的价值观来审视，这与他逐步出台的地方主义计划相吻合，而最完美的是，这正是送给他的形象总设计师史蒂夫·希尔顿的一份礼物。媒体心甘情愿地推出各种相片，相片上卡梅伦骑自行车去上班，穿着用可回收材料制作的鞋子——还有这一策略中最抢眼的——亲自进入北极圈用狗拉雪橇查看地球变暖的后遗症。卡梅伦甚至将环境作为自己首轮试竞选的主题，在进行地方议会选举时采用"投蓝色一票，为绿色努力"的口号。但是这般随性还是遇上了麻烦，四月时，他的专用司机特里被拍到跟在他身后运鞋子。卡梅伦承认，虽然他是从芬斯托克路的家骑到了下议院，但是他的座驾依然在运着他的衣服和文件材料。后来他有悔意地说"那样做不对。有过两三次。现在我在自行车上装了挂篮。"

环境是他传给选民的主要信息，而挑选候选人则是他在党内的主要任务。海格已经付出了很大的努力，但是依然没能劝动地方的保守党组织多选一些妇女和非白人候选人。邓肯·史密斯和霍尔德也表示过，保守党应该更广泛地代表选民。然而，白人尤其是富人还是占了绝大部分的重要席位。卡梅伦竞选成功后两周内，保守党自2000年能源危机以来首次在选票上超过工党。到年底的时候，保守党达到了1993年来的最高票数，卡梅伦信心十足地开始运用新领导人的权力，继续海格的未竟之路。他拿出了一份基本获批的候选人名单。一位名叫约翰·海耶斯的教育问题发言人，同时还是改组范围内的右翼人士，入职年份较短，很不慎重地将不少同事的私谈公之于众。他说这份名单是"那些花时间和伦敦时髦阶层的假知识分子及装腔作势的人打交道的一帮人的看法，这些人对平常的伦敦不甚了解"。这份名单在一年多之后渐渐淡出，但是其中对地方委员会的最终名单里至少要有一半的妇女的要求，开始起到改变保守党候选人性质的作用。到了2008年底，保守党可以向外宣布三分之一的重要席位是妇女候选人，百分之五的候选人来自其他族裔。

卡梅伦的计划采用了各种方式让平民参与,以增强平民的主人意识,然而这却是他任职初期最不尽如人意的举措。2006年2月他开始制定一份任务宣言,用于进行党员竞选。这份宣言的标题是"为持久而建",在保守党春季会议之前发布,其设计是为了将右翼的反对派鼓动起来。由于这支反对力量能帮卡梅伦宣传他的竞选口号,又能让他赢得授权,从平民阶层开始改革。然而这个想法太一厢情愿了。右翼党员看出了其中的算盘,迟迟不行动,导致宣言被人遗忘于脑后。到了四月,宣言再一次发布,正好在公投之前,让工党好一阵笑话,说宣言的名字应该改成"为稍微持久一点而建"。一个月后,公投结果公布时,卡梅伦站在利兹市政厅的台阶上宣布这是"一次党内民主的大演习,一次势不可当的投票"。可数据说的却是另一套。有投票权的人中仅有四分之一多一点——26.6%——投了一下票。评论员马上把这情况与布莱尔做了一番比较。布莱尔在1996年大选时当上工党领袖后,在第二年用了同样的计策,他的宣言"工党之新,生命之新"赢得的选票可是达到了61%。

分歧最大的是如何看待罪这个问题,是应该改变其现有的面貌,还是应该打消人们的疑虑。在提出环境问题的同时,卡梅伦试着于2006年上半年勾勒出了责任这个主题。他首先对准的是商业。他在2006年1月的一次演讲中说"英国出现了肥胖危机,W.H.史密斯店为什么在打烊的时候降半价处理橘子形巧克力而不是真橘子呢?"仅仅把商店里的甜食柜挪个地方,拯救不了英国"破败的社会",这个词是福克斯竞选领导人时用到的,卡梅伦借过来融进了自己的话里。

为了能平衡传统派和现代派的比重,他让丹尼·克鲁格与道格·史密斯搭档——史密斯已经变成了一位超现代派——负责讲稿撰写工作。克鲁格说话轻言细语,是一位受人喜爱的理论家,从前与邓肯·史密斯合作时,表现出强烈的保守主义风格。他有关积极的公民、自愿服务和博爱的看法扎根于基督教右翼思想,在看待卡梅伦当领导人问题上和希尔顿贴近。他强调以集体的、道德的责任,来医治"破败的社会",这是将法律与秩序等传统主题重新提出、中和处理的方式。因此,克鲁格在竞选领导人的首场演讲中表示将把所想付诸实践时,的确成了卡梅伦的首场危机。年轻人犯罪与犯罪原由是个巧妙的提法,但是卡梅伦所说的,用爱来引导那些对社会不满的年轻人在情感上逐步成熟的想法未免有点太空泛。卡梅伦每次听到旁人提起2006年7月对社会司法中心的演讲时,都会强调自己从未说过要"一味拥抱连帽衫小子们",这是一期星期日报的头条,给卡梅伦招来了不少调侃之声。不过,他的原话的确

"不简单"：

> 犯罪、毒品、未成年人性行为——这些行为是不对的，但是一味地责怪孩子是没用的。他们身处的文化在起着鼓动作用……如果说越界的后果是痛苦的，那么留在正当行为的界限内应该是愉悦的。我觉得既然我们就在界内，应该多表现出一些关爱。

尼古拉斯·温特顿爵士是代表麦克莱斯菲尔德的保守党议员，他在第二天《每日电讯报》采访时说，平民阶层对卡梅伦的一番话不甚明了，"我不很确定我们领导人想要做的事情是什么。可能他想说得全面一点，但也不能去迎合那些反社会的人。"

同年10月召开卡梅伦上任来第一次党内会议时，卡梅伦决定在纲领刚提出时试试党员的反应。右翼势力对奥斯本施加的压力越来越大，催促他下决心把税减下去，同时对候选人名单的事情还存在着不满。更糟的还有，卡梅伦连领导人演讲的主要讲稿的草稿都没有拟好。萨曼莎来参加了三场演讲敲定会，"每次都是全否。""不行，不行，就是不行！你不能那样说。应该这样来讲。"一位会议重要成员记得希尔顿情绪特别亢奋，整天穿着T恤和牛仔裤，通夜抽烟抽个不停，就为了使讲稿成型。卡梅伦的态度却大不一样。"大卫的反应是这样的，'说不上多好，不过也只能这么说了'。"（希尔顿有时都怀疑卡梅伦到底对这有没有热情。）

当上领导人不久，卡梅伦就定下了一项关键性的战略决策：将公共医疗卫生服务作为第一项任务，只要有重新审议资助的建议，就很快敲定下来。他再度任命安德鲁·兰斯利担任卫生服务的发言人，叮嘱兰斯利赢得选民们队卫生服务的信任是"重于一切的战略任务"。他的一位资深助手说"大卫刚当领导人，我们就知道了树立我们在公共医疗卫生服务中的信任感是极为重要的"。卡梅伦以发自肺腑的语言给保守党上了一课：

> 当你的家一直要靠公共医疗卫生服务过日子——一日挨着一日，一夜连着一夜——你会体会到公共医疗有多宝贵……于我，不是说公共医疗"就牢牢地握在手心里"。我的家是常常握在公共医疗的手上。我只想让它稳妥而踏实……我们会一直向公共医疗卫生提供所需的资金。

他对公共服务的承诺——尤其是卫生与教育两方面——和那些以阶层来评判他的人给他下的定义很不相同。艾凡让他有更多和公共医疗卫生打交道的经验,大部分人都没有这样的经历,可是他受的教育却和公立学校相距甚远。虽然他相信这两种服务的广泛性,但是除了他感受这两种服务的经历不同之外,还有着一种不同存在:他对卫生服务的规定相当保守,而对教育的规定却走得很靠前。他的一位盟友说:"改进卫生服务的计划如果让30多岁身体健康、没怎么接触过卫生服务的人制定,和那些真切需要卫生服务的人来制定是完全不一样的。"他还说卡梅伦的看法是"保守党之前没有依靠卫生服务的经历,而我是有的——因此我比其他党员更了解这种需求,也比——至少方式是一样的——大部分人英国人都了解。"

当然,关于公立学校,他的经历让他没有多少发言权,但是,朋友们都很肯定地说,他对这个问题更有热情。很多人都知道他进行了多次长时间的探讨,讨论2005年竞选时采用的方法,他对这些讨论很不满意,一位同事说,他的目标是让个人在公立系统之外有选择自由,而不是劝公立系统之外的机构来选择,为国家培养的人提供机会和挑战。卡梅伦希望全面提高教育标准的热情感染了地毯富商、慈善家菲尔·哈里斯为竞选背书。一位同事说"他真的不明白保守党的地方管理机构为什么对教育的一般化无动于衷。萨曼莎看到保守党的伦敦政务委员会毫不关心教育水平不高的问题,觉得很愤慨"。"他一定是觉得,富人可以给孩子买到最好的教育,这让孩子更轻松地通过考试,想选择什么就能选择什么。而家境一般的人就成了常说的那种,'你呀,你需要另一种教育',他们能买的只有这样的教育,这样一来,就变成了家境一般的孩子只能失望,因为无法受到有同样的严格要求、质量、标准、努力程度和上进心的教育。"卡梅伦有着真诚的想法,因此他觉得势利的做法很伤人,他努力的是自己背景中的盲区——可这个盲区下方正有一场灾难在迅速靠近。

《媒体邮报》对卡梅伦进行了一次采访,这是他任领导人第一年收尾的标志,他说:"我并不是想惹怒别人,我只想改变保守党的现状,让大家回到场地中央来。"但是,他给自己设定的节奏太快,他对以前的顾问更加依赖,而这些顾问都越来越倦怠,因此改变现状和打消疑虑这两者的平衡开始出现不稳的迹象。"文法门"事件最大的讽刺就是其中的一战,卡梅伦以为自己已经取胜。在任期中,他打破从前的保守党政策鼓励文法"生存并繁荣"的做法,这引起一些小动作。其实,他之前将文法学校政策写入了迈克尔·霍尔德的宣言,并且以教育发言人的身份支持了这项政策。但是少有人知道这件事。

因此，当接任教育发言人职位的大卫·威利茨宣布自己想要发表重要演说时，唯一的担心就是没有醒目的头条。负责审阅威利茨对英国工业联合会的讲稿的一位人士说，"我们主要担心这当中的新闻价值。"另一位说卡梅伦自己也翻看了稿子，"还讨论了怎么让稿子更有意思一点"。其实，稿子是在影子内阁中讨论的，主持人不是卡梅伦（希尔顿把他劝到霍尔当助教去了，去了两天的时间）。威利茨在会上说演讲的主要目的是制定新政策，使新建的公立学校不受地方政务委员会控制，更容易建立，他这么一说，会议的方向便走偏了，多亏了一位同事为他解围。

可是，演讲的当天早上，卡梅伦的一位助手听到电台采访这位影子教育发言人时，还是被吓了一跳。"他说的东西在我参加过的任何会议上都没说过。"虽然威利茨自己后来也吓了一跳，不过他的初衷却是引发大家的思考。他的一位朋友说，他确信只有彻底抛弃教育选人的做法，才能让保守党讨论教育问题的声音被人们听到，让人们相信。不过，卡梅伦办公室里没有人发现，威利茨在与传统派进行一场决战——对手中还有那些坚定地支持教育选择的人——威利茨表示文法学校只服务了中产阶级，入学的基本上都是中产阶级的孩子。演讲的主要内容是："我们必须冲破从前的想法，教育选人不再是聪明伶俐的、来自一般家庭的孩子改变命运的方式。我们必须认识到这样的教育选人只能让有优越的更占优势，而不会让更多人享有优势，能举的例子实在太多了。"

激烈的反应接踵而至。卡梅伦的助手们还记得"整个会场一片警告之声"。威利茨刚一坐下，议员、候选人、活动分子立即表示抗议，对保守党的最高统帅进行"轰炸"。至少有一位前座议员，名叫格莱姆·布莱迪，马上公开反对威利茨所说的文法对社会稳定没有帮助，可见形势很不乐观。为了表示维护党内秩序，在野党党鞭、矿工出身的帕特里克·麦克洛林批评了布莱迪，不过，党鞭办公室的主要矛头对准的还是威利茨。此时，保守党领袖还在霍尔，有人劝他让威利茨在保守党后座议员 1922 年委员会开会时解释演讲的缘由。会议是在委员会十四号房间召开的，会上不像是有节制地宣泄情绪，而完全是一场集体羞辱。威利茨说完之后，两名议员——埃德·维泽和斯图尔特·杰克逊——也帮他说了些话，接着，一轮谴责就开始了。党内的所有组织都对他展开批评，情况很棘手。坐在第一排、说话最不饶人的要数迈克尔·霍尔德，他大声敲着桌子，为四面而来的批评壮大声势。霍尔德是文法学校毕业的，对自己受过的教育很骄傲，他作为代表肯特的议员，所服务的选区中仍然还有国家资助的遴选制学校,对此他也很自豪。霍尔德是前任领导人,对此事怒不可遏,第二天就在《每日电讯报》上发文,攻击自己的接班人。还好有他之前的"参谋长"蕾切尔·维特斯通出面,才避免了一场正面袭击。不过,霍尔德依然在星期日报上"告诉朋友们",自己在周末的时候"怒火冲天",还说,"我不能再沉默了"——这样说既是一种威胁,也是在表示会抵制维特斯通的魅力战术。

卡梅伦于周日将主要盟友召集一处。希尔顿发誓再不与霍尔德对话,实际上是在表达对抗之意,奥利弗·莱特温也是如此,他在1922年委员会开会时攻击党鞭,说他们"让威利茨一人承受所有问题"。若说保守党有求战之意,那马上打响的战争正遂了他们的意。第二周的新闻发布会上,卡梅伦向批评人士传达了一条"清晰而态度坚决的信息"。他说,建立更多文法学校的做法,将会是"选举的一大障碍",那些持不同观点的人是"不对的"。"这是我党的一次重要试验,"他说,"我们党究竟想成为政府和改革的强大力量,还是想成为一个右翼辩论社,整天叨叨些空想的事情呢。"

支持他的人中有的经验特别丰富,现在回想起来只觉得这样的升级其实是个严重失误。否定批评人士的一片真心,这只能让卡梅伦受到针对他个人的人身攻击。一个伊顿毕业的人有什么权利说别人的选择式教育的不是呢?这个问题是约翰·汉普莱斯在《今日》节目上提出来的,后来不断地在重量级文章和报刊中出现,尤其是《每日电讯报》和《每日邮报》这两份报纸,这让反对卡梅伦的人很亢奋。其实讽刺的是参与文法学校问题的争论这个决定,本是为了弱化保守党给人高不可攀的印象。希尔顿觉得卡梅伦这样做表达了对所有孩子的关爱——而不仅仅是对中产阶级的在乎,这一点是很重要的。

这场论战一直延续到第二周周末,保守党领导人终于对那些拿背景来说事的人发起了反击:他把那些人称为"打自己人的斗士",说文法的论战现在"告一段落"。但是,布莱迪没收到这个消息,所以还是在第二天的《泰晤士报》上亮出了收集到的例子,批评威利茨出言说遴选制学校破坏社会稳定。此举让卡梅伦的权威性受到了打击,因此布莱迪再次被批评,第二天便请辞,同时也有权威说法提到他会在近期的重新洗牌中出局。多米尼克·格里夫是影子检察长,他用多年来在法庭上练就的舌功发出了致命一击,说保守党的政策实际上会让已有文法学校的地方建起更多类似的学校。可见,保守党领袖因为政策导向的问题,已经使党内产生了矛盾。希尔顿觉得卡梅伦应该解雇格里夫,但是此前已有布莱迪为文法学校一事受冲击。再说了,解雇格里夫的理由何在呢？

从争论开始到结束，卡梅伦一直否认这是他的"第四条款时刻"——这是在借用布莱尔与工党一次有名的斗争说自己。当时，布莱尔立场坚定，相信胜利会属于自己，后来他果然抵抗住了斗争。而卡梅伦这位保守党领袖从文法门事件中学到的，则是他让自己卷进了一场不由自己选择的斗争，"胜利"只在守住了一年多以前颁布的一条政策。事后总结时，一位从政多年的保守党员用家庭来打了个比方："在所有夫妻之间，如果丈夫不把妻子放在心上，那么总会出点小意外，或许是无心之失，一开始只会产生些许愤懑，但是慢慢地会沸成一锅粥，无法控制，这里的情况就是如此。"议会和媒体对卡梅伦的支持力度低得让人咋舌。《每日电讯报》的情况最为突出，用卡梅伦同僚的话来说，经营这家报纸的是"由布朗的信众与撒切尔的昔日铁杆结成的同盟，让人想着就轻松不起来"。

事后讨论主要是围绕没能在威利茨上交原稿时发现问题展开的。一位内部人士说："我们有感觉会出大问题。每个人都认为其实有人确认过可能被问到的问题和回答的方式。开了几场会讨论这样做的目的，后来也达成了一致，但却是每个人的理解都不一样。"一位主要人物说起此事，认为这个班子为了竞选急匆匆地赶了两年路，出些状况是必然的。"我们一路上没有减过速，但是大部分的陷阱都绕过去了。这是我们第一个没避开的陷阱，而且这一跤跌得挺厉害。"

文法门把阶级的问题提了出来。进行保守党领导人竞选的时候，布莱尔在一次私人会餐时告诉一位报纸编辑："保守党得明白的是，背景其实没关系，关键还在于宣传的理念。"然而，在竞选过程中，保守党对大卫·戴维斯住过归地方管的房子、单亲抚养长大的背景说了"不"，选了承认自己生于"郊野"的伊顿毕业生。在英国，阶级的问题和贫民的问题一样，一直都存在，总有一天会突然冒出来。报纸也开始注意有多少卡梅伦在伊顿的校友在他的私人办公室工作，或者坐在了议会的前排座上。这本书的第一版公开了卡梅伦在布灵顿俱乐部的照片，也引发了一些人的不满。因此，该书的著作权人将照片撤下，以备今后的报纸刊登使用，但又有人说这是在刻意捂照片。

外界常会估算一党领导人有多少财产，就和估算某个阶层的财富有多少一样，这多少是个麻烦事。戴维·卡梅伦和妻子萨曼莎·卡梅伦两人的收入状况，在大部分选民看来，必然很丰厚的——不过和他们很多朋友的标准来比，他们其实并无优势。他们最新购进的伦敦的别墅是在 2006 年 5 月 11 日交易的,付了一百一十二万五千镑,没有贷款。另一处房子在牛津郡的迪恩,六十五万镑,这次用了贷款。夫妇俩在芬斯托克的房子上赚的钱不到一百万镑。卡梅伦也有过一次意外收获,可钱数要少得多,他购买过酒吧俄比恩的十万支股票,不过要交两万八千镑的年费,他是公司的主管,但不是行政职务。萨曼莎·卡梅伦的继父,阿斯托尔子爵,和戴维·卡梅伦都是俄比恩公司的董事会成员。2005年,萨曼莎得到了二十五万到四十万镑之间的收益,她所在公司的管理层收购团队以一千五百万售出了斯迈森的股票。她说这个数额"并不会改变她的人生,所以工作是必须的"。卡梅伦并不是富豪,但是他所在的阶层还是会对他形成阻碍。从"一味拥抱连帽衫小子们"就可以看出一篇简简单单的演讲能被处理得多讽刺,文法门事件也能看出卡梅伦和奥斯本两个"贵公子"需要时刻提防对准他们个人的冷嘲热讽。

卡梅伦一直觉得他的团队中有两个重要的位置还空着:一个是为他挡媒体之箭的新闻秘书,一个是牢牢控制保守党全部结构的行政主管。但是这两个职位都不容易招人。乔治·尤斯提斯从卡梅伦当上领导人以后就负责新闻工作,但他不是卡梅伦的最佳新闻官。2005年6月,卡梅伦准备参加领导人竞选时,尤斯提斯作为资深的保守党新闻官欣然加入团队,不过,似乎他不是能做到最后的人,团队恐怕需要再找一个"像尼克·罗宾逊一样或者其他的什么的人物"。卡梅伦成为领导人后,大家在办公室讨论提出了需要聘一位和"制作观点的人"——编辑、评论编辑和专栏作家——进行沟通的人。卡梅伦、奥斯本、希尔顿和乔治·布里奇斯几人一起行动,有时也分头行动(当中问题也不少),寻找一个合适的人选。

《太阳报》的政治编辑特雷弗·卡瓦纳是个性格外向的人,他们找过他,但是被拒绝了。下一个是BBC政治记者古托·哈利,他在报导迈克尔·霍尔德的竞选活动时,曾让前领导人的参谋长、希尔顿的工作伙伴蕾切尔·维特斯通眼前一亮。那次活动后,维特斯通前往加州的谷歌公司工作,哈利去了纽约报道美国的商业活动。11月,维特斯通邀请他来西海岸的谷歌公司聚会。晚餐后,希尔顿自然地提出请哈利来为保守党工作的想法,问他如果回到英国,愿不愿与卡梅伦见一面。2006年3月,刚辞去《周日电讯报》编辑职务的莎拉·桑兹第二天就见到了卡梅伦。不过,她后来选择了《每日邮报》的顾问一职。伊恩·比勒尔的观点和媒体才能很受卡梅伦重视,他也收到了邀请,但也婉拒了。BBC的玛莎·契尔尼——与保守党政见不一致——也是考虑人选之一——但依然没有后文。

注意力还是回到了 BBC 记者哈利身上，他假期回到英国时，卡梅伦邀请他和他的妻子以及两个孩子来迪恩的家庭烧烤会聚聚。卡梅伦平易近人，哈利——早就被卡梅伦身边聪颖而团结的团队所吸引了——被他的热情打动了，可惜他刚把全家迁到纽约。他答应认真考虑一下这份工作，但是没有接到正式邀请函，他最后还是返回了纽约。

2007 年初，保守党还是没能签到中意的新闻官——不过，对外并不承认这一点。这时，乔治·奥斯本和史蒂夫·希尔顿有了个主意。2005 年 10 月时，《世界新闻》曾刊登了一张相片，照相时间是十一年前，拍的是奥斯本和一个吸毒的妓女。这则"毒品风暴席卷保守党"的报道并没有对奥斯本造成难堪的局面（他和照片中的那位没有任何关系，他自己也明显未用过毒品），同时，奥斯本对破除这条消息的安迪·库尔森的专业态度十分敬佩。因此，奥斯本在威廉·海格的从旁鼓励之下，于 2007 年 3 月提出库尔森或许能成为保守党的帮手，就算不是全职也没关系。虽然库尔森并非政界名人，但他为小报工作过，这项可以补个缺，他毕业于埃塞克斯大学，这也是个加分理由。只是他过去有些故事。那年一月，《世界新闻》的大记者克里夫·古德曼被判四个月监禁，罪名是拦截 600 条手机信息，供皇室成员的助理使用。另一位涉案的是"安全顾问"葛兰·穆凯尔，被判入狱六个月，他是伙同作案，还操作了其他的手机拦截案件。库尔森辞去了编辑一职，并表示古德曼的行为太荒唐，"很遗憾这些事发生在我的监督之下"。

他的辞职可能让这件事更受人注意，但止住了更多对这份报纸的运作的审查。直到案件最后敲定，《世界新闻》都拒绝评说库尔森是否对古德曼和穆凯尔的行径有所了解。这个问题并不是毫无根据。庭审时曾提到穆凯尔的十万四千九百八十八镑的年薪中包括研究和"监督"工作，但是他还拿到了一万两千三百镑的窃听电话的非法报酬，由古德曼所付，由头是杂项。一位在《世界新闻》工作过的人士说，"你哪怕是花公家的钱买了一个汉堡，办公室里都会有人质疑。"库尔森的朋友皮尔斯·摩根，也从《镜报》辞了职，他说："对于克里夫·古德曼，我非常同情，他只是成了调查当中最容易被利用的替罪羊，其实谁都清楚舰队街上差不多所有报业公司是个什么情况。"

辞职以后，库尔森没有受到新闻投诉委员会的审查，结论是没有证据显示他知道拦截一事。（实际上是根本没有寻找过证据，这不能混为一谈。）结论解释说新闻投诉委员会调查的活动必须是对于在编记者，而库尔森已经辞职，所以不在编。下议院文化、媒体和运动委员会称这一动作"实在高明"。新闻投诉委员会发表了总结报告，"谴责"电话窃听这种"完全不能接受的行为"，随后，新闻国际的新闻办公室声明，库尔森对其手下的作为不知情。戴维·卡梅伦的办公室没有这么确定的表示。不过，刚任命库尔森，新闻组就宣布库尔森完全不知道这些非法的勾当。戴维·卡梅伦并没有明确地说——可能这样更明智——是库尔森向他保证自己没参与过；他只是让汇报人传达出一个意思，即库尔森能在辞职时表现出正直诚恳的品格。至今，库尔森仍然没有否认自己知道古德曼和穆凯尔的行为的书面记录。本书撰写时，笔者曾问过他是否对古德曼和穆凯尔的行为有所察觉，他选择不做评论。讨论到库尔森的过往会不会影响到今后的事业时，卡梅伦的朋友只说"觉得有他比没他好"。5月31日，虽然距奥斯本在晚宴上提出自己的想法仅三个月，虽然卡梅伦的阵营中还有人保持着警惕，但库尔森依然坐上了交流主管的位子。

卡梅伦的"蜜月期"因为文法门事件而结束，也还因为他清楚地知道布朗在做准备，享受与选民之间的友好互动。这些事本来就不容易应付，再加上一年前设立的六支政策制定小组正在做工作总结，事情就更多了。卡梅伦在设立这六支小组时，就是为了让没有分到影子内阁职务的肯·克拉克和约翰·雷德伍德参与工作。大量的施政建议如雪片般落到眼前，当中有很多建议虽不怪异，但却没有多少用处。卡梅伦的处理方式是增加顾问的环节。6月中旬发表了"站起来说出来——国家的公文箱"计划，号称给予民众发布下一次宣言的机会。卡梅伦的办公室中有人担心这项计划可能既费钱又费时，会像其他创新计划，如市长初选还有"为持久而建"一样，以失败告终，这些担忧基本成为了现实，因为这项计划的预算虽然达到了二十五万镑，却还是逐渐淡出了人们的视线。

虽然卡梅伦当上保守党领导人以后更加积极地尝试"混搭政治"——这个词是布莱尔创造的，当中有形容卡梅伦吸收左翼的语言和标志的意思——就像卡梅伦小心翼翼给衣柜添上粗呢、毛衣两件套或者珍珠款服饰一样。2007年6月18日，卡梅伦在杜丁发表演讲，将保守党员定位为"进步"而又保留传统的支持者，认为"社会责任"的概念让他的计划深深地扎根在保守主义的土壤里。西蒙·赫弗在《每日电讯报》上称这个想法"哲学思想幼稚且空洞"，《卫报》主编则冷言相向，"戴维·卡梅伦昨日将重建保守党比成建房子，照这个比喻来推演，现在他应该开始搬砖累瓦抹水泥安铜管了，巴望着规划早日变成现实，第一批租户赶快搬进来。"实际情况比这还要麻烦。从政策形成和实施过程来看，规划人很多，计划更多，工地上如果要出点差错，那基本上是避免不了的。

卡梅伦让奥斯本多注意莱特温一点,莱特温在负责的是让政策制定小组紧贴领导人的构想——而不是像他们目前的做法一样,由着自己的想法和偏好来。可惜,这番努力没能及时保住雨果·斯维尔的事业,原因就是斯维尔同意提前讲讲制定文化政策的小组的考虑是什么。他讲话一点技巧也没有,直愣愣地说保守党将允许博物馆和艺术馆重收门票,这番话把文法门事件引发的阶级问题再次掀了出来。这个不让穷人进有教育意义的机构的人又是从伊顿毕业的。希尔顿一直不喜欢斯维尔的斯文劲,所以虽然斯维尔是影子文化大臣,希尔顿还是向他施压,让他收回自己的话,并表示政策还在审议中。两周过后,卡梅伦重新洗牌,解雇了一位很早就支持他的、关系极好的政治伙伴。卡梅伦后来谈到斯维尔的出言不慎时说"我觉得这样做是对的,接下来,我可能还得解雇很多朋友。"威利茨也是其中一个,他的主位被迈克尔·高夫占了去。杰里米·亨特、格兰特·夏普思、尼克·赫伯特和萨伊妲·沃茜进入了"新团队"。其实沃茜本应该要进入上议院后才能获得"新团队"成员的资格,而且卡梅伦又在进行一系列改革,但是卡梅伦已经不能等到这位能言善辩的穆斯林女保守党员被选为重要席位议员再说了。

戴维·卡梅伦在托尼·布莱尔任期的最后一天尽了最大的努力。他向布莱尔公开表达了诚挚的敬意,可这番热情似乎不在常理之中。他说道,布莱尔有"众多成就,功劳卓著",他还让保守党议员们——只有一些人勉强同意——起立为布莱尔鼓掌。不过,他在 2005 年 10 月的私人聚会上说要成为"布莱尔的继承人",这番话引发的争议特别大。他的本意是将布莱尔置于保守主义传统中,而将自己视为继承传统的人。但是外界却理解成他总将自己和工党最优秀的领导人相比,他只是为了赢得政权,刻意模仿布莱尔的从政方式罢了。评论家们怀疑这当中能有多少英雄相惜的成分。可是,在布莱尔任期接近尾声时,他的内阁成员中居然有不少人和卡梅伦这位保守党领导人关系很好。约翰·麦克特南,是布莱尔团队的前政治主管,他也是卡梅伦在卡顿公司的同事,他说卡梅伦"极富才华"。本·维格-普洛斯是政府的战略通信主管,他的保守党朋友里就有卡梅伦,还有埃德·维泽和希尔顿。菲利普·柯林斯是布莱尔以前的演讲稿撰写人,也是一位小说家,他的代理人是迪芙·罗尼斯(即多恩·罗尼斯的夫人)。和卡梅伦和布莱尔两人关系都不错的一位工党友人还记得卡梅伦在 90 年代时多次称赞布莱尔(还有曼德尔森)的政治技巧,而说起梅杰时卡梅伦用的则是"输家"这个词。这位友人说布莱尔还提到过卡梅伦工作的效率，"他觉得卡梅伦面对'首相问辩'反应之快让人佩服"。布莱尔当政后期的几个月中常与布莱尔往来的一位人士说布莱尔"完全被卡梅伦现象吸引住了"。

不过，在卡梅伦第一年的时候，他和布朗之间的矛盾有如拳击比赛。布莱尔把他形容为"次最轻量级拳击手"，在等着布朗上台后的"一记闷拳"。卡梅伦的回应也不乏激烈言辞，他大量借用乔治·奥威尔的话，将布朗政府比作"一只靴子踩上脸——踩上去就不会放下来"。有人传，布莱尔离任当晚，卡梅伦和迈克尔·赫塞廷之间有一场对话，从中可看出一些个人的看法。"很高兴布莱尔要走了。他想从这趟浑水里踏出去，但这很难。布朗认为自己可以做到，所以我们得把他按回去。""唐宁街的奇怪人物"是卡梅伦在《泰晤士报》采访时形容布朗的用词。两方互相仇视——按卡梅伦平时的话来说，"不仅是政治的原因，更多的是个人的原因"。除了布朗之外，埃德·波尔斯也让卡梅伦这位保守党领导人很有情绪。波尔斯与卡梅伦是牛津同期校友，专业也是"哲学、政治学和经济学"——波尔斯获得的一级学位的成绩高于卡梅伦，这对两人来说都是个问题（波尔斯曾是牛津大学保守党协会委员，时间不长，而卡梅伦不愿进这个协会。）

卡梅伦知道布朗为权力交接的那一刻做了好几个月的准备。前面的几个小时中他带头鼓掌，向布莱尔致敬，可接下来一封来自昆汀·戴维斯的信让他感到了前路不易。戴维斯当保守党议员已有二十年，他对这位新领袖一点都不留情。"虽然你有不少优良品质，但与此同时，你还有三种品质，肤浅、不可信、太缺乏信念，在我看来，这些品质应该能把你排除在向往的国家领导人的位置之外。"这是戴维斯在一篇檄文中所写，檄文的作者本来应该是布朗自己。

就算卡梅伦能把戴维斯的变节视作意料之事，弃之一边，他也不可能随随便便地让传统的保守党界域受到侵蚀，让底层架构遭到破坏。这几个月，布朗邀请玛格丽特·撒切尔来唐宁街喝茶，抛弃了"超级赌场"计划，全天候的酒宴也避开了，还为将大麻重新划归 B 级毒品的事情扫清了障碍。其战略一目了然：他要使卡梅伦与支持卡梅伦的底层力量之间的紧张关系加剧，还要让阵地的中心被各类宣言和职位任命的消息覆盖，这些宣言、消息都与有关道德和国家统一的主题相呼应。

工党议员皮亚拉·卡布拉 2007 年 6 月的死讯成为了布朗策略中的一次选举测验，这给卡梅伦施加了一定压力。2005 年选举中，保守党在卡布拉代表的伊灵绍索尔选区只排到了第三,而且所占席位也并非保守党的目标席位。卡梅伦只好二选一,要么把这一席位取消,表示认输,要么迎接挑战,全力以赴,让布朗的"蜜月期"没那么光彩四射。卡梅伦选了后一种做法,他去选区五次,任自己的名字出现在选票上——结果还是失败了。7 月 19 日投票日前一周,保守党候选人托尼·利特被曝参加了近期的工党募捐宴会。专栏作家称保守党这次参选的状态混乱不堪,自恃过高,噱头不小,可只排位老三。卡梅伦还是经验不足,相信了别人所说的竞选会很顺利之类的话。德博拉·马丁森是布朗的民意测验人,她预测工党将主要受到哪方面的攻击时说道,这次的结果显示"在一年前,灵活的宣传技巧可以让他占据一席之地,现在选民不是当时的选民了,那种灵活劲已经不够用了"。

雨下下来的时候挡都挡不住:夏季的洪水淹没了惠特尼,这时依灵选区正在进行点票工作。卡梅伦的选区一大部分都泡在水里,这时若要飞到遥远的非洲国家去实在不太合适。可是,好几十位放弃了两周的暑假、前去卢旺达开展志愿工作的保守党志愿者此时此刻还在首都基加力等着呢——卢旺达总统也在等待之列,另外还有几位派去报道此事的记者——卡梅伦的到访是一系列访问活动中的一个环节,那个周日就是活动启动之日。卡梅伦抓紧安排了一次走访选区的活动,他的行头是一双惠灵顿靴,一套西装和一脸关切。广播节目没有报道这件事。如果卡梅伦仍不确定政治对于弱势一方有多不公平,那么周日的报纸则给了他一个答复。一位专栏作家调侃说卡梅伦可能不会是保守党员们的布莱尔,而是他们的那位总也当不上首相的奈尔·基诺克。让人最受打击的是《周日电讯报》上的一则报道,至少两位议员致信 1992 年委员会主席迈克尔·斯派瑟爵士,请求进行不信任投票。虽然进行投票还差二十七位成员,但是这篇报道称这些信是"叛变的第一样确凿的证据"。当年伊恩·邓肯·史密斯被掀下台时,卡梅伦就坐在他身边,他深知那些关于叛变的段子会演化成什么样子。这样危急的时刻,卡梅伦真要将棍子交到批评家们手中,接受他们的抽打吗?

目前迪恩和英国中部的其他地区一样都被阴云笼罩,卡梅伦把收拾热带行装的事放在了一边,处理完电话才是正事。安迪·库尔森一改往日风格,郑重其事地要求卡梅伦至少将行程延后,拍完有关洪灾的出镜照再走。史蒂夫·希尔顿对卢旺达之行很是期待,不过也觉得可以缓缓。乔治·奥斯本也支持卢旺达之行,但他劝卡梅伦取消从卢旺达回来之后马上要前往巴基斯坦的行程。库尔森也同意放弃巴基斯坦行。希尔顿则不这么看。安德鲁·米切尔是卡梅伦任命的影子国际开发大臣，已经作为先遣队去卢旺达了。他在坐公交车前往一所大屠杀纪念馆途中临时被派去参加电话会议，身边全是记者围观，因此听到卡梅伦可能推迟甚至取消行程时特别敏感。

乔治·尤斯蒂斯的看法是如果卡梅伦改变原有计划，只会让恐慌加剧。卡梅伦的原计划是在下周三的1922年委员会上作报告，因此，尤斯蒂斯提醒说推迟行程不会有任何用处。唯一保证他飞出并按时返回的办法是租一架私人飞机。大家都能想到如果他坐着里尔喷射机降落在基加力机场会产生何种效果。最后，事情演变成了二选一：今天出发，要不取消。卡梅伦还是相信了尤斯蒂斯的判断：不去的话风险更大。如果他去了，他会被人说成丢下核心成员不管只为造什么媒体效应；但是如果他没去事情可能更糟。所以卡梅伦决定赴约，直到今天还有成员对此意见不一。奥斯本的想法早已改变，觉得当时自己可能没想明白。尤斯蒂斯、米切尔和希尔顿都觉得卡梅伦坚持自己的立场是没错的。卡梅伦对外会说去没错，但是对身边几个人就委婉多了。

看情形戈登·布朗必然会抓住时机，在投票中领先10个百分点，再号召举行秋季竞选，卡梅伦唯有放弃当年夏天的假期。离开威斯敏斯特的这段时间，他一直在反省有哪些地方出了问题——自己怎样做才能扭转过来。文法门、伊灵和卢旺达三桩事件让他和保守党的核心支持力量之间的距离越拉越远，他眼看已经被逼到了位置岌岌可危的境地了。

方向不变不行了。首要工作就是与大本营重新对接。如果能把布朗的优势降到没人觉得竞选能提早进行，那么有多大力就该使多大力。卡梅伦在实施现代化计划时一向偏实际，他感到，如果说现在只有两种可能，要么裹足不前听人指责，要么慷慨出击不计输赢，那么他应该给自己加一把力。海格不时提醒他不可再重复之前追求核心投票力量战略的错误了，海格还说眼下就是看谁能"沉得住"。

不过拿主意的还有另一位前任领导人，伊恩·邓肯·史密斯，他是卡梅伦请来负责社会政策审查的。史密斯曾开出过彻底的福利改革、提倡婚姻、对欠债、赌博和酗酒采取行动的"药方"，这些药方都被采纳了，不过，最为起效的却是他书写的病症：英国，在他的笔下，是一个"破败的社会"。前文提到过，这个说法是利亚姆·福克斯在2005年领导人竞争中首创，但是，这个说法却是在2007年夏两起骇人听闻的谋杀案件发生后成为关注焦点的。加里·纽拉夫，48岁，已为人父，被一群酒醉少年狠踢致死，里斯·琼斯11岁，踢完球回家路上遭遇枪击，两起事件引发了道德恐慌。卡梅伦关于家庭破裂、各个年龄层次的失业以及抛弃了道德空间的国度的种种话语一夜之间产生了巨大回响。卡梅伦感到国民的集体情感就在手中握着,他几周中做了三场有关犯罪的演讲,收获了几个月以来首次媒体的赞许,其中包括《太阳报》还有《每日邮报》。

值得一提的是,其中一篇演讲已经被内部人士视为卡梅伦呼吁制定新的"社会契约"的具有决定意义的发言。卡梅伦撰写了其中大部分内容,当时他和萨曼莎刚刚看完电视上对里斯·琼斯父母的新的采访。一位身边的工作人员说:"他总是能够自然而然地感受到民众对这些事情的看法,他觉得这件事不可小觑。因此他当夜就写了这篇稿子,如果我没记错,他写到天都快亮了,然后把稿子发给我们看"。卡梅伦毫不掩饰自己的感情,他在文中说道"他的父母昨天说的那番话,说到失去儿子,他们的孩子,孩子对他们有多么重要,实在太震撼,太感人"。他还说道,那些寻常的政治性的回应,召开峰会、严厉打击、增强法律威慑力,都不能有效防止此类悲剧再度上演。"我敢说,除非我们选择改变,不然这将是我们所见:今天的震惊会被明日的无奈取代,对这个世界唯有痛感却无能为力。要不我们现在就对自己和他人说一句:'我受够这些了。'"

移民一直是现代派议员不去触碰的主题,突然之间也重现江湖,这次卡梅伦是在考虑对非欧盟国家移民设置上限的提议。在税收问题上,奥斯本(极为谨慎地)支持约翰·莱德伍德牵头撰写的经济竞争力政策评论,当中包括一项缩减遗产税的提议,对此,奥斯本持支持态度,不过也表示还需要时日多考虑一下。最后,卡梅伦避开了"生活的质量"这部长篇大论式的报告,大张旗鼓地否决了当中一项小小的提议,这项提议是超市应实施收费停车。这篇报告是卡梅伦政策审查过程当中的"环境问题章节"——由约翰·加莫和魅力无限的、富豪级环境主义者心中的英俊小生扎克·戈德史密斯负责撰写——本来是要成为卡梅伦的环保计划中的精髓部分。在一些现代派保守党员眼中,这样的安排实在扭捏,简直和海格、霍尔德与伊恩·邓肯·史密斯的过失"不相上下",他们三人都曾重新回到核心投票力量问题上,专心研究被人称为"三位老太君"的犯罪、移民和低税收,以至于疏远了真正的核心选民。

他们也都担心卡梅伦会砸了他自己的招牌,那张招牌是乐天派的"包过"招牌。库尔森是夏季攻势的策划主力,他觉得其他人过虑了。库尔森认为,卡梅伦就是不折不扣的乐观主义者,他警告大家注意"破败的英国"——或者用《太阳报》头版标题"英国的无政府主义"——从他这样一个阳光乐天的人嘴里说出来确实更有力量。保守党内部进行的一次民意测验似乎验证了库尔森的话。2007年8月的最后一周,卡梅伦的个人评分明显提升。当被问及保守党领导人是否和自己的价值观一致时，回答不一致的选民多了百分之二十。可是道出民众对纽拉夫和琼斯遇害案的愤慨之情后，这一数字降到了百分之十——这一转变太大了。

虽然有这些喜人的迹象，可卡梅伦的内部圈子都清楚——或者说基本都清楚——秋季的竞选恐怕难以避免。只有希尔顿一人坚持说布朗没这个勇气，所以希尔顿不愿参加奥斯本主持的竞选筹划会议，会议设在保守党米尔班克新总部举行，这里暂时代替诺曼肖南楼，作为领导班子的活动中心。与此同时，奥斯本这位影子财政大臣在贝斯沃特的家中秘密约见迈克尔·戈夫，戈夫想要劝他维持遗产税不变。不过，奥斯本坚持己见，认为这样做背弃了减免税收应当让社会各层次的人受益、而非仅是富人阶层的指导原则。卡梅伦赞同奥斯本的观点，两人都觉得当务之急是激发保守党员的忠心，让他们将适用于全国情况的政策贯彻到底。

另外，奥斯本回应那些漫天指责卡梅伦"跟海格一个样"的无党派人士：他们会和工党未来三年的开销保持同步。这一政策不仅挫败了其他党派的攻击，说保守党一门心思缩减学校和医院的开支，还能把犯罪与教育这两个更难处理的问题抵消掉。更有利的是，因为工党宣布的开支极低，所以只要与之同步，就能和"开支必须低于经济增长"的政策保持一致——或者用竞选语言来说，能够依循增长的步伐来走。

刚刚颁布的新政，虽然在一年后被外界形容为"单边经济裁军"和任期中"最大的错漏"，但在9月的第一周还未引起注意。布朗的媒体组织拿出了一个没有多少代表性的案例来阻挠政策发布，讲的是一位议员背叛保守党的事——这让奥斯本相当激愤。工党代表于月末在伯恩茅斯聚集开会时，大部分人都以为散会时能听到新领袖发出的战斗口号，结果没有——大家都舒了一口气，最轻松的那个要数卡梅伦。

卡梅伦让保守党竞选总部（CCHQ）进入了临战状态。迈克尔·阿什克罗夫特和卡梅伦细谈之后，已经于当年夏天在机构内部开始了他争取目标席位的行动，现在他正在指导竞选活动，力求让整个活动低调、平稳进行，同时还在监督他直接赞助的民意跟踪测验的比分。这位同仁对保守党做了很大贡献，并且非常坚持自己对竞选方式的看法，所以，让他服从卡梅伦的管理可没那么容易。但是，眼下竞选才是难关，至于怎么控制他的影响力不是大家关心的事。在奥利弗·莱特温指导下，竞选宣言基本凑成了形。传单印刷好了，需要的人手也聘好了。卡梅伦在主持影子内阁大会召开前的小型会议时告诉大家得发起"规模最大的一次政治战争了",但是下周过后大家必须"活着回来"。工党满心希望保守党会倒在竞选的威胁之下,但其实也有反作用——一种大无畏的团结精神从卡梅伦身上向整个影子内阁漫延过去。

就在他于9月29日星期六邀请重要人士前来大会的战斗间——黑潭市帝国酒店的一间套房——的时候,已经渐渐有苗头显示布朗可能会错过时机了。一位重要人士说,"我们总觉得他召集竞选的最佳机会是在我们召开大会之前。但是我们也清楚,他能否取得全面胜利,在那个周末已经没有哪位民意调查人还能肯定地告诉他了。"卡梅伦展现出了他最为冷静的一面。有一些报纸的头条很消极,他们预测保守党大会将沦为一场内部混战,一位卡梅伦的助手说这种状态自然是到了"最低点"。卡梅伦的回答则是,"噢,不会变成那样的。我们最下面是成吨的基岩,然后还有数千米厚的岩浆。我知道我应该要'沉得住',不过这也可能会变成直达地心的旅程!"

第二天大会一开始,他笑对悲观情绪的态度就起效了。有一只麦克风出了故障,开场的欢迎辞成了无声。有的代表觉得沮丧,自己政党的居然这样无能,于是开始对台上喝倒彩。好事的记者猜测一场政治大灾难就要拉开序幕了。可突然之间,一切恢复正常。海格发表了一篇精彩无比、极有号召效应的演讲,第二天,奥斯本就读到了《泰晤士报》议会专题作家安·特里那曼对自己"百万英镑的时刻"的描绘。奥斯本在宣布保守党政府将取消所有家庭在一百万英镑以下的遗产税时,大厅中一片热烈的赞许声,奥斯本见状怔住了。接着运气帮了点小忙。利亚姆·福克斯关于国防的演讲恰巧与布朗前去伊拉克相呼应,他在演讲中暗示撤军,只是没有说得很明白。根据阿什克罗夫特的民意测验,福克斯尖锐地批评布朗拿英国士兵们来充当"卡其色竞选"背景的做法实在冷酷,这一说法得到了众多选民的回应。

卡梅伦在大会开始时本是想做一场带提示词的正式演讲。随着这一周时间向前推移,他也越来越有自信,开始寻思着要个以前和希尔顿想出来的特效,可是被大家否决了。不过,他还是准备不带提示上台,和2005年大选一样再精彩一回——这次场地都没有变——只是听众的规模要大出许多。这就是卡梅伦一向的姿态:在政治的戏台上空走钢丝,让大家都来注视他。他估计这和布朗上周那种单调又乏味的逐条背诵式的演讲会有很大的反差,这样的反差可是最让媒体坐不住的料。平日不怎么跟人说自己紧张的他,事后也承认在10月3日走上"冬苑"舞台之前的几个小时中"无比地紧张"。为了扫除烦忧,他和萨曼莎给他的安保警察和媒体助手塞了一张小条,让他们把酒店的消防通道打开,在大会前一天的清晨从那儿出去到海滩上散一会儿步。

　　终于,他踏上了讲台,把手表和一札备忘材料放在讲桌上,开始了他的演讲,"可能会有点乱,但这是真实的我"。后来,有人问他从政至今最好的一刻是哪一刻,他说到了当年大会演讲上的那个时刻,那会儿"我知道会一切顺利。心中波平浪静,十分释然"。会后媒体报道好评如潮,其实那篇稿子的确没多少条理——而且还特别长。里面从社交网站 MySpace 一直讲到环保主义者斯万比,中间还夹着伊恩·邓肯·史密斯和许多其他事例。可收尾时依然震撼人心啊。卡梅伦说,布朗先生,您觉得之后会怎样呢?

　　　　让人民对这十年未竟的誓言作个评价吧,让他们来定夺谁才是为英国的未来据理力争的人。让人民来决定谁才能让英国真正地发生变化。来场选举吧。我们会为之战斗。英国会取得胜利的。

海格在入夏时告诉过卡梅伦,假如布朗要发起选举,那大概会在 10 月 4 日或 5 日进行。唐宁街一直没有传来消息,但是从各种迹象看来工党仍然在积极备战。周五是 5 号,卡梅伦看见办公桌上的资料写着"实地工作:每日跟踪";这是阿什克罗夫特的民意调查,看后让人感到非常振奋。保守党不仅在各方面都缩小了与工党的差距,而且看得出有关遗产税的通告广为人知——居然有22%的人能随问随答。

　　周五这天,卡梅伦与德国内政部长沃夫尔甘·朔伊布勒在卡顿俱乐部共进午餐,卡顿俱乐部是蓓尔美儿街上的一家殿堂辉煌但稍显沉闷的绅士俱乐部。虽然外界传朔伊布勒在欧洲政治家中出了名的刻板又保守,卡梅伦还是一副兴趣盎然的样子,对德国复杂内部政治形态特别关心,让客人对他赞誉有加。其实,饭桌上的人都知道这位保守党领袖是愿者上钩。立威廉吃到一半时接到最新的民意测验数据信息,他递给了卡梅伦看:比分追平。

　　周六的时候,也就是 10 月 6 日,库尔森传来消息,布朗召了 BBC 记者安德鲁·玛尔到唐宁街,有通告要发布。库尔森还告诉卡梅伦他之前工作的《世界新闻报》正拿着一份民意测验卷,数据显示保守党占有更多边缘席位。整个来看,这条信息就说明了一个问题——选举已经告一段落。第二天是玛尔的采访,可以看出布朗备受煎熬。卡梅伦喜上眉梢,可迪恩的电话信号太差,他一直跑到花园里才接通奥斯本和其他人的电话。他们每个人——就像卡梅伦之前所说的那样——都打了一场将终生铭记的政治反击战。

米尔班克

戈登·布朗是在一个周末宣布取消 2007 年 10 月预选的,这项决定被一位民意调查人称作"二十五年来最严重的舆论震荡"。自福克兰岛战争以来,政府的支持率从未遭遇这样大的变化。布朗的个人评分骤降,他的解释也实在勉强,说决定取消选举与民意测验没有任何关系。卡梅伦——比较含糊地说如果举行了选举自己应该会赢——一轮兴奋过后稍显底气不足。布朗尴尬收兵,取消了 2008 年的投票,大部分的观察人士都觉得他会做满五年。看来,已经当了两年在野党领导人的卡梅伦,注定要在接下来的十八个月里,经历玛格丽特·撒切尔所说的英国政坛最难熬的工作。好处不是没有,那就是能争取时间为未来保守党成为执政党后的工作做适当的筹划,还有,为取得压倒性胜利做前期准备——还能颁布指令——实施真正意义上的改革,胜利的曙光已经越来越耀目了。

2008 年初,弗朗西斯·莫德接到任务,组建"施政小组",除了做些政策工作,还要招募志同道合的有公务员经历的人,并在其中发现政府的特别顾问和前座议员的人选。接下来对这个小组的报道都是为了给人更深刻的印象,让人觉得胜利势在必得。记者们都收到消息,说卡梅伦决心要避免出现布莱尔初任首相时的情况,布莱尔因为政策贯彻不彻底所以带来了很多麻烦。有人猜测卡梅伦在担任在野党领导人期间首场女王演讲(关于教育和福利改革)时的动作,还有他会对议会做哪些工作——比如设置移民的上限等。

之前的六个月可能有些让人找不着北,现在则像正儿八经的准备了。从开始隐约察觉到后来越来越强烈地感觉,保守党议员开始嗅到了从工党阵营飘来的畏惧气息,尤其是在布朗的"首相问辩"节目之后。布朗一开始的表现就不理想,不过是在下议院暑期休假结束,他的评分下滑很厉害的情况发生以后,他的议员们开始意识到他在议会辩论时的表现比卡梅伦要逊色多了。这场比拼渐渐偏向了一方,卡梅伦以前的办公室成员说,偏到让卡梅伦都有了从议会回去就和同事们击掌叫好的冲动。

不过，尽管民意调查的结果一直在变——甚至在布朗取消预选之前就已经开始变了——有件事情的发展却几乎改变了这场战斗的性质。北岩银行出现了挤兑的局面，其实早在 2007 年 9 月 13 日即有报道透露，北岩亟须找英格兰银行作担保，现在，信用危机完全浮出了水面。布朗想尽办法找私营买主，最后不得不接受北岩将被国有的事实——或者"暂时为集体经营"——这初一看正像是拱手送给保守党的机会。行将崩溃的政府退回到国有形态，不就是最好的证明吗？奥斯本宣布"北岩"的国有化是"严重的失败"，而卡梅伦在一系列的"首相问辩"中对首相进行攻击，让首相浑身打颤，有的人（有时还包括萨曼莎在内）都不忍看了，他把布朗折磨得功力锐气尽失，如同倒退回几十年前。在反对对北岩银行进行直接的政府干预时，卡梅伦和奥斯本被批太后退，太退回到从前的保守党政府的自由放任经济政策时代了。批评人士说他们当时应该全面考虑冻结信用卡市场会产生的影响，意识到必然会需要国家干预，也给他们自己在 2007 年末找一个安全的位置。

文斯·凯布尔暂时接替孟西斯·坎贝尔——坎贝尔成为了第二位在议会期间罢免的自由民主党领导人——凯布尔不仅一开始就支持北岩银行全面国有化，还让布朗在溃败时保住了面子。有人爆料英国税务局遗失了两张光盘，上面有两千五百万父母和小孩的个人资料，凯布尔的回应十分讥诮："我们的议会都已经看过首相在过去几周如何一下从斯大林变成憨豆先生的了。"

由于保守党从 2007 年 12 月到新年一直保持着两位数的领先优势，因此，党内发出的敦促重新思考经济政策的声音——或许这样的声音也很少——难以被人听见。卡梅伦顺风而行，身边也没有出现什么"保守党的黑材料"——就像缠着梅杰政府不放的性丑闻和金融丑闻的那类材料。所以，当德里克·康威这位创造了新词"诺丁山派"的、戴维斯的盟友被揭发聘用自己的儿子做事，拿的是国家的钱，也不见产生什么公共效益的时候，卡梅伦没有像平常那样征集意见，而是直接拒绝了取消康威党员身份的提议。后来，在众多盟友的轮番劝说之下，卡梅伦才全面考察，认识到自己的失误。卡梅伦对自己的评价是能很快从错误中吸取教训。他抓住机会弥补了之前误判造成的损失，终于将这件有关议员开支的事件扭转了方向，在要求责任方全面公开内情时，他比布朗的态度更强硬。

大家的关注点都在保守党身上，这时有一位较为年轻的、出身高贵的专业政治家当上了另一政党的领导人，可居然没有多少人注意到，这就是尼克·克莱格。卡梅伦最开始觉得尼克·克莱格只是一位普通的政治人士,后来就完全忘了这个人。不过,克雷格终于不渝初衷,成为了新任的自由民主党领导人,卡梅伦和奥斯本见状,连忙打起精神去争取自由党媒体的好感。有人传保守党和自由民主党会成为"同步发展的盟友",还有说法称现在是保守党"通过实施自己的政策达到发展目的"的最佳时机。政策负责人詹姆斯·奥肖内西以能言善道著称,他为保守党的顾问团规划了保守党"2008年的关键目标"后,说保守党得要定一个名为"你可以相信的改变"的主题——这说法几乎是直接挪用了巴拉克·奥巴马的口号。他还列出了四项重点工作:得到伦敦市长的位子,争取更多北方选民的支持,为保守党赢得经济大党的地位,以及保持领先工党十个点的优势。前两项已经成功斩获;第三和第四项则有些麻烦。

2007年5月1日,戴维·卡梅伦举起鲍里斯·约翰逊的手,就像教练骄傲地举起自己训练的获胜的拳击选手的手一样——向大家介绍伦敦的新保守党市长。这一两两联手的场面背后是极为复杂的真相,其实,卡梅伦花了很长时间想找一位候选人和肯·利文斯通较量,可是一番辛苦却变成了一场闹剧,最后不得已才找来了鲍里斯。市长初选是在2006年初宣布的,一开始因为没有发现任何一位具有真正的明星气质的候选人,所以不得不延期举行。希尔顿和奥斯本一心希望这场比拼能引起轰动效应,可没想到却沦为了报纸每日记事的材料。在娱乐界,通常一个名字只会流传一周的时间,然后就被甩出视线。

在台面上来看,保守党领导人是保持中立的;而私下说起来,现代派议员们心中早有人选,那就是尼古拉斯·波尔斯。波尔斯曾在2005年大选时失手,这次他居然放弃了卡梅伦的智库"政策交流"主管的位子来竞选市长。虽然他出镜不多,性子随和,聪颖还活泼,但他不具备那种能和利文斯通一较高下的高端气质。实话实说,卡梅伦也没把握他能赢。卡梅伦于是又展开了星探工作。塞巴斯廷·柯尔、柯克威尔平顿·史蒂文斯爵士(原名约翰·史蒂文斯爵士,伦敦警察厅厅长)与约翰·梅杰爵士都在考虑或者商谈中,但都未谈成。这项工作后来还让卡梅伦很没面子,情况是这样的,卡梅伦去找孟西斯·坎贝尔,商量自由民主党跨保守党候选人、前BBC总经理克雷格·戴克是不是合适,这让波尔斯的赞助人看不下去了。有人怀疑是《观察家报》前任编辑查尔斯·摩尔将此举透给杂志的,报道一出,这场闹剧也在尴尬中戛然收场。2007年6月末,波尔斯被查出身患癌症。他考虑了整整两天,还和迈克尔·戈夫商量了一下,然后给卡梅伦打电话,告诉他自己退出选举。这样一来,卡梅伦连一位中规中矩的候选人都没有了：只能采取非常手段了。

卡梅伦与鲍里斯认识的时间已有二十五年之久了。在伊顿、在牛津、在媒体中、在政坛上，他们的人生相遇、相离又再度相遇。他们的交流是竞争多过并肩。鲍里斯一副千伶百俐的样子，让小他两岁的卡梅伦很佩服，不过更多是觉得好玩。鲍里斯拿过奖学金，还被选入学生精英社团"珀朴"（Pop），卡梅伦则是一位普普通通的学生。在中学和大学的辩论活动中，鲍里斯负责搞笑，插科打诨却毫不露才，而卡梅伦则自始至终从容不迫。在布灵顿俱乐部时，卡梅伦做事严谨，没怎么做过出格的事情，而鲍里斯——碰到麻烦就靠天真劲儿糊弄过去——一直随大流走。鲍里斯和达利尔思·古皮友情浓厚，他奢华的格调从未改变，越年长越明显。古皮后来因为欺诈入狱，但对自己的脑瓜子伶俐还有无视规矩非常骄傲。规则只是成年旧品。他们只在对待一般人时才用到规则。

卡梅伦的第一份工作是在保守党研究所，找工作时好几家有名的单位都拒绝了他。鲍里斯则不一样，他是在卡梅伦入职六周后参加保守党研究所面试的，一面试就受到了青睐：鲍里斯告诉面试官，自己最想做的是在《泰晤士报》当培训生，而他已经得到这个机会了。虽然那份工作结束得不尴不尬，鲍里斯后来也经历了好几次类似的事，但是当卡梅伦在保守党研究所刚有起色时，鲍里斯——在做《每日电讯报》驻布鲁塞尔记者——已经成了人们嘴中的玛格丽特·撒切尔最喜欢的记者。当卡梅伦跻身媒体世界为卡顿公司卖力时——还算不上是顶尖的公司——鲍里斯则开始了90年代整个十年的智力拼杀，荣登《观察家报》的编辑宝座。这时的他才35岁。

直到2001年两人同时被选入下议院，卡梅伦才终于能和鲍里斯平等竞争。而当两人还有奥斯本被招去协助伊恩·邓肯·史密斯准备"首相问辩"时，卡梅伦被分配的工作和做苦力无异。艾凡出生后，卡梅伦十分不易，但依然勤勤恳恳为邓肯·史密斯效力，而鲍里斯则总是一副懒散拖拉的样子。卡梅伦与奥斯本都和党鞭的看法一样，鲍里斯缺乏认真处事和勤奋专注的精神。

"鲍里斯一直身居事外，无人为伴，他这个人虽然与人和气，但却没有政治上的亲密战友，"安德鲁·吉布森在他为鲍里斯写传时如是说：

> 卡梅伦的才干令人称奇，即使重压当前，也能保持冷静的判断，但他会本能地依照规则行事。鲍里斯却不安于受限，总是随时想要策马冲破障碍。卡梅伦笃信秩序，鲍里斯则心系自由。卡梅伦会觉得鲍里斯名声

不佳,而鲍里斯则会认为卡梅伦有点放不开。

在卡梅伦看来,准确的判断是政治的精髓所在。鲍里斯却听之任之,这样的风格实在愁坏了一大把上司,更不要说是一个想要扭转三届选举败局的上司了。不过有很多人觉得,聪明又滑稽、讨人喜欢的鲍里斯让政治变得生机盎然,卡梅伦却觉得这样一个醉心于嘴上功夫的人,从不遵守规矩,会有一辈子道不玩的歉。是谁因为编造名言被《泰晤士报》解雇?又是谁,打了那通人人皆知的电话,明明知道达利尔思·古皮要殴打一名记者,也丝毫不加以劝阻?是谁惹出婚外情,让至少两位女性堕胎,造成巨大的精神伤害?是谁自诩有着理想主义,讨厌拘谨,所以无法理解为什么情人不喜欢和自己的家庭去度假?若说鲍里斯认为卡梅伦顽固而守旧,那么卡梅伦则觉得鲍里斯放纵无度,缺乏必要的道德操守或者自我反省的思维,成不了正儿八经做事的政治家。虽然卡梅伦并不反感约翰逊·鲍里斯(鲍里斯也不反感卡梅伦——两人都不存在个人恩怨),但他内心很矛盾,只能自我安慰这位老同事不会让他难堪——虽然心里没抱多少希望。

因此,后来的事情让鲍里斯大吃一惊,2005年12月9日,卡梅伦当领导人的第四天,卡梅伦就把约翰逊请出了影子内阁。鲍里斯作为《观察家报》的编辑,是最早支持卡梅伦竞选领导人的人之一,他虽然爱与人竞争,但觉得卡梅伦的上升只会对他有好处,所以欣然支持卡梅伦。平日里,他是个为了个人发展绞尽脑汁的人,而且非常精明,但他有时会显得慷慨大方,无比真诚,令那些看他不顺眼的人戒备全无。一位熟悉他的朋友说:"虽然他觉得卡梅伦是有才之人,但还是比不上他的智商,我觉得他心里想的是,有'哥们'在做主,他的日子也会好过。"这样说起来鲍里斯的算盘打错了。他的这番心愿寄托错了地方。

看来,鲍里斯只得耐心等待时机,好好当他的影子发言人,在这个位子上再历练历练。他从《观察家报》辞职,略显激动地做起准备来,因为他收到了一份让他真正感兴趣的邀请函。如果说2005年鲍里斯遭到的冷遇只能独自承受,那么十八个月后的那次则让世人皆知。卡梅伦在2007年7月重组团队时,提拔了三位2005年当选的议员。鲍里斯在2001年的时候就已经是议员了,可丝毫没动。在鲍里斯心里,这样做的理由——卡梅伦无法再提拔一位伊顿毕业的议员——根本不充分。他离开《观察家报》可不是奔着这样的境况而来的,这对他竞争的劲头和才能的自我肯定无疑是一阵突如其来的打击。卡梅伦会不会永不提拔他呢？这和安德鲁·吉布森书中所写的一样，"卡梅伦只会称赞鲍里斯工作完成得好，给他适当提提官，让鲍里斯服服帖帖地做事"。

如今卡梅伦需要鲍里斯的帮助，鲍里斯也不会随喊随到。在波尔斯退出市长竞选前几周的时候，鲍里斯跟朋友开玩笑："他们在其他人那试了个遍以后，就该来找我了。"有朋友拿卡梅伦迟迟不来找鲍里斯说笑，"如果随便让人说两个认识的保守党员的名字，那一般会说'玛格丽特·撒切尔和鲍里斯·约翰逊'。认识鲍里斯的人比卡梅伦还多。如果保守党想找的是形象高端的候选人，那么从一开始就已经有答案了"。问及卡梅伦为何不早一点去找鲍里斯帮忙时，有助手说因为拿不准鲍里斯会不会答应。鲍里斯这位代表亨利选区的议员，虽然没有完全考虑好，但也早就向外表示自己做好了商谈的准备，但是卡梅伦也明说过，找鲍里斯帮忙，这想法不大靠谱。

即使事情明摆着没有其他选择了，卡梅伦也不愿自己去问鲍里斯——他叫库尔森前去试探。被请去打探情况的还有希尔顿的年轻门客丹·利特邦，他在为波尔斯工作前有过给霍尔德和卡梅伦当特别顾问的经历。卡梅伦在差不多的时候给鲍里斯发了信息（"别对我有怨气"），这说明他一直清楚鲍里斯是想要这份工作的。库尔森见了鲍里斯三天之后，利特邦在《观察家报》年会的夏季聚会上截住鲍里斯，请他到别间一叙，并且给他看了民意测验的资料，资料显示利文斯通可以战胜。最后，鲍里斯与家人商量了一周时间，同意接受这份工作。

初选的程序都已经走过了——鲍里斯在四人的比拼中赢得了百分之七十五的选票——接下来得下点硬功夫，把在位子上坐了两届的人掀下台去。鲍里斯首先要实现对电视观众许下的几项承诺。秋风日渐寒凉，他的竞选步调越来越掐不准，这也是卡梅伦一直担心的。鲍里斯曾在朋友面前放豪言，"我是整个组织的拿破仑大帝！"可到了12月，他又跟友人交心说自己的竞选和拿破仑的事迹差远了。有观察人士说："我觉得他是开始担忧了，担心自己赢不了怎么办。"不过，鲍里斯还是决定把住最后的关头，不轻言放弃。在他取得胜利之后马上有内部人士评论说"这是一个逐步成长的过程。只靠魅力来说话必然是不够的"。奥斯本在保守党总部指挥竞选伦敦市长的活动时，有过那么一阵对鲍里斯的参选特别失望——他甚至在保守党活动分子的网站"保守党之家"上诉说保守党领导人的"忧虑"。

这样透话并非个人情感抒发，而是为了给鲍里斯压力，让他接受一项重要的任命，使他磕磕碰碰的竞选重新起航：这项命令是斗士林顿·克罗斯比下达的。克罗斯比是澳大利亚籍,担任过2005年保守党领导人大选活动的政治顾问和总设计师,他是一个备受争议的人物。有人怪他让迈克尔·霍尔德过分强调移民问题,他平时硬碰硬的风格也让不少人很不爽。卡梅伦自己都没能逃脱他的猛攻。不过,卡梅伦看得到专业的价值,于是想把他请回来。卡梅伦于2007年1月派乔治·布里奇斯和弗朗西斯·莫德前往悉尼,邀请克罗斯塔回来当保守党的执行主管。这次探访花了四天的时间,还奉上了一份邀请函,欢迎克罗斯比回英国与卡梅伦商谈时来迪恩做客。这次纳贤没能成功,原因至今不明。有人说卡梅伦因为媒体对克罗斯比回归的反应而焦虑不安,另有人说这个澳大利亚人最后一刻想法变了。

十个月后,保守党又接通了悉尼的电话,问克罗斯比愿不愿意回来救鲍里斯一把。克罗斯比同意了,并且马上赶回了伦敦。尽管他直来直去的性子会让敏感的人受刺激,但无人怀疑对他处事的利落。他到鲍里斯的总部的第一天,有个年轻的研究人员端着写字夹板正儿八经地问他的名字叫什么,要他详细地说自己怎么来上班的。克罗斯比问他为何有此一问,回答是"因为我们正在测竞选的碳足印。"这种问题可不适合一个靠抓本质而不靠抓乙醚排放量来竞选的人,也不适合一个刚在空中飞了一万两千英里来救场的人。克罗斯比很快下达了第一项命令——给这位职员"换个岗位"。从现在开始,鲍里斯的竞选得踏踏实实地开展,不再玩什么飘忽不定的"碳足印"了。

以组织活动注重技巧著称的克罗斯比,完全清楚怎样鼓舞士气,他会吹响号角召集将士们来参加晨会,他会褒扬工作卖力的员工,把那些能力差或者无所事事的人轰走。詹姆斯·麦克格拉斯也是个直率的澳大利亚人,保守党竞选总部安排他协助克罗斯比,这又给团队增加了一层威力。鲍里斯对新的领导集团表示服从,会严格按照访问活动的安排执行。从表面上看克罗斯比的策略再简单不过了,即压住利文斯通的选票,而让偏向保守党的行政区热烈拥戴保守党。竞选的主题并不多,但能直通人心:取消双节的公交车,减少少年犯罪,治理公交秩序(提议禁止在伦敦一切公交上饮酒,其直接原因是克罗斯比非常厌恶有的国民喝起来没个完的荒唐样,那情景几乎在伦敦地铁环线的每个站点都会上演)。

虽然有的权威人士认为鲍里斯不够资格享受特权,也不够资本赢取胜利,但克罗斯比的研究结果却是另一回事,受调查的人群觉得鲍里斯滑稽而不自知,正说明他是个真诚的人。工党总想将他刻画成愚人一个,却恰恰让他显得"更真纯有趣"。投票的日子,2008年5月1日星期三临近了,原本不可想象的事情一桩桩成为了现实。这几个月，鲍里斯把酒戒了，他自己都没想到自己有这么强的自控力。他不仅会逗得观众发笑，而且还会用细节打动观众，这以前都是肯·利文斯通的专利。和他比起来，利文斯通有些疲惫，他在一些小型聚会上寻求支持，这无疑成了斗败的信号。利文斯通在竞选的首轮计票中支持人数有所增加，但是第二轮计票时，鲍里斯以 1 168 738 票胜过了利文斯通的 1 028 966 票。

在场的人说有人告诉鲍里斯这个比分的时候，鲍里斯一时说不出话来，有点被吓住的感觉。这回他真的要开始负责任了。几天前，鲍里斯对身边人说了一句正儿八经却让听者不安的话：“我有种很不祥的预感，我可能会赢。”他确实赢了，这开启了约翰逊－卡梅伦关系的新篇章。他俩的一位校友每每看到媒体把他俩塑造成一双好友就忍不住想笑，他说道，“他俩只有一个共同点，那就是都很有抱负”。其实两人还有一个共同点，都把对彼此取得成功深感惊讶的心理藏得好好的。深知鲍里斯为人的一位朋友说，鲍里斯相信自己是这个世界上智商最高的人，“而且我可没有夸张”。自视如此之高，而且还对此深信不疑，必定会让别人不舒服，有人觉得不舒服就会说，而有的人则会暗中策划把这种不舒服带给其他人。

鲍里斯从来都不太理会其他人设置的规矩，同窗戴维·卡梅伦的规矩就更不会搭理了，他不愿像卡梅伦第一年任职时那样，而是坚持要飞到国外去度假，由着自己的性子来（他在一篇文章里说，“我就是受不了那些我们有责任在国内度假的骗人的话”，其中关于气候变化的问题，他只字未提，这篇文章引起了媒体的骚动）。没过多久，他又写了点东西，让媒体更加激动，“如果你相信政客的话，那么我们的社会的确很破败，年轻人的勇气、道德都已经被福利制度和保持中立互不伤害的所谓‘政治正确性’消耗得差不多了。你去看看北京奥运会上的表现，就会明白现在变成了什么样子。”鲍里斯平时可以装装睡，但他总该知道“破败的社会”在卡梅伦的竞选理念当中有多重要。卡梅伦办公室马上打来电话质问，卡梅伦一向对鲍里斯还是非常宽容的，尽量让他“做自己”。

鲍里斯继续促成在泰晤士河口建造新机场一事，这件事有违国家的政党政策，不仅如此，他不受管束的个性还体现在其他事上，比如让伦敦警察厅厅长伊恩·布莱尔辞职，他先跟布莱尔说觉得他做不好工作，然后再知会卡梅伦。鲍里斯这样做当然欠考虑，不注意技巧，有些近乎玩闹，不过只有听了认识鲍里斯和卡梅伦的朋友的话，才会明白其实另有原因：“鲍里斯看不起卡梅伦。他不尊重卡梅伦的才智,只觉得卡梅伦循规蹈矩,安分守己,毫无创造力,他不明白卡梅伦怎么能坐上领导人的位子的。"卡梅伦解释过为什么自己没有加入《经济学人》反觉得开心,因为自己不是一个天生的记者,他还说道:"我有时觉得政坛里有些人应该去当记者,记者行业里有些人应该去从政,但我不想指名道姓。"就算卡梅伦说这话时不是影射鲍里斯·约翰逊(鲍里斯实在让人吃不准),他之前应该也这么想过。

那年春天,伦敦之外的地方性竞选是埃里克·皮克尔斯指挥的,皮克尔斯是前布莱德福德政务委员会的领导人,在卡梅伦的任命下担任了影子地方政府大臣。皮克尔斯高大无比,对订制西装情有独钟,再加上他的机智敏锐,让人感受到了南部民主党的风范(他的行为方式却很像约克郡的人)。他和克罗斯比这两个不折不扣的大人物在一起,免不了会有些摩擦,争抢资源和战术什么的。不过,两人都利用了一下工党选民对布朗不满的机会。皮克尔斯酝酿了一场油价和食品价格上涨的危机,并且让选民看到,布朗如果取消个人所得税最低起征率,将会有五百万个家庭受影响,他还让选民对议员开支过大产生反感情绪,想让他们"给布朗传个信",还有在家呆着就够了。虽然鲍里斯的胜利吸引了大量的媒体关注,可是工党在伦敦以外的地区受到的打击更惹人注意。仅在英格兰,保守党就赢得了将近一千个新的议会席位,获得了百分之四十的选票。工党只得到了百分之二十七的选票,差一点被自由民主党挤到了第三的位子,后者的得票率是百分之二十六。最振奋人心的是,卡梅伦和保守党在英国东南部的核心投票区以外的地方也开始恢复势力了。

虽然卡梅伦和史蒂夫·希尔顿一同庆祝了好几场胜利,但是两人心里都知道两人之间的关系要发生重大的改变了。希尔顿,这位帮助卡梅伦塑造了政治个性,给卡梅伦依靠力量的天才型人物,宣布他将与蕾切尔·维特斯通联手,维特斯通曾与他并肩作战多年,现如今已是他孩子的母亲,在加利福尼亚定居。消息传出,有人猜测希尔顿是被库尔森排挤出去的,因为库尔森的影响力越来越大了。虽然他与库尔森有过政见不合的情况——因为两人所处位置不同,这也在所难免——但希尔顿想要离开的这件事和库尔森没有任何关系。

希尔顿向卡梅伦保证,他会继续为保守党工作,秋季大会的时候会回来帮忙策划,还有会回英国度过2009年的整个春季。卡梅伦定然相当重视和依赖希尔顿,才接受了这个每年拿十八万年薪提供战略意见的人居然要到另一片大陆上去工作的事实。希尔顿有一种能力——还时常会展示一下这种能力——帮卡梅伦把说不下去的话接完,他还知道卡梅伦喜欢的讲稿字体和字体大小(字体是 Times New Roman, 22 号字)。他俩对话了二十年,商讨保守党应当如何发展。希尔顿是那个,在 2001 年埃德·维泽、尼古拉斯·波尔斯和迈克尔·戈夫编辑出版的文集《蓝色的未来》中,清楚地表述保守党如何运用资本主义的力量,尤其是利用品牌,来制造社会产品的人。他写道:"在这位新保守党领导人面前有一份激动人心的新章程。"回忆卡梅伦刚当上保守党领导人那会儿,一位内部人士说道,"如果是史蒂夫·希尔顿写稿的话,头一天晚上大家就都会看到草稿——如果你运气好的话——你可以试试把自己的观点添进去,这样的做法是典型的大卫和史蒂夫的做法。"即使他远在加州,可他一直为保守党工作,卡梅伦自然会继续付工资给他——还会手指交叉祈愿他回来。

卡梅伦身边并非人人都为希尔顿的远行伤感不已。希尔顿的位置优越——热情也非比常人——这让有的人觉得他不好打交道。虽然他成就过不少伟业,但也有过惨痛的经历。希尔顿古怪的性情(尤其和莱特温的超脱凡俗一搭)导致了几次危险情况的出现,让人直冒冷汗。有同事记得自己和光头大师希尔顿曾经"剑拔弩张",就因为他在商讨之前准备删掉卡梅伦的几句演讲词。另一位同事则抱怨希尔顿不按时来参加早上的会议,但是又总把会议形成的结论否掉。

甚至有评论人士把这一切归于希尔顿身上的"类魔化",其中有一点就是酷爱表现。有人说,"希尔顿这个匈牙利人胡诌些什么我都听到过,其实根本没什么内容,但大卫总是对他言听计从,而且很久以前就这样了"。也有朋友站出来反对,"戴夫(戴维的简称)挺强硬的,他虽然有很多事情与史蒂夫的看法一致,但从不做自己不愿做的事。他很懂史蒂夫,史蒂夫的长处和弱点他都能看得到",这个朋友说,希尔顿有时会因为卡梅伦偶尔的拖沓和落实不到位发火,这点不少人都知道。卡梅伦也受到过指责,说他管理保守党是小团体做派,不过,他觉得自己比大部分政治领导人都要开放和包容。他说挑选团队成员是有考虑的,每个人给出的观点都有特色,他在管理团队成员时,会让大家觉得就算他最后选择的是其他的解决方式,每个人提出的看法都依然会受到尊重。

卡梅伦虽然很重实效,但总会把担忧放到一边,不去插手希尔顿那种可能引发麻烦的工作安排新主张。可问题还是来了,当时卡梅伦已经把注意力都放在了北部的柴郡所辖的铁路旧镇克鲁上,克鲁的席位一直归工党老将格温妮丝·邓伍迪所有,直到邓伍迪过世。工党核心势力区内因个人所得税起征点混乱、议员开支大、油价飙升等问题依旧民怨沸腾,卡梅伦于是叫皮克尔斯把在地方选举活动中用过的方子再用一次。皮克尔斯与阿什克罗夫特的主要助手史蒂芬·吉尔伯特遂展开了针对性极强的选举活动。从旁协助他们的还有媒体报道，报道说工党想要把候选人——和卡梅伦——都刻画成"纨绔子弟"，这种做法既误导民众又粗俗无比。5月22日出了结果，保守党终于有可能——和奥肖内西希望的一样——突破原有的南部核心实力范围了。卡梅伦去探访了选区，这时的选区已经是保守党的天下了，支持票数增加了17.6%——这是撒切尔夫人的光辉岁月之后保守党首次在补缺选举中占上风——这次访问中，卡梅伦对新工党发表了最后的感言，他认定布朗所领导的这次竞选是"其上任以来最消极、最腐旧、最自我保护、最像阶级斗争的竞选，其内部发生了很大问题……工党虽然代表着国民的意愿，但已经行将末路；虽然代表着国民的希望，但已经前途不再；曾占据克鲁和南特维奇的新工党，已经走到了尽头"。

现在轮到布朗在大选的边缘蹒跚而行了。痛失克鲁之后，内阁的几名成员找到了杰克·史特罗，请他劝劝布朗暂停竞选活动。史特罗拒绝了这一请求，但是这件事却传了出去，让危难当头的布朗更如水临沙塔。布朗想聘请宣传专家史蒂芬·卡特，助他抚平这多事之秋。然而，年中的这会儿，卡特正夹在和公务员与布朗旧部的三方战争中不能脱身。布朗重振威望心急，只想挑一项选民拥戴他胜过卡梅伦的议题，于是召集下议院开会对新的反恐法案投票，来检验他的威信是否如昨。

前首相托尼·布莱尔曾在2006年试过让警方握权，不经审讯扣押恐怖分子九十天的时间，但是没有成功。工党叛变分子和保守党、自由民主党以及几乎其他所有少数党派集体向他施压，让他遭受了任期中最严重的失败。此时，卡梅伦和影子内政大臣大卫·戴维斯戈夫、奥斯本、威利茨和兰斯利等人的反对之声挡了回去，戈夫他们担心的是保守党可能会被人误会为"不敢对恐怖势力强硬"。布朗本来有意取得党派间的一致，但很快就放弃了这条路，重提不经审讯即扣押的建议，但将扣押时间限制在四十二天之内。这一次，影子内阁没有进行讨论，虽然卡梅伦清楚奥斯本和戈夫的疑虑，还时不时拿这件事逗逗他们。虽然所提议的无审讯即扣押的时间缩短了，但戴维斯对这条措施的反对意见却更大了。

尾声

据说，卡梅伦有一种"隐匿于众目之下的本领"。魅力、自信和聪颖是他的护卫，其他人尽可审查。人物作家们被派去捕捉他身上的特质，带回的都是些自贬性质的小故事，关于家庭生活政治八卦什么的，还有的就是对他个性的印象，温暖却不清晰。也有人走得深入一些；在查尔斯·摩尔眼里，卡梅伦"是一个极其优秀的范例，既现代又沐着老派英风"：

> 私立学校教育想要呈现的所有特点在他身上都能找到。他身材高挑，仪表堂堂，聪颖睿智，彬彬有礼，温和谦逊，自信大方，能言善道。他受过良好的教育但并无书卷气，敢于决策但并不盛气凌人，很有修养但并非自命不凡。他是那种沐浴过辉煌的完美典型，一个"什么都有"的人。他信世事却有所保留。他这个类型的人有很多局限——比如缺乏原创力，没有热情，容易自满——但是，他这个类型的人曾统治了全世界。

迈克尔·波尔蒂诺也将卡梅伦的成功归结于他才华的全面与处事的泰然：

> 戴维·卡梅伦有一种各项全能的素质，所以会如此出众。他有那种成为最高层政治家的气质……当个人压力极大时，他依然保持镇静，我觉得这是不可多得的能力。因为他不仅保持了冷静，同时还显得毫无压力，和蔼可亲；而戈登·布朗好像总在想着怎样举手投足，在大卫那里，自然就好。

莫里斯·弗雷泽曾在 1992 年竞选之前与卡梅伦一同做准备工作，他承认卡梅伦总显得特别全面，不过也有展现他个性的时候：

有不少人很圆滑,其余的则十分纯粹但更乏味,而他却有着自己的判断——他的政治意识深入骨髓——他总知道什么话可以说,什么不可以说。在起草某个要点或者对要点提出建议的时候,他顺口就能说出适合当时场景的话。我们已经处于"一句话"文化当中了,[而]他总能够推荐一些和政治热点有关的精炼的句子,而当时正需要这样的句子。要做到这一点需要情商很高。他自然而然就做到了。

安德鲁·盖里曾经教过卡梅伦,他说出了卡梅伦成功的另一个原因:"所有的胜者都有一种非常重要的心态,那就是思考未来之事的能力,而不是思考过往之事的能力,这样才能让人前进。"

即将成为英国下届首相的这个人,在乡村、富有和安定的氛围中健康长大。他的家庭有一事引人注目——他父亲的残疾——但从未有人刻意关注过。这个家庭最显见的遗产是自信心。正像凯特琳娜·梅耶——另一个看得更深入的人——所说,卡梅伦所具有的"不是大多数政客获得的一层单薄脆弱的自信心,也不是在这些政客影响下得到的这样一种自信心,而是存于心底的定力感,这种定力感能在灵魂的暗夜中护佑着他"。友人尼克·马尔科说,"怀疑,就不是他了"。卡梅伦说自己"不会想太多",还表示他之所以有追求,理由很普通:"小弟综合症"。他好强的个性是在经历伊顿、牛津、保守党研究部、财政部、内政部、伦敦与下议院等的过程中被规定和塑造的。他登上顶峰的这条路极为传统、符合规则,连他的朋友尼古拉斯·波尔斯都说"他是从内部一级一级爬上去的。"他身上有很单纯的一面,在查尔斯·摩尔看来,此言不虚:

> 他看英国的方式离不开他的家园和他的选区。那种感觉于爱中生发,也是一种责任感。这就像他会说,我对好运的眷顾心存感激,我也知道在这个国家生活能有多么美好:我们何不让每个人都体验到这种美好呢?

第二件遗产,是源自他父亲拒绝因残疾受到照顾的坚韧品质,这一品质在他的儿子艾凡到来时得到了进一步锻造。迈克尔·格林是他在卡顿的老板,也是个以为难职员著称的老板,格林说:"我觉得真正的英国绅士就是如此,讲话得当,有良好教养,还会玩玩板球。而在遇事时则显得力道非常浑厚。"卡梅伦虽然很有力道,但并不让人紧张,这一点很难得,此外他的个性还非常包容。

这种给人以个性全面和处事张弛有度的印象,与他家庭生活给予的力量密切相关。艾凡或许让他更坚定,而妻子的影响则让他与政治以外的群体有意识地保持着联系。安德鲁·费尔德曼说过:"萨姆(萨曼莎的简称)是一支良好的晴雨表。她能准确判断什么重要,什么不重要,还有对其他人来说要紧的是什么。她虽然生于大家族,但扎根的范围很广。她是做零售行业的,和她母亲一样。她关注的是顾客心理。"她把丈夫的职业就当做"一份工作"来看。卡梅伦在下届竞选中获胜时,人们都觉得这对夫妇要搬到唐宁街去了,可这并不是萨曼莎期待的。他们俩把北肯星顿的房子重新装修,然后搬了回来,一个邻居看见房子外面停着搬家公司的货车,兴奋地说道:"你们下一次搬家,就是唐宁街了!"萨曼莎回答:"我他妈的才不想呢!"这可不是装出来的。据说,夫妻俩为了照料艾凡的起居,花了一百万英镑在屋内装了一台电梯和其他特护设施。在撰写本书时,艾凡离世不久,卡梅伦夫妻想要去哪里住还不清楚,也没有短期或长期的计划。夫妻俩的一位朋友说:"萨姆很不愿意成为另一个切丽。她一直鼓励戴维成为领导人,但只是希望他为他自己一搏。"

为何卡梅伦希望成为领导人呢?当然,大家都觉得卡梅伦是一个富有才能的政治家,但没有多少人了解他为什么想坐上最高的位置。二十多年前,爱丽丝·汤姆森写过,他是年轻一代右翼职业政治家的领头人,这些政治家都"被来自权力的引力拉动前进"。

作为在野党领导人,被问到为何要追求权力时,他的回答是他觉得有一种爱国情怀赋予他的责任,让他通过实践保守党的价值观来为国家服务,这种实践将使保守党价值观成为统领的价值观。若要再深究这番举动的意义就没有必要了。他的责任感和他心中的保守主义一样,所发端的源头是他自己也没怎么思考过的。

卡梅伦很少为自己的实用主义倾向辩解。在2005年3月发表凯斯·约瑟夫纪念演讲时,他直接将"意识形态"政治排除在外,推崇"实际的保守主义"。当然,他有充分的政治方面的考虑,让他拒绝采取那种明显受到意识形态控制的严格死板、墨守成规的态度,不过,从他考虑的方式来看,他是一个取权宜之计的人。有人毫不留情面地说他完全沉浸在自我表现的世界中,持这种观点的人有前保守党派的大臣乔治·沃尔登,沃尔登写道,卡梅伦判断情况时好像总会用一种标准"要是换做戴安娜的话,会怎么做?"诺曼·拉蒙特不愿为卡梅伦(还有其他人)竞选领导人背书,他说,他觉得卡梅伦的观点还没有

"完全定型"："我不能确定,他究竟是带着中间派的价值观,还是已经形成融会贯通(的哲学)了。我觉得他个性当中就有一种非常传统的保守主义,这是从文化的角度来看的。我和他不是一代人,但是时代一直在变……我觉得他更像一个麦克米伦式的保守党人。"(很有意思的是,卡梅伦白金汉宫办公室里摆放的所有小物件当中,最引人注目的是哈罗德·麦克米伦的钢笔墨画像)。

卡梅伦另一位导师,则认为不弄虚作假的保守党价值观已被圆滑处事之风盖过,非常失望,这位导师就是莫里斯·上奇,他曾写过一些文章,讲的是"只要能当选说什么都行的保守党"。不过,批评卡梅伦最不留情面的是卡梅伦在政界的第一位老板,保守党研究部前部长罗宾·哈里斯,哈里斯说:"我看不出他怎么能被划归到保守党派的。他定方向的时候没有原则性;唯一的方向感就是往上走。对机会的渴求和把握让人不快。我觉得不应该被天天进行民意测验牵着走,靠这种方式去引导英国发展;可他在野的时候就是这样行事的,我担心他到唐宁街十号以后也会如此。"

既然卡梅伦要与工党支出相当的承诺已然打破,接下来戈登·布朗必然会把卡梅伦描绘成一个不想办法改造旧式保守主义的人,在布朗看来,旧式保守主义的特点是"漠不关心"、"无所事事"。卡梅伦必然会有所感触,自己承诺为公共服务事业做出贡献的那份真诚,在这几个月当中难以被人看到。不过,有左翼人士发现,这番攻击中存在着一个问题:卡梅伦不可能既抱定意识形态不变,又当一个见风使舵的犬儒派。而且,在全球经济旧秩序化作一片废墟,为尘埃所笼罩时,卡梅伦的怀疑主义或许和普遍民众的情感更吻合。"工党的武士们用秘密撒切尔主义的称号来攻击他,实在是错怪了他,"大卫·马昆德这样写道:

> 撒切尔的保守党国家主义观念所坚持的是完全透明、各成一体的纯粹,卡梅伦对此并不熟悉。撒切尔力求将英国从走了近六十年的道路上拖出来,而卡梅伦则和我们这个矛盾丛生的时代中的一点一滴为伴。他的反国家主义话语和有关"破败的社会"的表达,可能会让左翼评论家们受惊,但是这些评论家却一致响应,认为英国已经厌倦了怀特霍尔无休止的哄骗,人们身边原有的礼貌谦恭已差不多消失殆尽。(卡梅伦已经)看到,崇拜旧撒切尔主义以至狂热的社会运作方式,还有新工党的那些书呆子,都是问题的一部分;要使社会变革与文化变革拥有持久的效力,必须从底部开始,而不能从顶端强行施加。

哈里斯批评卡梅伦看问题的态度悲观,只知道取权宜之策,这一点当然不被卡梅伦的朋友、盟友和助手认同。他们说,事实恰恰相反。卡梅伦在野时表现出来的原则性、个性和判断力,足以让他成为首相。2008年末,卡梅伦亲口说这是他工作以来最开心的时候。助手们都为他作证,说他的脾气——有暴怒的时候——在每件事开始做以后,压力减少时,就会缓和很多。当问到他有何改变的时候,一位关注他已久的观察家说,"他的领导风格已经定型。他一直都有领导的气质——二十年前就有了,这种气质不是后天习来的——不过他现在非常清楚怎样管理党内每个层面的工作。毕竟我们不是第一次在野,对情况还是很了解的。他现在有了一个更清晰的概念,知道怎样处理好常规性的大问题,比如预算、女王的演讲等等。"

这位内部人士还补充说道:"至于不可估摸的情况——他在工作时做到了很重要的一点,那就是进行判断。在野党领导人所做的决定,或许不会对国家的未来产生太多影响,但是每次遇事时,你都不能不像当首相一样做出反应,而且如果你判断失误,问题一下就会变得严重起来。他现在驾轻就熟,而且越来越老练。"不久,英国人民将决定,戴维·卡梅伦是不是真的具备成为他们领导人的判断能力。既然实用主义是他的主要原则,他的性格问题还有那么重要吗?

图书在版编目(CIP)数据

卡梅伦的崛起之路/(英)艾略特(Elliott, F.),
(英)汉宁著;易点点译.—上海:上海人民出版社,
2014
书名原文:Cameron:The rise of the New
Conservative
ISBN 978 - 7 - 208 - 12312 - 0

Ⅰ.①卡… Ⅱ.①艾… ②汉… ③易… Ⅲ.①卡梅伦,
D.W.D.-生平事迹 Ⅳ.①K835.617＝5

中国版本图书馆 CIP 数据核字(2014)第 108929 号

责任编辑 朱慧君 薛 羽
封面装帧 陈 酌

卡梅伦的崛起之路

[英] 弗朗西斯·艾略特 著
詹姆斯·汉宁
易点点 译

世纪出版集团
上海人民出版社出版
(200001 上海福建中路 193 号 www.ewen.cc)
世纪出版集团发行中心发行
江苏启东人民印刷有限公司印刷
开本 720×1000 1/16 印张 15 插页 4 字数 246,000
2014 年 9 月第 1 版 2014 年 9 月第 1 次印刷
ISBN 978 - 7 - 208 - 12312 - 0/K·2227
定价 38.00 元